LA FRANCE VOUS PARLE

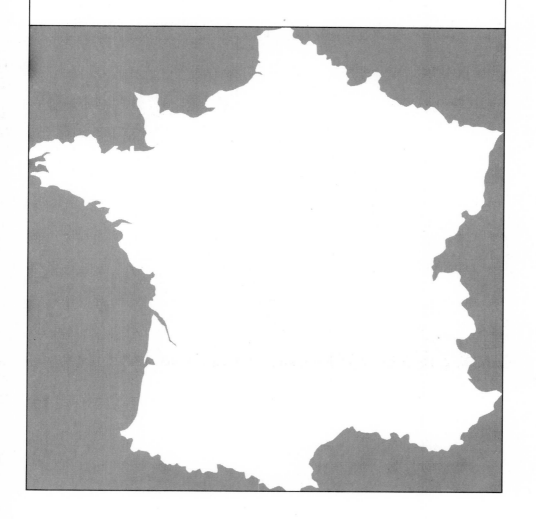

LA FRANCE VOUS PARLE

PAUL OSTYN
Notre Dame de la Paix
Namur (Belgium)

FRANCINE MELKA-TEICHROEW
Rijksuniversiteit
Utrecht (The Netherlands)

1817

HARPER & ROW, PUBLISHERS, New York
Cambridge, Hagerstown, Philadelphia, San Francisco
London, Mexico City, São Paulo, Sydney

Cover photo : Michel Craig

Project Editor : Robert Ginsberg
Designer : Michel Craig
Production Manager : Marion A. Palen
Photo Researcher : Myra Schachne
Compositor : Composition House Limited
Printer and Binder : Halliday Lithograph Corporation
Drawings by Bernard J. Melka (Paris)

Photo Credits : *Page 14* Franken, Stock, Boston ; *19* Wolinsky, Stock, Boston ; *52* Ursillo, DeWys ; *78* Simon/Gamma, Liaison ; *106* Franken, Stock, Boston ; *111* Wolinsky, Stock, Boston ; *137* Franken, Stock, Boston ; *157* Rogers, Monkmeyer ; *186* Franck/VIVA, 1980, Woodfin Camp ; *248* Franck, VIVA, 1980, Woodfin Camp ; *286* Bulka and Fontanel/Gamma, Liaison.

LA FRANCE VOUS PARLE

Library of Congress Cataloging in Publication Data
Ostyn, Paul.
  La France vous parle.

  1. French language — Readers. I. Melka-Teichroew,
Francine, 1945–   joint author. II. Title.
PC2117.074   448.6′421   80-23772
ISBN 0-06-044947-0

ACKNOWLEDGMENTS

"Le borgne" excerpt from *Zadig, ou la destinée* by Voltaire, Classiques Larousse.

"Les canotiers" excerpt from the short story *Yvette* by Guy de Maupassant, Editions Albin Michel.

"Singe ou homme?" from *Zoo ou l'assassin philanthrope* by Vercors, Collection du Théâtre national populaire, reprinted by permission of Vercors.

"Le rhinocéros" excerpt from *Le Rhinocéros* by Eugène Ionesco, reprinted by permission of Editions Gallimard.

"Une voiture" excerpt from *Les stances à Sophie* by Christiane Rochefort, reprinted by permission of Bernard Grasset, Editeur.

"Le disciple surpasse le maître" from *Topaze* by Marcel Pagnol, reprinted by permission of Helena Strassova.

"En attendant Godot" from *En attendant Godot* by Samuel Beckett, reprinted by permission of Editions de Minuit.

"Content de vous voir, M. Dimanche" from *Dom Juan* by Molière, Classiques Larousse.

"La visite matinale" excerpt from *Oscar* by Claude Magnier, reprinted by permission of Claude Magnier.

"Le bonheur" from *Le bonheur* by Guy de Maupassant, Editions Louis Conard, Paris.

Acknowledgment is gratefully extended to the following newspapers, magazines, and reviews for permission to reprint material:

Esprit: "La vie familiale des femmes qui travaillent."

L'Express: "La colonie scandaleuse"; "Le chunnel"; "Un restaurant: Dagorno"; "Halte à l'expérimentation animale"; "Jésus sur cassette"; "Visa chinois pour le P.C.F."; "Une partie avec Boris"; "Bientôt le tour du monde à 999 dollars"; "Les confitures rajeunissent."

F. Magazine: "Anna ou Peter?" (original title: "Il n'y a pas de symbole innocent"); "Loyer" (original title: "Logement"); "4 679 km à pied"; "Madame ou Mademoiselle?"; "Poulet à l'estragon."

Le Matin: "Le Périgord à 5 km à l'heure"; "Gavé pour qu'il meure vivant."

Le Monde: "L'enseignement supérieur en alternance" (original title: "Un livre sur l'enseignement supérieur en alternance"); "Les Français ne sont pas racistes, mais . . ."; "Intolérance?" (original title: "Sale Américain"); "L'université de Vincennes" (original title: "M. Edgar Faure: les grandes politiques dérangent"); "Un travailleur nord-africain est torturé"; "La décolonisation des Françaises"; "Koko le gorille"; "F.O. se prononce pour une grève"; "Marseille–Ajaccio: comme du bétail"; "Sollentuna" (original title: "Une nouvelle forme d'habitat collectif en Suède"); "La petite fête" (original title: "Les riches et les pauvres"); "Familles noires pour bébés noirs"; "Thérapeutique de bureau"; "La vie commence dès la conception"; "Des refuges pour femmes battues"; "Nous avons un pape communiste!"; "La galanterie ne paie plus"; "Paris–Versailles en courant"; "Les détenues pourront garder leurs enfants"; "L'homme qui voulait être sage-femme"; "Le 'Paris Metro'"; "La jeunesse telle que ses aînés la voient"; "Les Etats-Unis en quelques coups de pinceaux" (original title: "Les Etats-Unis par le vrai bout de la lorgnette"); "La déclaration universelle des droits de l'animal"; "Tous ces 'e' qui nous manquent", "Musique en jeans."

Le Nouvel Observateur: "Dis-moi comment tu manges"; "Vide en France, plein en Chine"; "La permanence."

Ouest-France: "La route."

Paris-Match: "Les filles de Brest"; "Réponse aux filles de Brest."

Plantyn: "Epargnez! Gagnez de l'argent!"; "La société . . . demain"; "Le tyran"; "Vivre dangereusement"; "La neuvième symphonie"; La mode féminine"; "Chaque prisonnier a la clé de sa cellule."

Le Point: "Le troisième âge" (original title: "Vieillards à l'abandon").

TABLE DES MATIERES

INTRODUCTION

La France vous parle is intended for second-year students who are interested in present-day problems and contemporary French. This text provides opportunities for students to express themselves by following selected topics and related exercises. While the exercises are aimed primarily at developing the students' French vocabulary, they also treat syntax and morphological points.

La France vous parle can be covered in two semesters. Its division into ten sections and the further breakdown of each section into four parts allows the teacher to use some, any, or all texts and exercises.

Though most of the problems can be solved or adequately dealt with on the basis of what the book presents, students may need to refer to a dictionary. Teachers may want to supplement information to bridge the gaps between the students' experience and proficiency and the intermediate and advanced material presented here.

Each of the ten sections consists of these four parts: *Lecture, Grammaire, Problèmes d'aujourd'hui et de demain*, and *Lisons le journal*.

LECTURE

All sections start with an excerpt from a play, short story, or novel by such diverse authors as Ionesco, Maupassant, and Voltaire. These excerpts have been chosen chiefly because of their content, which reflects the actual concerns of young people today. The selections are also noteworthy for their language: the French used is colloquial, lively, natural, and idiomatic. Difficult grammatical structures and unfamiliar vocabulary words are keyed to a gloss at the bottom of each page of the text.

Exercises called *Variations lexicales* follow each selection and contain material based on the text. Students work with synonyms and antonyms of words taken from the reading. They are also asked to use vocabulary words in new contexts, to give an oral or written résumé of their reading, and to answer comprehension questions on it.

GRAMMAIRE

Grammar presentations are closely connected to the *Lecture* in each section and examples are taken from that text. The grammar explanations are not intended to replace a grammar book, but to review essential points, such as tenses and personal pronouns. Since most of the grammar topics will probably be familiar from the students' first year of French, the brief explanations should refresh the students' memory. Depending on the students' proficiency, teachers can choose to stop after each grammar point and drill with the appropriate exercises or to go on to further explanations.

The grammar sections may present some new topics, such as the use of the imperfect and the subjunctive. The presentations highlight aspects of French grammar, but do not present a complete and systematic treatment.

The sequence of grammar presentations does not follow a traditional order. For example, more complex topics such as the use of the imperfect and the subjunctive precede "easier" ones such as indefinite pronouns. It is, however, more useful to explain tenses early on, because they offer special difficulty to English-speaking students. Their early presentation should give students a better understanding of the reading selections by making them more sensitive to the problem of tenses and by giving them more practice working with them.

Grammar points are usually presented in tables to allow students to fully comprehend the composition and function of a structure. Each table is preceded by a brief explanation in French. It is expected that at this level students understand grammatical terminology.

The accompanying structural exercises are designed to stimulate lively, spontaneous reactions. Vocabulary items from the excerpts are included, and the concluding exercises refer directly to the preceding *Lecture*.

PROBLEMES D'AUJOURD'HUI ET DE DEMAIN

This is the major portion of each section. It presents two or three present-day, relevant problems, such as the role of television in fostering violence, racism, or experimental education. The texts, chosen or adapted from recent newspapers and magazines, are of varied lengths and written in a lively and idiomatic style. Glosses at the bottom of the page offer translations of difficult lexical and structural material.

The texts do not claim to give students a well-balanced, overall view of the problems they deal with. Their purpose is not to give answers, but to provoke reactions among the students to get them to talk.

The texts provide basic vocabulary indispensable for discussing the issues raised. Vocabulary is taught through numerous exercises of different kinds:

- Fill-in exercises—students use a word found in the text but in a different context.
- Lexical exercises—students give synonyms or antonyms of words that appear in the text, or cross out the one word in a series that does not fit. Sometimes students are asked to explain the word that does not fit or to use it appro-

priately in a sentence. Another type of exercise asks students to provide nouns that are related to given verbs, adjectives, etc. taken from a particular text.

– Grammatical exercises—students can test or reinforce their understanding and knowledge through material from the text just studied. The exercises check comprehension of the grammatical points under study or provide review of material from previous sections.

– Comprehension exercises—students answer questions on the text to test comprehension (the traditional "analyse de texte"). Other exercises ask students to find the key words in a text and to use them in an oral or written summary.

– Discussion topics—ideas, even clichés, are provided here to stimulate discussion. Having completed the preceding exercises, students should be able to take part in a spontaneous discussion using lexical items and grammatical structures just learned.

The first topic is seen as a composition exercise. Related questions on the topic should function as cues to provoke students' responses. Students are also asked to integrate into their compositions certain specific lexical items and grammatical structures taken from the texts. Teachers may add other items to allow students more flexibility.

In the *Débat* exercise, teachers may choose to pinpoint the topics or questions in order to initiate specific discussions.

Some exercises are aimed at making the students aware of different registers. Having the students recognize some of the sociological aspects of the language is one of the goals of our book. Even if it may not seem advisable to use certain colloquial forms, we assume they should be understood.

Certain exercises ask students to freely complete a sentence. Teachers should help students arrive at an appropriate sentence by giving information cues (facts or events relevant to the campus, the town, the country). Students, then, should make a sentence or a statement taking into account the given information.

LISONS LE JOURNAL

Each section closes with an assortment of newspaper clippings on diverse topics. These short excerpts should not be studied in detail. After checking general comprehension through summaries in French, or even in English, the teacher should have the students go on to the next news item. Working through this section should further develop the students' reading comprehension skill. There are translations of confusing grammatical structures and difficult vocabulary items at the bottom of the page.

ORGANIZATION

Each section is organized in this manner: *Lecture, Grammaire, Problèmes d'aujourd'hui et de demain*, and *Lisons le journal*. Teachers, however, should feel free to rearrange the material in light of their own goals and preferences. A teacher may prefer to start with reading for general comprehension (*Lisons le journal*), then go on to *Problèmes*, and conclude with the *Lecture* and grammar presentation. The *Problèmes* also provide a good starting point, since the topics are closely related to young people's interests. However, since exercise materials and grammatical examples are often taken from the *Lecture*, it may be easier to study the grammar topics and the excerpts together.

Photographs and drawings throughout the text illustrate the topic under discussion and often provide a lighter touch.

In sum, *La France vous parle* is a modern text for intermediate and advanced students. While providing opportunities for extending the students' knowledge of French grammatical structure, the book aims primarily at extending their French lexicon. The text attempts to restore the balance between knowledge of vocabulary and knowledge of syntax, both indispensable for fluency as students progress. The systematic expansion of vocabulary is achieved through readings about current problems and related exercises on these topics.

We hope that *La France vous parle* will be an inspiring text and guide stimulating teachers and students to take advantage of their talents not only to use the book efficiently but to go beyond it as well.

We wish to express our thanks to our many colleagues, students, and friends from the French learning and teaching world who encouraged and helped us with their valuable comments. Among those to whom we are grateful we would like to acknowledge especially Joan Miller, Ruth Schmitt-Nagelbach, Vincent Kortleven, Camille de Saint-Martin, and Lowell Melka-Teichroew for advice regarding the teaching of foreign languages in general and of French specifically, for assistance in glossing lexical items, for evaluations of the texts and exercises, and for clarification of overall course guidelines.

We trust that the form and content of *La France vous parle* does justice to the wealth of friendly, patient, professional assistance we have received.

PAUL OSTYN   FRANCINE MELKA-TEICHROEW

LA FRANCE VOUS PARLE

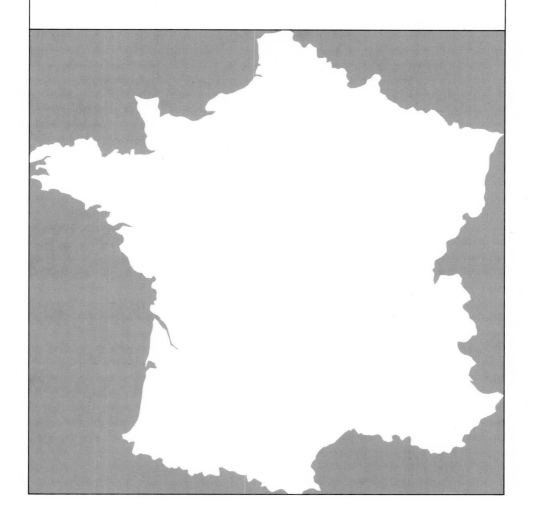

PRONONCIATION DU FRANÇAIS

VOYELLES

[a]	pas, la, femme
[ə]	le, cela, facilement
[e]	premier, élève
[ɛ]	chantais, mère, même
[ø]	peu, bleu
[œ]	peur, erreur
[i]	mourir, lit
[o]	pot, pauvre, eau
[ɔ]	bonne, botte
[y]	rue, bu
[u]	roue, amour
[j]	yeux, monsieur, bille

VOYELLES NASALES

[ã]	banc, campagne, descendre
[ɛ̃]	américain, chien, magasin
[õ]	bon, rond, bombe
[œ̃]	brun, un

CONSONNES

[b]	blessé, habituel
[z]	phrase, zoo
[s]	soupe, façon, facile
[ʃ]	choix, manche
[k]	camp, kilo, quoi
[d]	dormir, inquiétude
[f]	forme, philosophie
[g]	longue, grand, langage
[ʒ]	langage, magique, gelé
[l]	blessé, lit
[m]	monter, immeuble
[n]	noir, mener
[ŋ]	montagne, gagner
[p]	soupe, patte
[r]	brun, rond
[t]	toit, matin
[v]	voler, avaler

ABBRÉVIATIONS

subj.	subjonctif	inf.	infinitif
C.O.D.	complément d'objet direct	pop.	populaire
C.O.I.	complément d'objet indirect	arch.	archaïque
fam.	familier	qque	quelque chose
m.	masculin	qqun	quelqu'un
f.	féminin		
coll.	colloquial	sth	something
sb.	somebody	imperf. subj.	imperfect subjunctive

SECTION
1

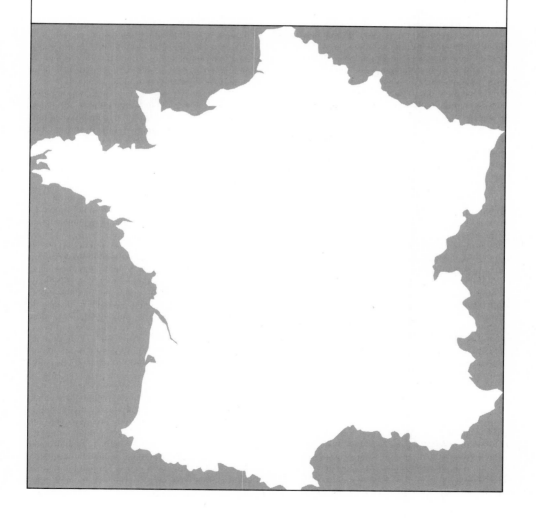

LECTURE

Zadig, écrit vers 1750, est un conte philosophique de Voltaire; c'est-à-dire que les raisonnements, les arguments au lieu d'être théoriques y sont mis en action. Zadig en est le héros. Jeune homme doué de toutes sortes de qualités, il part en quête du bonheur qu'il croit synonyme de vertu. Ce sont les aventures de Zadig que l'auteur va nous conter.

LE BORGNE[1]

Du temps du roi Moabdar, il y avait à Babylone un jeune homme nommé Zadig. Quoique[2] riche et jeune, il savait modérer ses passions; il n'affectait rien; il ne voulait pas toujours avoir raison, et savait respecter la faiblesse des hommes . . . .

Il était aussi sage qu'on peut l'être, car il cherchait à vivre avec des sages[3]. Instruit dans les sciences des anciens Chaldéens, il n'ignorait pas les principes physiques de la nature, tels qu'on les connaissait alors, et savait de la métaphysique ce qu'on en a su dans tous les âges, c'est-à-dire très peu de chose. Il était persuadé que l'année était de trois cent soixante-cinq jours et un quart, malgré la nouvelle philosophie de son temps, et que le soleil était au centre du monde; et quand les principaux mages[3] lui disaient, avec une hauteur[4] insultante, qu'il avait de mauvais sentiments, et que c'était être un ennemi de l'Etat que de croire que le soleil tournait sur lui-même, et que l'année avait douze mois, il se taisait sans colère et sans dédain[5].

Zadig, qui avait de grandes richesses, et par conséquent des amis, un esprit juste et modéré, un cœur sincère et noble, croyait qu'il pouvait être heureux. Il devait se marier à Sémire, que sa beauté et sa fortune rendaient le premier parti[6] de Babylone. Il avait pour elle un attachement solide et Sémire l'aimait avec passion. Ils allaient bientôt s'unir, lorsque, se promenant ensemble vers une porte de Babylone, sous les palmiers[7] qui ornaient les rives de l'Euphrate, ils voient venir à eux des hommes armés de sabres[8] et flèches[9]. C'étaient les amis du jeune Orcan, neveu[10] d'un ministre. Il n'avait aucune des grâces ni des vertus de Zadig; mais il croyait en avoir beaucoup mieux et était désespéré de ne pas être préféré. Cette jalousie lui faisait penser qu'il aimait éperdument[11] Sémire et il voulait l'enlever[12]: les ravisseurs[13] la saisissent et la blessent. Elle s'écrie: «Mon cher époux! On m'arrache à ce que j'adore.» Elle ne pense qu'à[14] son cher Zadig. Celui-ci, dans le même temps, la défend avec toute la force que donnent la valeur et l'amour. Aidé seulement de deux esclaves, il met les ravisseurs en fuite[15], et ramène chez elle Sémire évanouie[16] et sanglante[17], qui en ouvrant les yeux voit son libérateur. . . . Sa blessure[18] était légère; elle guérit[19] très vite. Zadig était blessé plus dangereusement; un coup de flèche reçu près de l'œil lui avait fait une plaie[20] profonde. Sémire ne demandait aux dieux que la guérison de son amant. Ses yeux étaient nuit et jour baignés de larmes[21]; . . . un abcès survenu[22] à l'œil blessé fait

---

[1] one-eyed person [2] in spite of his being [3] wise men, sages [4] superiority [5] without scorn
[6] match [7] palm trees [8] swords [9] arrows [10] nephew [11] madly in love [12] kidnap her
[13] kidnapers [14] **ne . . . que**: only [15] he chases [16] unconscious [17] bloody [18] wound
[19] recovers [20] wound [21] bathed in tears [22] which had begun to form unexpectedly

2

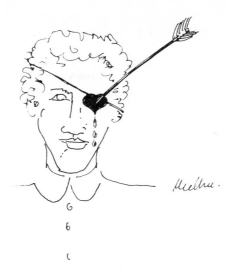

tout craindre. On envoie chercher le grand médecin Hermès, qui arrive avec un nombreux cortège[23]. Il visite le malade et déclare qu'il perdra l'œil; il prédit même le jour et l'heure. «Si ç'avait été l'œil droit, dit-il, je l'aurais guéri[24]; mais les plaies de l'œil gauche sont incurables.» Babylone, tout en plaignant[25] la destinée de Zadig, admirait la profondeur de la science d'Hermès. Deux jours après, Zadig est guéri. Hermès écrit un livre où il prouve qu'il n'aurait pas dû guérir[26]. Zadig ne le lit pas; mais dès qu'il peut sortir, il se prépare à rendre visite à celle qui fait l'espérance du bonheur de sa vie, et pour qui seule il veut avoir des yeux[27]. Sémire était à la campagne pour trois jours. Il apprend en chemin[28] que cette belle dame avait déclaré hautement[29] qu'elle avait une aversion insurmontable pour les borgnes, et qu'elle venait de se marier[30] à Orcan la nuit même. A cette nouvelle, il tombe sans connaissance[31]; il est longtemps malade, mais enfin la raison l'emporte[32] sur son affliction.

   «Puisque j'ai essuyé, dit-il, un si cruel caprice[33] d'une fille élevée à la cour, il faut que j'épouse une citadine[34].» Il choisit Azora, la plus sage et la mieux née de la ville.

Hélas, le candide[35], le naïf Zadig va de déception en déception. Après Sémire, Azora le décevra, et bien d'autres encore. Il rencontrera la reine Astarté, dont il tombe amoureux[36]; le roi le chassera. Zadig, après toutes sortes de mésaventures, toujours causées par sa sagesse et sa générosité, retrouvera Astarté et deviendra roi de Babylone.

D'après Voltaire
ZADIG, HISTOIRE ORIENTALE

[23] retinue [24] if it had been . . . I would have cured it [25] pitying [26] he should not have recovered [27] to see [28] on the way [29] (written French) openly, candidly [30] she had just married [31] faints [32] (written French) prevails [33] (written French) I have suffered her whim [34] city-dweller [35] ingenuous [36] with whom he falls in love

VARIATIONS LEXICALES

1. Donnez le substantif apparenté aux adjectifs suivants.

> MODELE faible:
> *la faiblesse*

1. cruel(le) 2. sage 3. profond(e) 4. jaloux(–louse) 5. malade 6. noble
7. sanglant(e) 8. dangereux(–reuse) 9. désespéré(e) 10. jeune 11. haut(e)
12. baigné(e)

2. Donnez le verbe apparenté aux substantifs suivants.

> MODELE la blessure:
> *(se) blesser*

1. la guérison 2. l'amant (*m.*) 3. le libérateur 4. la prédiction 5. la preuve
6. la crainte 7. la fuite 8. le ravisseur 9. le dédain 10. la modération
11. l'épouse (*f.*) 12. la naissance

3. Complétez les phrases suivantes en vous aidant du texte.

1. Quelqu'un qui a perdu un œil est _____ .
2. Une maladie qui ne guérit pas est _____ .
3. Annoncer quelque chose qui doit se produire, c'est _____ .
4. *S'évanouir* est synonyme de *perdre* _____ .
5. *Bien que* signifie la même chose que _____ .

4. Quelle différence voyez-vous entre:

> MODELES aimer—adorer?
> ***adorer*** *est plus fort qu'****aimer****.*
>
> se marier—s'unir?
> ***s'unir*** *est plus officiel (langue écrite) que* ***se marier****.*

1. un mari—un époux? 2. enlever—arracher? 3. aimer beaucoup—aimer avec
passion? 4. la rive—le bord? 5. ramener—rapporter? 6. elle pleurait—ses yeux
étaient baignés de larmes?

5. Relisez le texte, puis répondez aux questions suivantes.

1. Faites le portrait de Zadig.
2. Que sait-on de Sémire dans la première moitié du texte?
3. Pourquoi Orcan fait-il enlever Sémire?
4. Y parvient-il? Décrivez l'enlèvement.
5. Pourquoi Sémire change-t-elle tout à coup à l'égard de Zadig?
6. Comment Zadig réagit-il lorsqu'il apprend que Sémire a épousé Orcan?

6. Racontez en 10-15 lignes l'aventure de Zadig, en indiquant pourquoi le
texte est comique; relevez aussi les mots et les expressions qui le rendent amusant.

GRAMMAIRE

L'ARTICLE

A. L'ARTICLE DEFINI

1. Formes

Le français possède les articles définis **le** (*m.*)*, **la** (*f.*) au singulier, **les** au pluriel.

L' s'emploie devant un substantif singulier masculin ou féminin commençant par une voyelle ou un *h* muet.

SINGULIER

le	[lə]	ciel héros	masculin
la	[la]	faiblesse légèreté hauteur	féminin
l'	[l]	amour amie heure honneur	masculin ou féminin voyelle initiale *h* muet

PLURIEL

les	[le]	ravisseurs sciences héros	masculin ou féminin
	[lez]	armées ennemis heures	

Au singulier **à** + **article défini** donne trois formes: **au** (*m.*), **à la** (*f.*) et **à l'** pour les substantifs (*m.* ou *f.*) commençant par une voyelle ou un *h* muet.

Au pluriel on n'a qu'une seule forme écrite: **aux**, et deux formes parlées: [o] et [oz].

---

* Notez que masculin sera abrégé en *m.* et féminin en *f.* tout au long du texte.

SINGULIER

Il se promène	**au**	[o]	bord de la rive.	masculin
Sémire était	**à la**	[ala]	campagne.	féminin
Un abcès survient	**à l'**	[al]	œil.	féminin ou masculin } + *h* ou voyelle

PLURIEL

Elle le demande	**aux**	[o]	Dieux.	masculin ou féminin
	aux	[oz]	ennemis.	

La préposition **de** peut aussi se combiner aux articles définis: **du** (*m.*), **de la** (*f.*), **de l'** (*m., f.* ou *h* muet) et **des** au pluriel.

SINGULIER

C'était du temps	**du**	roi Moabdar.	masculin
Ce sont les principes	**de la**	nature.	féminin
C'est un ennemi	**de l'**	Etat.	masculin ou féminin + *h* ou voyelle

PLURIEL

Ce sont les sciences	**des**	[dez]	anciens Chaldéens.	masculin ou féminin
	des	[de]	Chaldéens.	

2. Emploi

L'article défini est beaucoup plus employé en français qu'en anglais. Il donne au substantif un sens très général, il peut désigner une espèce.

Elle avait une aversion insurmontable pour **les** borgnes. (espèce)
La violence, il ne pouvait la supporter. (concept général)
Il était persuadé que **l'** année était de 365 jours et un quart et que **le** soleil était au centre du monde.
Le lendemain, il était guéri.
Le samedi soir et **le** dimanche matin il visitait ses malades. (**chaque, tous les** . . .)

L'article défini s'emploie aussi :
devant les noms de langues

L'	anglais	est une langue germanique.
Le	chinois	se parle peu en Europe.

devant les titres

La	reine Elisabeth	a été invitée par	le	président	Kennedy.

devant les noms de provinces, de pays et de fleuves.

Le	Texas	est	un état américain.
La	Californie		
La	Provence		une province française.

L'	Europe	forme maintenant	une	sorte de grand pays.
La	Hollande	est aussi appelée	**les**	Pays-Bas.
Le	Liban	se situe près de	**la**	Syrie.

La	Seine	coule		à Paris.
Le	Mississippi	traverse	**le**	Minnesota.
L'	Euphrate		**la**	Syrie.

Les noms de fêtes et les dates sont précédés de l'article défini, sauf **Pâques**.

A	**la**	Noël Saint-Nicolas mi-carême	ils se marieront.
	Le	premier janvier huit décembre	

L'article défini s'emploie aussi devant les expressions qui se réfèrent à des parties du corps, là où l'anglais emploierait un adjectif possessif.

Il	**s'**	est	blessé	à	**la**	main.	He	hurt	**his**	hand.
Je	**me**	suis		**au**		pied.	I		**my**	foot.

B. L'ARTICLE INDÉFINI

L'article indéfini comporte trois formes : **un** (*m.*) et **une** (*f.*) au singulier, **des** au pluriel.

SINGULIER

C'est	**un**	[œ] [œn]	jeune homme bien élevé. ami de la maison.	masculin voyelle ou *h*
	une	[yn]	blessure grave.	féminin
Il est d'			hauteur insultante.	

PLURIEL

Ce sont	**des**	[de]	sages.	masculin et féminin
Voilà		[dez]	hommes armés.	

De remplace **des** chaque fois qu'un adjectif qualificatif et un substantif suivent au pluriel.

Il a	**de**	grandes mauvais	vertus. sentiments.	masculin pluriel ou féminin pluriel
	d'	uniques	vertus.	

Mais on dira : **des petites filles, des grands-pères**, etc. ; ces expressions sont maintenant acceptées comme formant un tout.

Des	jeunes gens,	nous	en	avons	vu.
	petits pois,				mangé.

De remplace aussi **des** après la plupart des adverbes ou noms de quantité, sauf après **bien (des)**, **la plupart (des)**.

Il y a		**trop** **beaucoup** **peu**	**de**	gens ici.
Il l'a dit	des	**centaines**		fois.

*N.B.: Ne confondez pas **des** article indéfini pluriel et **des** contraction de la préposition **de** + **les** article défini.*

Ce	sont	**des**	gens bien élevés.	= article indéfini pluriel
		les armes	**des**	ravisseurs. = **de** + **les** = préposition + article défini

C. L'ARTICLE PARTITIF

L'article partitif comporte quatre formes: **du** (*m*.), **de la** (*f*.), **de l'** (devant les noms commençant par un *h* muet ou une voyelle) et **des** (au pluriel).

La forme négative est **de** ou **d'**.

L'article partitif ne s'emploie jamais devant un substantif désignant des objets comptables. Il se place devant un substantif qui indique une partie d'une quantité.

POSITIF

Il	a bu	**du**	poison. vin.
Elle	a	**de l'**	esprit.
		de la	grâce.
		des	richesses.

NEGATIF

Il	**n'**	a	**pas**		**de**	talent. principes.
				beaucoup		
				trop		grâce.
						fortune.
Elle					**d'**	esprit.

Après l'expression **ce n'est pas**, on conserve l'article partitif **du**, **de la**, **de l'** ou **des**.

Ce n'est pas	**du**	sang,	c'est	**de l'**	eau.
	de l'	amour,		**de la**	rage.
	de la	faiblesse,			modération.
Ce ne sont pas	**des**	vertus,	ce sont	**des**	faiblesses.

De s'emploie aussi après une expression (adjectif, verbe) suivie de la préposition fixe **de**, même si le substantif suivant est au pluriel.

Voilà ses amis	**armés**	**de**	flèches.
Il a les yeux	**remplis**		larmes.
Ce général était	**couvert**	**d'**	honneurs.

D. OMISSION DE L'ARTICLE
L'article est omis dans un certain nombre d'expressions idiomatiques.

avoir		peur	perdre		patience
		raison	parler		français
		faim	rendre		visite

Après la conjonction **ni . . . ni**, les prépositions **sans**, **par**, **en** et d'autres encore, on omet l'article (la règle n'est pas absolue). Comparez :

Il	**n'**	a	**ni**	armes	**ni**	flèches.
				grâces		vertus.

Il	**n'**	a	**ni**	**la**	volonté	**ni**	**la**	force de se battre.

Il	se	tait	**sans**	colère.
				dédain.

Il	se	tait	**sans**	**la**	moindre	colère.
				le		dédain.

On	le	reçoit	**avec**	honneur.

On	le	reçoit	**avec**	**les**	honneurs	qu'on lui doit.

Il	apprend	la nouvelle	**en**	chemin.
	met	les ravisseurs		fuite.

Il	l'	a	fait	**en**	**une**	heure.
					un	rien de temps.

Devant certains titres de livres, de films et dans certains proverbes, l'article est omis.

Guerre et Paix (livre et film) **mais**	As-tu	lu	**les**	contes	de Maupassant	?

Contes de Maupassant
Manuel de français

On omet l'article devant les noms attributs qui indiquent une classe, un groupe. Mais si le substantif est précédé d'un adjectif, l'article est mentionné.

Il est		médecin.	**mais**	C'est	**un**	grand	médecin.	
		ingénieur.			**le**			Hermès.
		protestant.				jeune		Orcan.

On omet l'article devant le nom de pays **Israël** et les noms de grandes îles.

	Israël a vendu des armes à		Cuba.
	Madagascar et		Chypre ont signé un traité.

La Corse et **la Sardaigne** font exception.

La	Corse et	**la**	Sardaigne sont des îles méditerranéennes.

Devant les noms de jours déterminés, on omet l'article. Comparez :

	Dimanche, Lundi, Mardi,	il doit se marier.	**Le**	dimanche, lundi, samedi,	ils travaillent.

= ce dimanche-là, dimanche prochain   = tous les dimanches

Enfin, on omet l'article devant un substantif précédé de la préposition **de**. Le groupe **substantif + de + substantif** donne une valeur générale, indéfinie au complément de nom.

il a reçu	un coup	de		flèche.
C'est	un fils			ministre.

VARIATIONS STRUCTURALES

1. Complétez les phrases suivantes à l'aide d'un article si nécessaire. N'oubliez pas les contractions ou élisions qui s'imposent.

MODELE   Il a fait _____ promenade à _____ pied.
*Il a fait **une** promenade à pied.*

1. Allez à _____ Mexique!
2. Je connais bien _____ italien.
3. _____ Seine coule à travers _____ Paris.
4. Vous avez _____ raison: c'est _____ ingratitude.
5. Il l'a rencontrée en _____ chemin.
6. Elle n'a ni _____ sincérité, ni _____ courage.
7. En _____ Bretagne, _____ temps est clair aujourd'hui, mais _____ Bretagne est _____ province où il pleut souvent.
8. C'est _____ courrier de _____ gens de _____ 4e étage.

2. Complétez les phrases suivantes à l'aide d'un article si nécessaire. N'oubliez pas les contractions ou élisions.

MODELE   _____ président de _____ République s'est rendu à _____ Etats-Unis.
*Le président de **la** République s'est rendu **aux** Etats-Unis.*

1. Donne-lui _____ viande et _____ fruits.
2. _____ lundi, nous allons en _____ ville.
3. _____ reine a rencontré _____ premier ministre de _____ Iran.
4. _____ été est ma saison préférée.
5. J'aime _____ vin et _____ champagne.
6. On nous a servi _____ épinards avec _____ beurre, et un morceau de _____ viande.

3. Mettez les phrases suivantes à la forme affirmative.

MODELE   Elle n'a pas de talent.
*Elle a **du** talent.*

1. Il n'a pas besoin d'argent. 2. Je n'ai pas d'amis. 3. Je n'ai pas de fortune.
4. Je n'ai pas de courage. 5. Il n'a pas trouvé de solution.
6. Ce n'est pas du vin. 7. Il ne fait pas d'anglais. 8. Paul n'a pas bu d'alcool.

4. Mettez les phrases suivantes à la forme négative.

MODELE   C'est de la passion.
*Ce **n**'est **pas** de la passion.*

1. Il y a du soleil. 2. Il a des idées. 3. Il a de la force. 4. C'est de la violence.
5. C'est de l'amour. 6. Il nous reste du lait. 7. C'est de la légèreté.
8. Il nous reste des pâtes.

5. Ajoutez un article partitif.

MODELE   Demandez-lui _____ argent!
*Demandez-lui **de l'** argent!*

1. Donne-moi _____ feu!
2. Il a _____ courage.
3. Donnez-lui _____ esprit!
4. Elles ont _____ richesses.
5. Ayez _____ idées!
6. Il ne vit que _____ espoir.
7. Envoie-lui _____ chocolat!
8. Elle a _____ mémoire.

6. Relevez tous les substantifs non précédés de l'article (ou d'un autre déterminant : adjectif possessif ou démonstratif) du texte *Le Borgne* et expliquez l'omission.

7. Comment expliqueriez-vous que l'article soit mentionné dans les expressions suivantes? Dites de quel article il s'agit (défini, indéfini, partitif).

1. C'étaient les amis *du* jeune Orcan.
2. Ils se promenaient sur les rives de *l'*Euphrate.
3. On le considérait comme un ennemi de *l'*Etat.
4. *L'*année avait douze mois.
5. Il croyait que *le* soleil tournait sur lui-même.
6. On envoie chercher *le* grand médecin Hermès.
7. Elle avait *une* aversion insurmontable pour lui.

La tentation des soldes.

PROBLEMES D'AUJOURD'HUI ET DE DEMAIN

EPARGNEZ[1]! GAGNEZ DE L'ARGENT!

Etes-vous jamais[2] entré dans un supermarché pour acheter trois articles et en êtes-vous sorti en emportant uniquement ces trois choses? Si oui, vous êtes un client

[1] save money   [2] ever (**ne . . . jamais**: never)

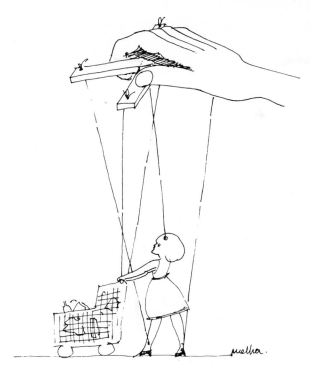

exceptionnel, car la plupart d'entre nous en sortent avec bien plus de marchandises dans leur caddie.

D'après une enquête faite auprès de 5 000 clients sortant d'un supermarché, l'achat de 7 produits sur 10 fut décidé au magasin même.

Comment peut-on expliquer ces achats impulsifs?

James Vicary, chercheur, spécialiste en motivations, a caché une caméra dans un supermarché en vue d'étudier la vitesse à laquelle les clients clignotent des yeux[3] lorsqu'ils stationnent devant les rayons.

Normalement, nous battons des paupières[3] environ 32 fois par minute. Quand nous sommes tendus[4], le nombre peut s'élever jusqu'à 45 fois et lorsque la tension devient très forte, le nombre de battements se situe entre 50 et 60. Mais lorsque nous sommes détendus, la fréquence des clignotements peut descendre jusqu'à 20 ou même moins.

Monsieur Vicary s'attendait à ce que[5] les battements de paupières des clients augmentent d'une façon considérable en fonction de l'état de grande tension intérieure. Or[6], il découvrit exactement le contraire. Le nombre de battements descendit jusqu'à 14 par minute. Ce chiffre anormalement bas prouve donc que le client se trouve dans un premier stade d'hypnose. . . .

[3] blink   [4] tense   [5] expected   [6] however

Dans cet état, notre résistance à l'achat est quasi annihilée. La caméra a vu bien des gens prendre des produits exposés sur les rayons[7] alors qu'[8] ils n'avaient pas assez d'argent pour payer à la caisse.

Les supermarchés exploitent judicieusement cet état proche de la transe. Ils peignent[9] ou décorent leurs magasins avec des couleurs qui créent une atmosphère calme et favorable—c'est le cas notamment du bleu. A cela s'ajoutent une température plaisante, une lumière agréable et une petite musique de fond[10]. Tous ces éléments contribuent inconsciemment mais sûrement à créer chez le client des sentiments de bien-être. Il s'en suit qu'il s'attardera[11] plus longtemps et qu'il achètera davantage.

Mais rien n'est laissé au hasard. On n'étale pas les articles pêle-mêle. Au contraire, on les dispose très soigneusement et dans le seul but de faire acheter davantage le client. Si par exemple on vend de la farine de blé[12] coûtant deux centimes moins cher, on éloignera ce produit en réclame[13] de toutes les autres céréales. Ainsi, lorsque le client entre, il voit l'offre spéciale et il se sert. Mais lorsqu'il arrivera au rayon des céréales, il aura déjà oublié le paquet en réclame et il prendra encore sa marque[14] habituelle.

Beaucoup de gens doivent être bien naïfs pour ne pas remarquer ces ruses cousues de gros fils[15]. Certains supermarchés vous vendent des produits en réclame (par exemple 1 franc de moins) alors que ces mêmes articles se vendent deux ou trois francs de moins ailleurs.

Les directeurs de supermarchés étudient très soigneusement nos habitudes. Ils savent qu'aux coins les caddies ralentissent[16]—ce qui nous donne plus de temps pour regarder. C'est donc aux extrémités des rayons qu'on trouvera les offres spéciales qu'on n'avait nullement l'intention d'acheter. De plus, ils essaient de garder les rayons bien garnis. Les gens détestent acheter la dernière boîte de conserves sur le rayon. Quant aux articles qu'ils désirent vendre le plus, ils seront exposés à hauteur des yeux ou juste au-dessus. Et les bières ou autres boissons, où les trouvez-vous? Souvent au fond du[17] magasin. Si on désire acheter quelques bouteilles, il faut parcourir le bâtiment dans toute sa longueur. Etes-vous déjà entré dans un supermarché où le rayon boucherie[18] se trouvait près de l'entrée? Ou dans un magasin où le rayon de produits laitiers (yaourt, lait, fromage) voisine avec celui de la viande? Presque toujours on les rencontre dans des coins opposés.

Et les chocolats? Et les lames de rasoir[19]? Et les cigarettes? C'est près des caisses qu'on les présente aux clients. Interrogés sur la raison de cet emplacement, les directeurs de vente prétendent que c'est pour empêcher les vols[20]. Nous avons bien des motifs de ne pas les croire. Comment pouvez-vous éviter de tomber dans les pièges[21] de ces rapaces rusés[22]? Il y a deux conseils à suivre: mangez bien avant de faire vos courses et dressez une liste de tout ce que vous désirez acheter. Et tenez-vous-y à tout prix[23]! Dans ces conditions seules, vous épargnerez de l'argent.

---

[7] shelves   [8] whereas   [9] paint   [10] background   [11] will linger   [12] wheat flour   [13] on sale
[14] brand   [15] obvious tricks   [16] slow down   [17] at the back of   [18] meat section   [19] razor
blades   [20] prevent thefts   [21] traps   [22] clever, shrewd   [23] and absolutely stick to it

VARIATIONS LEXICALES

1. Complétez les phrases suivantes. Accordez les adjectifs si nécessaire.

tendu—plaisant—pêle-mêle—soigneux—bas—rusé—garni—favorable

1. La table était _____ de toutes sortes de bonnes choses.
2. Vous travaillez trop, c'est pour cela que vous êtes trop _____.
3. Je n'aime pas ce fauteuil: on y est assis trop _____.
4. Elle m'a donné une recommandation extrêmement _____.
5. Tout se trouvait _____ par terre.
6. C'était un spectacle agréable, _____ à regarder.

2. Donnez le verbe apparenté aux substantifs suivants.

MODELE   recherche (*f.*):
         rechercher

plaisanterie (*f.*)—vol (*m.*)—achat(*m.*)—augmentation (*f.*)— épargne (*f.*)—
paiement (*m.*)—battement (*m.*)—ralentissement (*m.*)—emplacement (*m.*)—
peinture (*f.*)

3. Répondez par *vrai* ou *faux* et rectifiez les fausses affirmations.

1. Un caddie est une voiture à quatre vitesses.
2. Un piège est l'engin spatial avec lequel les astronautes sont allés sur la lune.
3. Un rapace est un oiseau de proie muni d'un bec puissant.
4. Le clignotant est le signal dont on se sert en voiture pour avertir que l'on va tourner à gauche ou à droite.
5. Un boucher vend des gâteaux, des crèmes glacées et des baguettes (ces longs pains typiquement français).
6. L'expression *des explications cousues de gros fils* veut dire que les explications sont précises et exactes.

4. Relevez tous les mots clés qui ont trait au supermarché. Employez-les dans votre résumé (oral ou écrit) de l'article.

5. Complétez les phrases suivantes à l'aide d'un article (défini, indéfini ou partitif) si nécessaire. N'oubliez pas les contractions qui s'imposent.

MODELE   Nous avons bien _____ motifs de ne pas le croire.
         *Nous avons bien **des** motifs de ne pas le croire.*

1. Il voulait étudier _____ vitesse à laquelle les clients clignotent de _____ yeux.
2. Nous sortons de _____ supermarchés le caddie plein.
3. Nous battons de _____ paupières environ trente fois par _____ minute.

4. La fréquence de _____ clignotements peut descendre jusqu'à dix-neuf.
5. Le nombre de _____ battements de paupières était de cinquante par _____ minute.
6. On s'attendait à ce que _____ battements augmentent en fonction de _____ état de _____ tension de _____ clients.

    6. Relevez dans le texte au moins dix cas d'omissions d'articles et expliquez-les.

    7. Relisez le texte, puis répondez aux questions suivantes.

1. Que se passe-t-il lorsqu'on va au supermarché?
2. Qu'est-ce que l'enquête a prouvé?
3. Quelles constatations a-t-on faites au sujet des battements de paupières? Qu'est-ce que cela prouve?
4. A quoi la transe est-elle due?
5. Quelles sont les conséquences de cette transe?
6. Quelles ruses les supermarchés emploient-ils pour nous faire acheter davantage?
7. Où place-t-on les articles qu'on désire vendre le plus?
8. Où faut-il aller pour acheter de la viande? du lait?
9. Où se trouvent les cigarettes? les lames de rasoir? les friandises? Pourquoi?
10. Quels sont les conseils donnés à la fin du texte?

Composition écrite

    8. Vous découpez une ou deux annonces publicitaires prises dans un journal ou un magazine si possible français et vous analysez en quelques paragraphes *écrits* d'une quinzaine de lignes l'image (couleurs, formes, présentation) et le texte qui l'accompagne (le genre de vocabulaire, les mots clés). A qui s'adresse l'annonce? Comment le savez-vous? Est-ce que le publicitaire réussit à nous convaincre, nous, consommateurs?

    Vous écrirez votre composition au *présent de l'indicatif* et vous y intégrerez au moins *cinq* des expressions mentionnées ci-dessous ou leurs dérivés:

    en fonction de, exploiter, judicieusement, créer une atmosphère, davantage, beaucoup de gens, naïf (naïve), tomber dans le piège, suivre un conseil

Débat

    9. Commentez les affirmations suivantes et dites si vous êtes d'accord. Donnez des exemples de ce que vous avancez.

1. La publicité informe le client en donnant une image fidèle du produit. En ce sens, elle est indispensable.
2. Grâce à une vente plus large, la publicité fait baisser les prix des produits.
3. Trop de publicité est une insulte à l'intelligence du client.
4. On devrait défendre toute publicité entre les programmes de télévision.
5. La publicité confirme nos rôles et ancre plus profondément nos préjugés (image de l'enfant et de la femme dans la publicité).

Les immeubles les plus modernes côtoient les petits pavillons individuels.

LA SOCIETE . . . DEMAIN . . .

Ce qui dans le monde est le plus fonction du changement, c'est le changement lui-même. C'est l'avis[1] du docteur Platt, directeur du centre de recherche pour la santé mentale de l'université de Michigan. Platt estime qu'en ce moment le problème n'est pas de savoir comment l'homme, dans les villes et aussi, ailleurs intègre ces changements, mais plutôt comment il peut manier[2] le processus du changement lui-même. Nous sommes maintenant confrontés à des transformations qui ne peuvent plus se mesurer en dixièmes de pour-cents. Leur ordre de grandeur est dix fois, cent fois, des millions de fois plus grand. Il ne manque pas d'exemples.

Au cours des siècles, la transmission des nouvelles s'est accélérée. De la vitesse du cheval on est passé à celle de la lumière—dix millions de fois plus rapide. La vitesse de la circulation s'est multipliée par cent. Les sources d'énergie se sont développées, de la houille[3] à la puissance nucléaire. Dans les armes, on a remplacé la bombe de vingt tonnes de la deuxième guerre mondiale par la bombe H, un million de fois plus puissante.

Ainsi, nous nous trouvons devant un fait historique unique en son genre, quelque chose comme la révolution industrielle du 19e siècle, mais à une échelle beaucoup plus vaste.

[1] opinion   [2] handle   [3] coal

Le professeur Platt appelle ce fait «le pas vers l'homme». Nous sommes, selon lui, le maillon qui manque[4] entre le singe et l'homme. Si nous pouvons faire ce pas vers l'homme complet, et survivre, il en résultera une société totalement nouvelle. Si par contre nous échouons[5], alors le monde devra à nouveau repartir à zéro.

La race humaine est aujourd'hui comme une fusée sur sa plate-forme de lancement. Les tensions du décollage[6] constituent «la crise des crises» pour les années à venir. Il ne fait pas de doute que les années à venir risquent de conduire à des destructions considérables, à des famines dans le tiers monde; en un mot à des catastrophes qui peuvent exiger jusqu'à cent millions de vies humaines, plus qu'au cours de toutes les guerres de ce siècle.

Platt suggère que l'on repense le problème du logement. En effet, même si on trouve un moyen parfait pour prévenir les grossesses[7], la population aura doublé d'ici l'an deux mille. Dans les 25 années à venir il faudra bâtir plus de maisons qu'au cours de toute l'histoire précédente de l'humanité. Selon lui la réponse à ce besoin de logement se trouve dans la production massive de maisons suivant un procédé industriel ingénieux. Il voit les tours d'habitation de l'avenir comme des squelettes dans lequel on suspend les appartements. Et ces appartements doivent venir de l'usine tout faits, comme les voitures. Et comme avec les voitures, les gens devraient pouvoir remplacer leur appartement au cas où il deviendrait trop petit ou pour d'autres raisons. Il est probable aussi que nous évoluerons vers un type et une vie de famille très différente. Maintenant la plupart des familles vivent dans de petites maisons où il n'y a pas de place pour les vieilles personnes. Or, selon Pratt, il est probable qu'à l'avenir on reviendra à une vie communautaire à 8 ou à 10. Les couples pourront vivre dans de petits appartements groupés autour d'un centre communautaire où on pourra manger et se détendre[8]. Il y aura également une crèche[9] ou une garderie pour enfants pour que les parents puissent[10] aller travailler. Tout cela deviendra-t-il réalité? Qui pourrait le dire? Ce qui est certain c'est que nous nous acheminons[11] vers une époque et vers des habitudes de vie qui seront très, très différentes de celles que nous avons connues jusqu'à présent.

VARIATIONS LEXICALES
1. Complétez les phrases suivantes en utilisant le verbe approprié.

décoller—se détendre—échouer—survivre—s'accélérer—être confronté—
se développer—se multiplier

1. Son entreprise a pu rapidement _____ grâce à une augmentation du capital.
2. L'avion que j'ai inventé et mis au point _____ en zigzag.
3. La peste a causé des ravages et les cas mortels se sont _____ .
4. Si vous courez vite, les battements de votre cœur _____ .

---

[4] missing link [5] fail [6] liftoff [7] pregnancies [8] relax [9] day-care center [10] subjunctive of **pouvoir** used after **pour que** [11] we are on our way

5. Il n'y a pas de honte à _____. L'échec est l'occasion de repartir plus déterminé que jamais.
6. On ne peut pas toujours travailler: il faut _____ de temps à autre.

2. Donnez le substantif apparenté aux verbes suivants.

MODELE développer:
le développement

1. transmettre 2. changer 3. garder 4. circuler 5. loger 6. produire
7. douter 8. grossir 9. détruire 10. lancer

3. Complétez les phrases suivantes en utilisant le substantif approprié.

(le) processus—(le) procédé—(le) squelette—(le) maillon—(le) siècle—
(le) décollage—(le) lancement—(le) besoin

1. Il est tellement maigre qu'on dirait un _____ ambulant.
2. Le_____ s'est fait sans problème. J'espère qu'il en sera de même de l'atterrissage.
3. Est-ce que vous avez assisté au _____ du sous-marin?
4. Tout se fait maintenant selon un _____ que j'ai inventé et dont j'ai le brevet.
5. Une chaîne n'est pas plus forte que la solidité du _____ le plus faible.
6. Notre _____ se caractérise par la vitesse.

4. Complétez les phrases suivantes à l'aide d'un article si nécessaire.

MODELE C'est _____ avis de _____ docteur Platt, _____ directeur
de _____ centre de _____ recherche.
C'est l'avis du docteur Platt, directeur du centre de recherche.

1. _____ Professeur Platt appelle ce fait «_____ pas vers_____ homme».
2. Nous sommes _____ maillon qui manque entre _____ singe et _____ homme.
3. Cela ne fait pas de _____ doute.
4. _____ années à venir risquent de conduire à _____ considérables destructions.
5. _____ population aura doublé d'ici _____ an deux mille.
6. Leur ordre de _____ grandeur est dix fois, _____ millions de _____ fois plus grand.
7. Ils voient _____ tours de _____ habitation de _____ avenir.
8. La plupart de _____ familles vivent dans _____ petites communautés.
9. Il n'y a plus de _____ places pour _____ vieilles personnes.
10. _____ jeunes gens se sont mis à bâtir _____ nouvelles villes.

5. Relisez le texte, puis répondez aux questions suivantes.

1. Qui est Platt? Que fait-il?
2. Qu'est-ce qui importe d'après lui?
3. Qu'est-ce qui est surtout caractéristique de notre époque? Donnez des exemples.
4. A quoi Platt compare-t-il la race humaine?
5. Pourquoi et comment faut-il repenser le problème du logement?

Composition écrite

6. Faites une composition de quinze à vingt lignes sur le sujet suivant:

«Imaginez la vie en l'an 2 500».

Les mots ou expressions qui suivent pourraient vous servir à construire votre rédaction:
  – la population, les logements ou formes d'habitat
  – les transports, les voyages, les distractions
  – l'éducation des enfants, l'école
  – la nourriture, la façon de manger
  – les magasins, la façon d'acheter

Vous pourriez ou bien traiter toutes ces questions dans votre composition, ou bien en sélectionner une ou deux et les traiter plus en profondeur.

Dans votre rédaction, vous emploierez au moins *cinq* des expressions suivantes ou leurs dérivés:

au cours de, s'accélérer, se développer, la vitesse, plus rapide que . . . , ce qui manque, doubler, évoluer.

Débat

7. Répondez aux questions suivantes. Appuyez-vous sur des exemples et donnez aussi votre avis.

1. Etes-vous satisfait(e) de vivre aujourd'hui? Pourquoi (pas)?
2. Le monde matériel et technique a changé énormément. En est-il de même de l'homme en tant que personne? Sommes-nous plus heureux maintenant qu'auparavant? Pourquoi (pas)?
3. On parle bien souvent du «bon vieux temps» avec un peu de nostalgie. Etait-il si bon? Pour qui? Auriez-vous voulu vivre alors?

LE TYRAN

Un journaliste d'Allemagne de l'Ouest a donné récemment ses impressions sur quelques émissions[1] de télévision en Amérique du Nord. La vie sociale, écrit-il, est

---

[1] programs

réduite à sa plus simple expression. Si on vous invite, vous n'êtes plus obligé d'apporter des sujets de conversation : la télévision les procure[2]. Il ne faut même plus essayer de paraître intelligent puisqu'on ne vous demande pas ce que vous pensez. Vous vous asseyez, vous buvez un coca, un whisky ou une bière et . . . vous regardez. Quand le programme est fini, vous bâillez[3] discrètement et vous remerciez vos hôtes pour la «belle» soirée et vous rentrez chez vous.

Un après-midi j'étais invité chez des amis. La télévision marchait évidemment. Je demande à la jeune fille de mon hôte de prendre une chaîne après l'autre. Elle s'assied devant l'appareil[4] et nous passons en revue successivement les six programmes.

Chaîne 1 : Une bagarre[5] dans un bar du vieux Far-West. Le héros se défend contre quelques «mauvais garçons»[6]. Il leur donne des coups de pied et des coups de poing[7] avec un brio tel[8] qu'ils sont obligés de s'enfuir[9] en plongeant[10] à travers les carreaux d'une fenêtre.

Chaîne 2 : Une femme est en train de crier au secours[11] car elle sent les mains d'un meurtrier[12] invisible se serrer autour de son cou[13]. Hitchcock, me dit la jeune fille expérimentée, et elle passe à la troisième chaîne.

Chaîne 3 : Du hockey sur glace. Deux, trois joueurs tapent[14] et tapent. Sur la balle? Oh non, sur la tête du gardien de but[15] qui s'évanouit[16].

[2] provides   [3] yawn   [4] set   [5] fight   [6] bad guys   [7] kicks, blows   [8] with such ardor   [9] escape
[10] diving   [11] is screaming for help   [12] murderer   [13] strangling   [14] hit   [15] goalkeeper
[16] faints

Chaîne 4: Deux gros catcheurs[17] se tordent[18] mutuellement les bras et les jambes. Il pleut aussi des coups de poing et des claques[19]. Les spectateurs trouvent cela merveilleux et crient[20] pour les encourager.

Chaîne 5: Quelques mauvais garçons martyrisent[21] un détective qui refuse de donner l'adresse de l'héroïne. Le supergangster les observe souriant, détendu[22], en fumant un cigare et en buvant un petit verre.

Chaîne 6: Une course d'automobile. Une des voitures quitte la route, heurte[23] un arbre et explose.

Je supplie[24] alors la jeune fille de ne pas continuer bien qu'il reste trois chaînes. L'écran[25] s'éteint et je me mets à nouveau à respirer: Ouf!

Le journaliste termine son article par ces mots: «Mangerons-nous bientôt en Europe nos repas de petits sachets en plastique jetés à l'eau chaude pour ne rien manquer[26] de notre menu de télévision? Surtout pour ne rien manquer[26] de notre portion de violence journalière?» Chaque jour on lit dans les journaux que des hommes assassinent leur femme, ou l'inverse. Pendant des heures et des heures j'ai parcouru[27] les journaux dans l'espoir de trouver que quelqu'un avait assassiné son appareil de télévision. En vain.

VARIATIONS LEXICALES
1. Complétez les phrases suivantes. Mettez les verbes à la forme voulue.

apporter—bâiller—plonger—s'évanouir—heurter—se procurer—s'enfuir—taper—(se) tordre—manquer

1. Après l'accident, elle se _____ de douleur. La pauvre!
2. Ne _____ pas ici! L'eau n'est pas assez profonde.
3. Je n'ai rien _____ de cette émission. Heureusement!
4. Vous devriez _____ un bon dictionnaire.
5. Quand on a très mal, on peut _____ de douleur.
6. Quand on est fatigué, on a tendance à _____.
7. La prochaine fois je pourrais _____ mon propre appareil, puisque le vôtre ne marche pas bien.

2. Complétez les phrases suivantes en utilisant le substantif approprié.

(un) écran—(le) brio—(la) glace—(la) claque—(un) appareil—(le) carreau—(le) poing—(le) sachet

1. Je vois que vous avez lavé les _____ et que vous avez remis les rideaux.
2. Sans raison aucune elle m'a donné une _____.

---

[17] wrestlers   [18] twist   [19] blows and slaps rain down   [20] shout   [21] torment   [22] relaxed
[23] runs into   [24] beg   [25] screen   [26] not to miss   [27] skimmed

3. C'est un bel _____ que vous avez acheté.
4. L'homme était fâché. Il m'a menacé de son _____.
5. Vous n'auriez pas un _____ en plastique à me prêter?
6. Mon équipe s'est défendue avec _____.
7. La télé est souvent appelée le «petit _____».

3. Complétez les phrases suivantes à l'aide d'un article si nécessaire. N'oubliez pas les contractions qui s'imposent.

_____ journaliste de _____ Allemagne de _____ Est raconte ses impressions sur _____ différents programmes de _____ télévision en _____ Europe occidentale. Ce journaliste a été invité dans _____ famille française, on lui a offert _____ bière, _____ whisky, ou une tasse de _____ café; on est passé successivement de _____ chaîne à _____ autre. _____ trois chaînes ne montraient que _____ violence; _____ vieux western avec beaucoup de _____ Indiens et de _____ cow-boys déguisés en _____ shérifs. Sur _____ autre chaîne, on présentait _____ nouvelles du jour. _____ troisième programme montrait enfin _____ film où _____ héros allait délivrer _____ héroïne de _____ mains de _____ bandits. _____ journaliste semblait assez déçu par _____ qualité de _____ programmes, et surtout par _____ nombre de _____ publicités.

4. Relevez dans le texte tous les mots qui expriment l'idée de violence. Employez-les dans de courtes phrases.
MODELE   Coup de poing:
Quand il lui a donné un coup de poing, il s'est évanoui.

5. Relisez le texte, puis répondez aux questions suivantes.

1. De quel pays le journaliste était-il?
2. Pourquoi la vie sociale aux Etats-Unis est-elle très simple?
3. Quels mots contiennent une certaine ironie?
4. En quoi consistaient les différents programmes?
5. Quelle réaction le journaliste a-t-il eue?
6. Qu'est-ce qu'il craint?

Composition écrite
6. Faites une composition d'une quinzaine de lignes sur le sujet suivant: la télévision joue un rôle relativement important dans la vie des enfants et des adultes. Comment expliquez-vous ce phénomène? En donnant des exemples, choisissez de défendre le pour ou le contre.
Utilisez les arguments proposés ci-dessous, mais essayez de les agencer de telle sorte que votre composition forme un tout qui s'enchaîne.

Arguments pour
- les gens restent chez eux et passent moins de temps dans la rue ou au café
- on assiste littéralement à de grands événements
- émissions culturelles intéressantes telles que: pièces de théâtre, débats sur des problèmes contemporains, programmes de vulgarisation scientifique
- d'autres raisons . . .

Arguments contre
- beacoup de personnes restent des heures durant devant l'écran
- il n'y a plus moyen de parler, de discuter
- parents et enfants ne se connaissent plus
- la télévision abrutit
- les gens perdent toute originalité, initiative; ils ne savent plus organiser eux-mêmes leurs loisirs

Débat
7. Répondez aux questions suivantes tout en donnant des exemples.

1. Quels programmes regardez-vous en ce moment? Et quand vous étiez petit(e)? En avez-vous gardé de bons souvenirs? Pourquoi?
2. Croyez-vous que la télévision vous a abruti(e)? Pourquoi (pas)?
3. Que pensez-vous de la publicité à la télévision?
4. Pensez-vous qu'on devrait interdire aux enfants ou aux adolescents de regarder certains programmes (des programmes violents mais qui retracent un fait historique, par exemple)?

LISONS LE JOURNAL

Patrick Montgomery

Patrick Montgomery a informé la commission des droits de l'homme qu'une tribu indienne, au Paraguay, avait été presque totalement exterminée.

Elle comprenait sept cents personnes qui vivaient dans les forêts. C'était une tribu primitive et pacifique. Les hommes ont été tués et les femmes emmenées[1] comme esclaves.

Anna ou Peter?

Les ouragans[2] qui ravagent[3] les côtes pacifique et atlantique des Etats-Unis étaient, jusqu'à présent, baptisés de noms féminins. Les féministes américaines ont obtenu de l'Administration nationale des océans, à partir de 1979, que les ouragans se déchaînent[4] désormais[5] au masculin et au féminin.

F. Magazine

Le «Chunnel»

Depuis deux siècles[6], on parle du «Chunnel». Cette fois, ce sont les Français qui hésitent . . .

Le tunnel sous la Manche sera-t-il un jour percé[7]? Ou bien continuera-t-on, de temps en temps, à caresser ce rêve[8] plusieurs fois condamné par la méfiance[9] des uns ou les difficultés financières des autres? Voilà plus de deux siècles que des projets nés des imaginations française et anglaise s'élaborent pour creuser[10] ces cinquante kilomètres sous le Pas de Calais.

On avait pourtant bien cru, en novembre 1973, lors des premiers forages[11], que la Grand-Bretagne allait définitivement renoncer à[12] son insularité. Des passagers optimistes s'étaient déjà inscrits pour prendre, dès 1980, le premier train qui relierait, en trois heures quarante, Londres à Paris. L'espoir renaissait[13]. Jusqu'à ce jour de janvier 1975 où le gouvernement britannique, arguant de difficultés financières, a mis fin unilatéralement à cet ambitieux ouvrage[14] de plus de dix milliards de francs.

Et voilà qu'une fois de plus une nouvelle initiative relance[15] le «Chunnel», mot forgé en contractant «channel» et «tunnel». Poussées par deux sociétés privées, la S.N.C.F.[16] et la British Railways se sont remises à étudier le projet. Cette fois, elles sont plus modestes: le tunnel, long de 53 km entre le Kent et la région du cap Gris-Nez, ne comprend qu'une voie[17] unique permettant de faire passer, tantôt[18] dans un sens, tantôt dans l'autre, des trains de voyageurs ou des wagons porte-conteneurs, mais ni voitures ni camions.

Autre avantage: un coût moins élevé, évalué, avec beaucoup d'imprécision, entre 3 et 5 milliards de francs . . .

D'après Francine Rivaud, L'Express

Des chercheurs

Des chercheurs viennent de découvrir un nouvel effet secondaire de la pilule[19] contraceptive: elle incommode[20] particulièrement les femmes qui portent des verres de contact[21].

En effet, les hormones femelles que contiennent les pilules freinent l'épanchement[22] du liquide lacrymal. Ainsi la lentille[23] irrite la surface de l'œil.

Loyer[24]

Si votre loyer a triplé sans raison . . ., que vous êtes expulsé[25] de votre logement, ou que vous désirez acheter l'appartement que vous occupez, l'Association nationale pour l'information sur le logement répondra à vos questions.

---

[1] taken away   [2] hurricanes   [3] devastate
[4] rage   [5] from now on   [6] for two centuries
[7] dug   [8] to indulge in the dream   [9] mistrust
[10] dig   [11] borings   [12] give up

[13] came back, was revived   [14] project
[15] takes again the idea   [16] **Société Nationale des Chemins de fer Français**   [17] way   [18] one time . . . another time   [19] pill   [20] bothers
[21] contact lenses   [22] slow down the flow
[23] lens   [24] rent   [25] evicted, kicked out

De plus cette association peut vous aider à établir un plan de financement[26] personnalisé et vous dira si vous avez droit aux nouveaux prêts[27] de l'Etat.

F. Magazine

Un restaurant

Dagorno, 190, Avenue Jean Jaurès, Paris. Fermé le samedi et le dimanche soir.

La bonne viande de bœuf est difficile à trouver à Paris. Le charolais n'est pas toujours digne de sa réputation, et les belles viandes du Limousin, de Normandie ou de Chalosse n'arrivent pas forcément[28] jusqu'à la capitale. On importe, en revanche[29], du bœuf de Hongrie, viande d'une grande régularité dans la qualité, au juste équilibre entre le gras et le maigre[30], et que beaucoup de grands cuisiniers emploient souvent sans le dire. Mais une bonne viande ne suffit pas, il faut encore qu'elle soit[31] bien cuite.

Ces deux conditions sont rarement réunies, sauf, il faut le reconnaître, dans ce quartier de la Villette, fidèle à sa tradition.

A la Villette, on pense au célèbre Cochon d'Or. A deux pas de là[32], aussi connu mais moins fréquenté, Dagorno, en revanche, assure un accueil à la hauteur de ses viandes. Au saumon fumé par la maison, je préfère un assortiment[33] de pâté de pigeon et foie gras. De quoi, en tous cas, vous mettre en train[34] pour une épaisse et fondante[35] côte[36] de bœuf parfaitement grillée, servie avec une béarnaise[37] au bon goût d'estragon[38]. Grand choix de pâtisseries[39] qui semblent venir de chez Lenôtre, ce qui est un compliment. Un regret: la carte des vins. Elle offre trop peu de bordeaux à des prix abordables[40] et trop de bourgognes sans indication d'origine. L'accueil et le service font oublier le décor un peu fané[41]. 136 francs par personne pour ce menu, avec du brouilly 1977.

D'après Claude Lebey, L'Express

[26] the financing of a house, mortgage [27] loans [28] necessarily [29] on the other hand [30] good balance between fat and lean [31] **soit**: subjunctive of **être** [32] not far from there, next door [33] variety [34] which is a way of whetting your appetite [35] melting [36] rib [37] **sauce béarnaise** [38] tarragon [39] pastries [40] reasonable [41] faded, shabby

SECTION
2

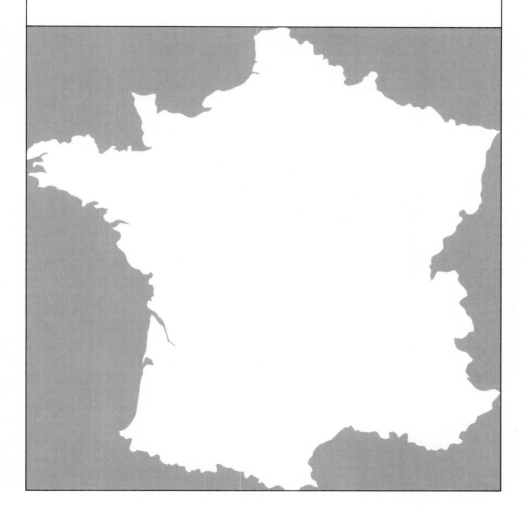

LECTURE

Dans cette nouvelle[1] *Yvette*, Maupassant décrit le café *La Grenouillère* près de la Seine qu'il avait l'habitude de fréquenter avec ses amis. C'est là aussi qu'il venait faire du canot—d'où les mots «canotier» et «canotière» sont tirés. Le peintre Renoir a rendu cet endroit célèbre, notamment dans *Le Déjeuner des Canotiers*.

LES CANOTIERS

La villa louée par la marquise se trouvait à mi-hauteur du coteau[2], juste à la courbe de la Seine qui coulait vers Marly.

En face de la demeure[3], l'île de Croissy formait un horizon de grands arbres, une masse de verdure[4], et on voyait un long bout du large fleuve jusqu'au café flottant de la Grenouillère caché sous les feuillages.

Yvette et Servigny arrivèrent à la partie de l'île plantée en parc et ombragée d'arbres immenses. Des couples erraient[5] sous les hauts feuillages, le long de la Seine, où glissaient les canots[6]. C'étaient des filles avec des jeunes gens, des ouvrières avec leurs amants qui allaient en manches de chemise[7], des bourgeois avec leurs familles, les femmes endimanchées[8] et les enfants trottinant[9] autour de leurs parents.

Une rumeur lointaine et continue de voix humaines, une clameur sourde[10] et grondante[11] annonçait l'établissement cher aux canotiers.

Ils l'aperçurent tout à coup. Un immense bateau, amarré contre la berge[12], portait un peuple de femelles et de mâles attablés et buvant, ou bien debout, criant, chantant, gueulant[13], dansant au bruit d'un piano faux[14].

Les buveurs, autour des tables, engloutissaient[15] des liquides blancs, rouges, jaunes, verts, et criaient, vociféraient[16] sans raison, cédant à un besoin violent de faire du tapage[17], à un besoin de brutes d'avoir les oreilles et le cerveau pleins de vacarme[18].

De seconde en seconde un nageur, debout sur le toit du bateau, sautait à l'eau, en jetant une pluie d'éclaboussures[19] sur les consommateurs les plus proches, qui poussaient des hurlements de sauvages.

Et sur le fleuve une flotte d'embarcations passait. Les barques longues et minces filaient[20], enlevées à grands coups d'aviron[21] par les rameurs aux bras nus, dont les muscles roulaient sous la peau brûlée. Les canotières en robe de flanelle bleue ou de flanelle rouge, une ombrelle rouge ou bleue aussi, ouverte sur la tête, éclatante sous l'ardent soleil, se renversaient dans leur fauteuil à l'arrière des barques et semblaient courir sur l'eau, dans une pose immobile et endormie.

---

[1] short story   [2] hill   [3] residence   [4] green vegetation   [5] were strolling, wandering   [6] the boats were gliding   [7] in shirt sleeves   [8] in their Sunday best   [9] trotting along   [10] muffled
[11] rumbling   [12] fastened alongside the bank   [13] (vulgar) shouting   [14] out-of-tune   [15] were gulping down   [16] were yelling   [17] make noise   [18] racket   [19] splashes   [20] were skimming
[21] with strokes of the oar

Des bateaux plus lourds arrivaient lentement, chargés de monde. Un collégien ramait avec des mouvements d'ailes de moulin[22], et se heurtait à tous les canots, dont tous les canotiers l'engueulaient[23], puis il disparaissait, après avoir failli noyer[24] deux nageurs, poursuivi par les vociférations de la foule entassée dans le grand café flottant.

Yvette, radieuse[25], passait au bras de Servigny au milieu de cette foule bruyante, semblait heureuse de ces coudoiements suspects[26], dévisageait les filles d'un œil tranquille et bienveillant.

«Regardez celle-là, Muscade, quels jolis cheveux elle a! Elles ont l'air de s'amuser beaucoup.»

Comme le pianiste, un canotier vêtu de rouge et coiffé d'une sorte de colossal chapeau parasol en paille[27], attaquait une valse, Yvette saisit brusquement son compagnon et se mit à danser furieusement. Ils dansèrent si longtemps et si frénétiquement que tout le monde les regardait. Les consommateurs, debout sur les tables, battaient la mesure avec leurs pieds; d'autres heurtaient les verres[28]; et le musicien semblait devenir enragé, tapait les touches[29] d'ivoire avec des bondissements de la main, des gestes fous de tout le corps, en balançant éperdument sa tête.

---

[22] blades of a windmill   [23] (vulgar) would give him a piece of their mind   [24] he had nearly drowned   [25] radiant   [26] shady close contacts   [27] straw   [28] were tapping the glasses
[29] was banging on the keys

Tout d'un coup, il s'arrêta, et, se laissant glisser par terre, s'affaissa[30] sur le sol, comme s'il était mort de fatigue. Un grand rire éclata dans le café, et tout le monde applaudit.

Quatre amis se précipitèrent comme on fait dans les accidents, et, ramassant[31] leur camarade, l'emportèrent par les quatre membres, après avoir posé sur son ventre son immense chapeau.

Un farceur les suivant entonna[32] le *De Profundis*, et une procession se forma derrière le faux mort, se déroulant par les chemins de l'île, entraînant à la suite les consommateurs, les promeneurs, tous les gens qu'on rencontrait.

La procession allait toujours, accélérant son allure, car les quatre porteurs couraient maintenant, suivis par la foule hurlante. Mais, tout à coup, ils se dirigèrent vers la berge, s'arrêtèrent net en arrivant au bord, balancèrent un instant leur camarade, puis, le lâchant tous les quatre en même temps, le lancèrent dans la rivière.

Un immense cri de joie jaillit[33] de toutes les bouches, tandis que le pianiste, étourdi[34], toussant, crachant de l'eau, et, embourbé dans la vase[35], s'efforçait de remonter au rivage. Son chapeau, qui s'en allait au courant, fut rapporté par une barque.

D'après Guy de Maupassant
YVETTE

VARIATIONS LEXICALES
1. Trouvez le mot juste. Aidez-vous du texte.

MODELE   Regarder avec curiosité, insistance, c'est
dévisager.

1. Se promener, marcher sans but, c'est aussi _____.
2. Un morceau de terre tout entouré d'eau est une _____.
3. Marcher à petits pas rapides, c'est _____.
4. Etre assis à une table de café, c'est être _____.
5. Les gens assis à une terrasse de café sont des _____.
6. Prendre quelque chose qui se trouve sur le sol, par terre, c'est le _____.
7. Etre sans veston, c'est être en _____.

2. Relevez tous les verbes du texte qui suggèrent un mouvement. Employez-les dans une phrase et indiquez si le mouvement a un caractère violent, répété, etc.

MODELE   balancer:
Elle balançait la tête au rythme de la musique. (*mouvement lent, harmonieux, répété, de droite à gauche . . .*)

[30] collapsed   [31] picking up   [32] started singing   [33] burst   [34] aghast   [35] stuck in the mud

3. Expliquez le sens des mots suivants.

MODELE   de l'eau:

> *un liquide; on peut en boire; on en trouve dans les rivières; elle est incolore et inodore, etc.*

1. un aviron   2. un café   3. un bateau   4. un piano   5. hurler   6. un chapeau
7. une foule   8. une berge   9. une procession   10. un fauteuil

4. Relevez tous les mots du texte qui ont trait à l'eau, à la rivière. Groupez-les par catégories (substantifs, verbes, etc.). Employez-les dans une phrase.

MODELE   la berge:
> *Ils se promènent souvent sur les berges de la Seine.*

5. Donnez le verbe apparenté aux substantifs suivants.

MODELE   une noyade:
> *se noyer*

1. un visage   2. un bondissement   3. un consommateur   4. une location
5. une coiffure   6. un amant   7. une boisson   8. une table   9. un vêtement
10. un balancement

6. Quelle différence voyez-vous entre:

MODELE   insulter et engueuler?
> **engueuler** *est vulgaire,* **insulter** *fait partie du langage courant. Les deux mots ont à peu près le même sens.*

1. crier et gueuler?   2. le bruit et le vacarme?   3. une demeure et une maison?
4. une maison et un appartement?   5. un parapluie et une ombrelle?   6. errer et marcher?   7. chanter et entonner?   8. une nouvelle et un conte?

7. Donnez le substantif apparenté aux verbes suivants.

MODELE   nager:
> *un nageur, une nageuse*

1. s'endimancher   2. s'embourgeoiser   3. coudoyer   4. dévisager   5. mouvoir
6. boire   7. louer   8. trottiner   9. vociférer   10. ramer

8. Relevez tous les mots du texte qui ont trait au bruit.

MODELE   rumeur, voix humaines, etc.

9. Relisez le texte, puis répondez aux questions suivantes.

1. Où se trouve le café «La Grenouillère»?
2. Quelles sortes de gens fréquentent ce café?
3. Décrivez le café et les consommateurs.
4. Quel spectacle sur le fleuve s'offre aux yeux des consommateurs?
5. Décrivez le pianiste et sa façon de jouer.
6. Que font ses amis lorsqu'il s'affaisse sur le sol?
7. Pourquoi le jettent-ils à l'eau?
8. Pourquoi entonnent-ils le *De Profundis*?

GRAMMAIRE

L'ADJECTIF QUALIFICATIF

A. FORMATION DU FEMININ

1. Règle générale

Dans la langue écrite, la plupart des adjectifs prennent un **e** au féminin, sauf si l'adjectif se termine déjà par un **e** muet.

Dans la langue parlée, le **e** final de l'adjectif féminin ne se prononce pas mais il entraîne parfois des modifications dans la prononciation de la consonne et/ou de la voyelle antérieure.

LANGUE ECRITE			LANGUE PARLEE		
MASCULIN		FEMININ	MASCULIN		FEMININ
immense étourdi joli	⇒	**immense** **étourdie** **jolie**	[imãs] [eturdi] [ʒɔli]	⇒	[imãs] [eturdi] [ʒɔli]

a. Quand l'adjectif se termine par une consonne au masculin, cette consonne se prononce au féminin.

sourd suivant	→	**sourde** **suivante**	[sur] [swivã]	→	[surd] [swivãt]

b. Quand l'adjectif se termine par une voyelle nasale, cette voyelle se dénasalise (au féminin) et le **n** final se prononce.

plein fin brun	⇒	**pleine** **fine** **brune**	[plɛ̃] [fɛ̃] [brœ̃]	⇒	[plɛn] [fin] [bryn]

Graphiquement le **n** redouble parfois.

-en -on	⇒	**-enne** **-onne**	moyen bon	⇒	**moyenne** **bonne**	[mwajɛ̃] [bõ]	⇒	[mwajɛn] [bɔn]

2. Règles particulières

a.

			LANGUE ECRITE		LANGUE PARLEE	
MASCULIN	FEMININ		MASCULIN	FEMININ	MASCULIN	FEMININ
-el	-elle		cruel	**cruelle**	[kryɛl]	[kryɛl]
-eil	-eille		pareil	**pareille**	[parɛj]	[parɛj]
-er	⇒ -ère		dernier	⇒ **dernière**	[dɛrnje]	⇒ [dɛrnjɛr]
-et	-ette		net	**nette**	[nɛt]	[nɛt]
-et	-ète		complet	**complète**	[kõplɛ]	[kõplɛt]

N.B. 1 *Les adjectifs se terminant par un -s font leur féminin en -sse. Ce groupe ne se compose que de six adjectifs:* ***exprès, gros, gras, épais, bas, las.***

-s	⇒	-sse	gros	⇒	**grosse**	[gro]	⇒	[gros]

N.B. 2 *Le groupe d'adjectifs en* **-t/-tte** *est également assez restreint. Les plus fréquents sont* ***sot, vieillot, palôt***

-t	⇒	-tte	sot	⇒	**sotte**	[so]	⇒	[sɔt]

Idiot/idiote font exception à la règle d'orthographe ci-dessus.

b.

			LANGUE ECRITE		LANGUE PARLEE	
MASCULIN	FEMININ		MASCULIN	FEMININ	MASCULIN	FEMININ
-x	-se		heureux	**heureuse**	[ørø]	[ørøz]
	-ce		doux	**douce**	[du]	[dus]
	-sse		faux	**fausse**	[fo]	[fos]
-f	⇒ -ve		neuf	⇒ **neuve**	[nœf]	⇒ [nœv]
-c	-che		blanc	**blanche**	[blɑ̃]	[blɑ̃ʃ]
	-que		public	**publique**	[pyblik]	[pyblik]

Orthographiquement fait exception à la règle **c/que: grec/grecque.**

c. Pour certains adjectifs, la dernière syllabe change.

MASCULIN	FEMININ		MASCULIN	FEMININ	MASCULIN	FEMININ
-eur	⇒ **-euse**		moqueur	⇒ **moqueuse**	[mɔkœr]	⇒ [mɔkøz]
-teur	**-trice**		acteur	**actrice**	[aktœr]	[aktris]

Majeur(e), **mineur(e)**, **meilleur(e)** sont réguliers.

d. Les formes **bel**, **nouvel**, **vieil**, **fol**, **mol** ne s'emploient que devant un nom masculin à voyelle initiale ou commençant par un **h** muet.

MASCULIN				
un	beau nouveau vieux	palais		
		garçon	un peu	fou mou

FEMININ		
une	**belle** **nouvelle** **vieille**	demeure
	folle	aventure

LANGUE ECRITE

MASCULIN		
un	**bel** ‿ **nouvel** ‿ **vieil** ‿	appartement hôpital
	fol ‿	espoir

LANGUE PARLEE

[œ̃	bɛl ‿ nuvɛl ‿ vjɛj ‿	apartəmã] opital]
	fɔl ‿	ɛspwar]

B. FORMATION DU PLURIEL

En règle générale, les adjectifs prennent un **-s** au pluriel sauf s'ils se terminent par un **-s** ou un **-x**.

Dans la langue parlée, on n'entend aucune différence (puisque le pluriel se marque seulement au niveau des déterminants (pronoms, articles).

SINGULIER		
un	liquide	jaune chaud frais
une	boisson	jaune chaude fraîche

⇒

PLURIEL		
des	liquides	**jaunes** **chaudes** **frais**
	boissons	**jaunes** **chauds** **fraîches**

Il y a toutefois une exception. Si le substantif qui suit l'adjectif commence par une voyelle ou un **h** muet, il faut faire la liaison, c'est-à-dire, que le **-s**, **-z** se prononcent comme [z].

LANGUE ECRITE		
les	**nouveaux** ‿	amis
de	**grands** ‿	hôtels
	longues ‿	embarcations

LANGUE PARLEE		
[le	nuvoz ‿	ami]
[də	grãz ‿	otɛl]
	[lõgəz ‿	ãbarkasjõ]

*N.B. : Remarquez que **des** devient **de** lorsqu'un adjectif précède le substantif au pluriel.*

Les adjectifs en **-al** ont un pluriel en **-aux** (excepté **final** (**finals**), **glacial** (**glacials**), **banal** (**banals**)).

un	chapeau	**colossal** **banal**	⇒	des	chapeaux	**colossaux** **banals**

Cas particuliers

Un petit nombre d'adjectifs sont invariables tant au féminin qu'au pluriel.

	SINGULIER				PLURIEL	
une	famille	**snob** **chic**		des	familles	**snob** **chic**
	veste	**kaki** **marron**	⇒		vestes	**kaki** **marron**

Pour les adjectifs composés, s'ils contiennent deux adjectifs, les deux éléments varient au féminin comme au pluriel; si le premier adjectif a une valeur adverbiale, seul le deuxième s'accorde.

un	enfant	**sour*d*-mue*t*** **nouveau-n*é***		**des**	enfants	**sour*ds*-mue*ts*** **nouveau-né*s***
une	réaction	**petit*e*-bourgeois*e***	⇒		réactions	**petit*es*-bourgeois*es***
	personne	**haut placé*e***			personnes	**haut placé*es***

Les adjectifs simples de couleur s'accordent en nombre et en genre avec le nom auquel ils sont apposés.

des	boissons	**vertes** **brunes** **blanches**

Les adjectifs composés de couleur restent *invariables*. Les adjectifs de couleur dérivés de substantifs ne s'accordent pas (sauf **rose**).

des	robe*s*	**rouge** **bleu**	**foncé** **clair**	des	robe*s*	**marron** **orange** **cerise**

C. ACCORD DE L'ADJECTIF

Si un adjectif se rapporte à deux substantifs—l'un masculin, l'autre féminin—il se mettra au masculin pluriel.

Ils	avaient	**les**	oreilles	et	**le**	cerveau	**pleins**	de vacarme.

D. PLACE DE L'ADJECTIF

La plupart des adjectifs qui se placent *après* le substantif apportent une caractéristique. C'est le cas notamment des adjectifs qui expriment une qualité physique.

C'était	un homme	**maigre.** **jeune.** **fort.**

C'est le cas également des adjectifs suivis d'un long complément ou précédés d'un adverbe.

C'	était	un	établissement	**cher aux canotiers.**
Il				**éperdument amoureux.**

Il en est de même des adjectifs assez longs.

Il	portait	un chapeau	**colossal.** **fantastique.**

N.B.: *L'adjectif long placé avant le substantif est mis en relief:*
Il était coiffé d'une sorte de **colossal** chapeau parasol.

Se placent également après le nom: les adjectifs qui expriment la couleur, la nationalité, la forme, la religion.

C'est	une	robe de flanelle	**rouge et verte.**
	un	nageur	**français.**
		chapeau	**rond.**
		pasteur	**protestant.**

Il en est de même des participes passés employés comme adjectifs ou adjectifs verbaux.

Il était poursuivi par les vociférations de la	foule	**entassée.**
On voyait un long bout du fleuve jusqu'au	café	**flottant.**

Le nombre d'adjectifs qui s'antéposent est très restreint. Remarquez cependant qu'ils sont tous très usuels dans la langue parlée.

	Quels	**jolis**	cheveux!
C'est	un	**bon** **mauvais** **petit** **grand**	café crème.
		nouvel **vieil** **jeune**	homme.
		gros **beau**	bateau.
	són	**premier**	chapeau.
	une	**brève**	rencontre.

Un petit nombre d'adjectifs peuvent s'antéposer ou se postposer sans qu'il y ait de différence notable dans le sens.

C'	était	un	**(large)** **(long)** **(immense)**	fleuve	**(large).** **(long).** **(immense).**
	étaient	une de(s)	**(haute)** **(lourds)**	colline bateaux	**(haute).** **(lourds).**

Certains adjectifs antéposés forment un tout avec le substantif.

Les Des	jeunes	gens filles	étaient aussi invité(e)s.
	grands-	mères pères	
	petits-	enfants	

Quand on a deux adjectifs antéposés, dont **petit** ou **jeune**, on placera **petit** ou **jeune** immédiatement avant le substantif. Autrement on juxtapose les deux adjectifs ou on les relie par **et** et **mais**.

		1		2	
C'est	un	**joli** **beau**		**petit**	café.
		tout		**jeune**	garçon.
	son	**premier**		**grand**	film.
			mais et	**dernier**	

Quelques adjectifs se placent soit avant soit après le substantif selon le sens qu'on veut leur donner.

Avant le substantif, ils peuvent prendre souvent un sens figuré, moral. Après le substantif, ils expriment fréquemment une qualité physique accidentelle ou occasionnelle.

un	**grand** **brave** **pauvre** **sale**	homme individu	= célèbre = bon = malheureux = méchant, mauvais
	petit	esprit	= médiocre, mesquin
	vrai	génie	= véritable
ma	**propre**	maison	= à moi
	chère		= aimée
la	**même** **seule**		= identique = unique

un	homme	**grand**	= de 2 mètres
		brave	= courageux
		pauvre	= sans argent
		sale	= malpropre
		petit	= de 1 mètre
une	histoire	**vraie**	= vécue
	maison	**propre**	= pas sale
		chère	= coûteuse
la	personne	**même**	= dont on parle
		seule	= non accompagnée

VARIATIONS STRUCTURALES

1. Faites l'accord des adjectifs.

MODELE   C'était une (grand) villa (spacieux).
*C'était une **grande** villa **spacieuse**.*

1. C'était une (jeune) amie (américain).
2. Il avait une main (doux) mais (mou).
3. Cette (petit) fille est (mignon) mais (naïf).
4. Il habitait dans une (petit) île (étrange) et (lointain).
5. La (joli) (petit) barque glissait sur l'eau (endormi).
6. Nous habitions une (immense) demeure (blanc) et (brun).
7. La procession se formait (long) et (lent).
8. Il buvait une boisson (vert), (léger) et (doux).

2. Remplacez le substantif par celui entre parenthèses et faites les accords nécessaires.

MODELE   une vieille barque abandonnée (bâtiment)
un vieux batiment abandonné

1. une vieille barque abandonnée, (un bateau), (un piano), (un bonhomme), (une ombrelle)
2. une fausse expérience, (un mort), (un argument), (un mouvement)
3. un geste fou, (un esprit), (un caractère), (une idée)
4. une belle fille, (un arbre), (un garçon), (un pays), (une rivière)

3. Mettez les adjectifs entre parenthèses à leur place, avant ou après le substantif. Faites les accords nécessaires.

MODELE   C'étaient des riches (nouveau, endimanché, accompagné de leurs enfants).
C'étaient de nouveaux riches endimanchés, accompagnés de leurs enfants.

1. C'était un café (petit, joli, très sympathique, confortable) où les gens (jeune, endimanché) venaient boire un verre.
2. Sur le fleuve (grand, large, sinueux) glissaient des barques (long, léger, plein de monde).
3. Elles portaient des robes (court, vert, bleu) et une ombrelle (immense) aux couleurs (fou).
4. Elle saisit son compagnon (nouveau) avec une folie (furieux).
5. C'était une histoire (merveilleusement beau) que sa grand-mère (vieux) lui racontait souvent.
6. Elle s'étalait dans la barque dans une pose (joli, immobile, endormi).

4. Mettez les adjectifs entre parenthèses à leur place, avant ou après le substantif. Faites les accords nécessaires.

1. Le garçon (brave) ne comprenait pas pourquoi on l'avait jeté dans cette eau (sale).
2. Elles portaient les robes (même) achetées dans la boutique (même).
3. On lui a rendu ce chapeau (cher) qu'il aimait tant, en mains (propre).
4. Ils ont été mêlés à une histoire (sale) d'escroquerie.
5. Vous êtes la personne (seul) avec qui je m'entende.
6. C'est une maison (trop cher) pour nous.

5. Faites l'accord des adjectifs.

MODELE   Ses (vieux) amies arrivaient (bruyant) et (ravi).
*Ses **vieilles** amies arrivaient **bruyantes et ravies**.*

1. Des femmes (radieux) aux (grand) yeux (noisette) s'étaient mises à danser.
2. Ils buvaient des liquides et des boissons (vert), (jaune), (bleu foncé) et (rose).
3. Nos consommatrices (habituel) sont de (petit) ouvrières (joli) et peu (prétentieux).
4. (Assis) sur des bancs (public), elles échangeaient des propos (banal).
5. Ce sont des gens (haut placé) mais (mal intentionné).
6. Par de (frais) journées (printanier) ils s'installaient à lire d'(épais) journaux (étranger).

6. Remplacez le substantif masculin par un féminin et faites les accords nécessaires.

MODELE   un enfant gai   (histoire)
une histoire gaie

1. un homme chic et distingué (famille)   2. un visage secret, mais humain (expression)
3. un usage traditionaliste (coutume)   4. un promeneur discret, solitaire (personne)
5. un temps sec et lourd (terre)   6. un haut mur blanc (tour)
7. un métro souterrain (rue)   8. un bras nu (épaule)   9. un soleil ardent (passion)
10. un parc ouvert à tous (exposition)

7. Expliquez la position (avant ou après le substantif) des adjectifs en italique.

MODELE   C'était un *immense* bateau, *chargé* de voyageurs.
> ***immense*** : *peut se placer avant ou après le substantif*; ***chargé de voyageurs*** : *participe passé suivi d'un complément long se place après le substantif.*

1. L'île de Croissy formait un horizon de *grands* arbres *immenses* et *droits*; on voyait un *long* bout du *large* fleuve *sinueux* jusqu'au café *flottant*, *caché* sous les feuillages.
2. C'était un *immense* bateau, amarré à la berge qui portait tout un peuple d'hommes et de femmes *attablés*, dansant au son d'un *vieux* piano.
3. Le *brave* pianiste tapait sur son *cher* piano avec une furie *bruyante* et entièrement *incontrôlée*.
4. C'était la *seule* chose que le *pauvre* homme aimait faire.

LE PARTICIPE PRESENT ET LE GERONDIF

A. FORME

Participe présent et gérondif se forment à partir du radical de la première personne du pluriel de l'indicatif présent + **ant**.

1er groupe : -er			2e groupe : -ir			3e groupe : -re		
(en)	se déroul- gueul- jet-	**ant**	(en)	finiss- rougiss- choisiss-	**ant**	(en)	batt- suiv- pend-	**ant**

Notez les formes irrégulières de **être (étant)**, **avoir (ayant)** et **savoir (sachant)**.

Ces deux structures se rencontrent dans la langue parlée et écrite; le gérondif (**en** + participe présent) plus que le participe présent est fréquent dans la langue parlée.

Gérondif et participe présent restent invariables.

N.B.: Remarquez que l'adjectif verbal se comporte comme un adjectif et qu'il s'accorde avec le substantif auquel il se rapporte.

C'	était	une	foule clameur	**bruyante** **grondante**	mais	**bienveillante.**

B. EMPLOI

Le participe présent peut avoir une fonction d'épithète.

Il	portait	une foule	d'hommes	**buvant**	des	liquides.
			de femmes	**hurlant** **gueulant**		chansons.

= qui buvaient . . .

Le participe présent et le gérondif peuvent exprimer une cause.

PARTICIPE PRESENT—CAUSE

	Etant **Ayant**	en retard, manqué le train,	j'ai pris un taxi.
Le	**sachant**	par cœur,	je l'ai récité.

= comme j'étais . . . j'avais . . .
  je le savais . . .

GERONDIF—CAUSE

Elle	est tombée	**en**	**courant.** **se balançant.**

= parce qu'elle courait . . .

Le gérondif exprime souvent une condition, un moyen, une manière ou la simultanéité des deux actions.

CONDITION

Tu lui feras plaisir	**en**	l'	**invitant**	à danser.

= si tu l'invites

MANIERE

Le musicien jouait	**en**	**faisant**	des gestes fous.

= avec des gestes fous

SIMULTANEITE DES ACTIONS

Elle dansait	**(tout)**	**en**	**battant**	des	mains.
			criant **hurlant**		chansons.

= et battait des mains en même temps

Remarquez que les sujets du verbe et du gérondif se réfèrent à la même personne.

VARIATIONS STRUCTURALES
1. Transformez les phrases en vous aidant du modèle.

MODELE Elle chante, elle tape des mains.
*Elle chante **en tapant** des mains.*

1. Elle s'arrête net, elle arrive au bord.
2. Elle crie quelque chose, elle le lance dans la rivière.
3. Elle hurle, elle tape sur son piano.
4. Elle danse, elle heurte tout le monde.
5. Elle sourit, elle a l'air de s'amuser.
6. Elle tousse, elle s'en va.

2. Expliquez où vous avez perdu votre chapeau.

MODELE retourner chez moi:
***En retournant** chez moi, j'ai perdu mon chapeau.*

1. faire des courses 2. aller au café 3. danser follement 4. monter dans la barque 5. tomber dans l'eau 6. glisser par terre

3. Expliquez comment vous avez fait mal à quelqu'un.

MODELE le frapper:
***En le rappant**, je lui ai fait mal.*

1. le battre 2. le jeter à l'eau 3. le faire glisser par terre 4. lui taper dessus
5. lui donner un coup de pied 6. le toucher avec le parapluie

4. Remplacez le gérondif ou le participe présent par un équivalent.

MODELE Ils se sont arrêtés *en l'entendant crier.*
*Ils se sont arrêtés **parce qu'ils l'ont entendu crier**.*

1. Elle s'enfuit *en se jetant à l'eau.*
2. *Se promenant dans la forêt,* ils se sont perdus.
3. Il était poursuivi par une foule *hurlant des injures.*
4. *Ne sachant pas à qui demander,* elle ne dit rien.
5. *En allant à la ville,* je l'ai rencontrée.
6. *En le laissant se noyer,* il s'est rendu coupable.

PROBLEMES D'AUJOURD'HUI ET DE DEMAIN

L'ENSEIGNEMENT SUPERIEUR EN ALTERNANCE

Le long cheminement[1] d'une idée neuve.

Herman Schneider, ingénieur, rentrait à pied chez lui, en Pennsylvanie, un soir après un cours à l'université. Le ciel était éclairé par la lueur[2] d'une aciérie[3] voisine. Ce spectacle, disent ses biographes, fait naître en lui la conviction que l'éducation de l'homme ne peut qu'être liée[4] au travail et à l'industrie.

Cette image marque le point de départ d'un mouvement pédagogique original, qui démarre[5] en 1906, à l'université de Cincinnati (Ohio): le mouvement coopératif.

L'idée se résume ainsi: l'éducation ne peut être assurée seulement par l'école. Elle doit être le résultat d'une combinaison entre des périodes d'études et des périodes de travail professionnel. Idée reposant[6] sur la nécessité de la liaison entre la théorie et la pratique. Elle a peu de succès, probablement parce qu'elle était née à contretemps[7] de l'histoire: les établissements d'enseignement supérieur américains, n'avaient d'yeux[8], en ce début de siècle, que pour le modèle prestigieux de l'université allemande, tournée vers la recherche scientifique et l'approfondissement des études théoriques.

C'est pourquoi le mouvement coopératif poursuit[9] aux Etats-Unis, pendant plus d'un demi-siècle, une existence modeste et marginale, avant d'être «redécouvert», dans les années soixante, comme l'une des solutions pour «sauver» l'université, soudain assaillie par la contestation, le doute et la faillite[10] financière. On lui trouve en effet, au moins, deux avantages contradictoires: le premier d'être moins onéreux[11] pour l'université, puisque les étudiants passent une bonne partie de leur «cursus» dans des entreprises; le second, de répondre au malaise de la jeunesse, qui ne supporte plus le divorce entre les études et la vie.

Par une nouvelle malice[12] de l'histoire, l'idée de l'alternance, qui avait vu le jour avec le capitalisme industriel et dans le but de mieux le servir, s'était propagée[13] entretemps dans les pays socialistes, avec les expériences de liaison entre travail manuel et intellectuel, dont la Chine et Cuba sont maintenant les exemples les plus avancés.

Aux étudiants, on a demandé ce qu'ils pensaient des stages[14]. Le résultat est surprenant: tous en réclament[15], de longue durée. S'interrogeant sur les explications

[1] progress [2] glimmer [3] steelworks [4] linked [5] starts [6] based [7] inopportunely [8] were only interested [9] had [10] bankruptcy [11] costly [12] trick [13] spread [14] training periods [15] ask for

47

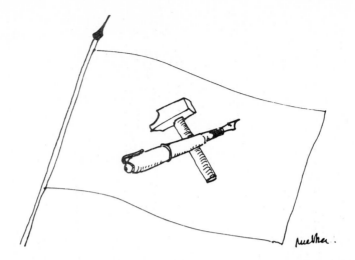

de cette étonnante unanimité, les auteurs de l'enquête en concluent qu'il existe, chez les étudiants, un impérieux[16] besoin de sortir de leur statut ambigu et incertain. Le stage, pour eux, est l'occasion de se confronter à la vie professionnelle, de se préparer, et de voir de plus près ce qui les attend[17].

Certes le stage—même long—n'est pas vraiment l'alternance. Celle-ci implique[18] que l'étudiant soit aussi un travailleur «à part entière» dans les périodes où il est dans l'entreprise. Mais il en pose déjà la problématique: nécessité d'assurer une liaison pédagogique entre les études théoriques et l'activité pratique, et, pour les professeurs, de reconsidérer leur enseignement en fonction de cette expérience professionnelle des étudiants.

C'est pourquoi, l'alternance est plus qu'une technique ou qu'un aménagement du temps d'études: c'est une conception toute différente de l'éducation, un moyen de former un nouveau type d'homme. Ce pourrait être aussi une façon de réduire la distance hiérarchique qui sépare les «théoriciens» que sont les dirigeants, des «praticiens», c'est-à-dire des exécutants.

D'après Frédéric Gaussen
LE MONDE

VARIATIONS LEXICALES
1. Résumez le texte en vous aidant des mots clés suivants.

1. la lueur d'une aciérie   2. le modèle allemand   3. la faillite financière
4. l'industrie—le travail   5. sauver l'université   6. le divorce: les études, la vie
7. l'éducation en alternance   8. la contestation   9. le stage
10. le travail à «part entière»   11. une distance hiérarchique
12. un nouveau type d'étudiant

[16] urgent   [17] what is waiting for them   [18] implies

2. Joignez le complément (à droite) à un verbe (à gauche).

1. assaillir . . .
2. rentrer . . .
3. on s'attend . . .
4. il est lié . . .
5. se tourner . . .
6. être impliqué . . .

a. *dans une sale affaire*
b. *de questions*
c. *vers d'autres projets*
d. *en métro*
e. *à elle pour la vie*
f. *à ce qu'elle refuse*

3. Trouvez dans le texte des synonymes des mots en italique.

MODELE   L'avantage, c'est que ça n'est pas *cher*.
         *L' avantage, c'est que ça n'est pas **onéreux**.*

1. *La majorité* des étudiants ont répondu à l'enquête.
2. Ils sont arrivés *au mauvais moment*.
3. Il *fait face à* toutes sortes de difficultés.
4. Le mouvement *a débuté* en 1906.
5. Ils ont le désir *irrésistible* de sortir de cette impasse.
6. *L'inquiétude* des jeunes gens se retrouve aussi chez les parents.

4. Trouvez dans le texte les contraires des mots en italique.

MODELE   Il a une formation *théorique* dans ce domaine.
         *Il a une formation **pratique** dans ce domaine.*

1. C'est *très bon marché*.
2. Tout est *clair* dans cette affaire.
3. La distance qui les sépare *augmente* à vue d'œil.
4. Il est *prétentieux*.
5. C'est une marque de whisky *peu connue*.
6. C'est un grand *échec* pour lui.
7. Cette entreprise est *en pleine prospérité*.

5. Remplacez chaque expression en italique par celle de droite qui y correspond.

MODELE   Le résultat a *surpris* tout le monde.   (étonner)
         *Le résultat a **étonné** tout le monde.*

1. La voiture ne veut plus *démarrer*.
2. Ses idées *se sont propagées*.
3. Les ouvriers *réclament* une augmentation.
4. L'horaire de travail *a été réduit*.
5. Il *n'a d'yeux que* pour elle.
6. Cette idée *a vu le jour* avec le capitalisme industriel.

a. diminuer
b. exiger
c. naître
d. se répandre
e. se mettre en marche
f. ne voir que

6. Mettez les adjectifs entre parenthèses à leur place, avant ou après le substantif. Faites les accords nécessaires.

MODELE   L'alternance est une technique (nouveau, utilisé aux Etats-Unis, connu).

*L'alternance est une **nouvelle** technique **connue** et **utilisée** aux Etats-Unis.*

1. Il a toujours mené une existence (petit, effacé, modeste, marginal).
2. On voulait imiter le modèle (encore prestigieux, allemand, ancien).
3. L'enseignement (assailli par la contestation, supérieur) n'a pu être sauvé que grâce à ces mouvements (coopératif, deux, grand, international).
4. L'avantage (le moins onéreux pour l'université) consistait à envoyer les étudiants (doué, contestataire) dans des usines (petit, campagnard) où on leur ferait apprendre un métier (manuel, nécessaire à leur développement physique).
5. Le stage (long, professionnel) est offert aux étudiants de tous niveaux.

7. Faites des phrases dans lesquelles vous emploierez les adjectifs suivants au féminin.

MODELE neuf :

*Il a vendu sa voiture d'occasion pour en acheter une **neuve**.*

1. nouveau 2. industriel 3. financier 4. onéreux 5. impérieux 6. long et étroit 7. intellectuel et manuel 8. professionnel 9. sûr et certain 10. grand et prestigieux

8. Relisez le texte, puis répondez aux questions suivantes.

1. Qui est Schneider?
2. Quelle idée a-t-il en voyant la lueur de l'aciérie?
3. Quel mouvement est né? Comment l'a-t-on appelé?
4. En quoi consiste ce mouvement?
5. En quoi ce mouvement peut-il sauver l'université?
6. Pourquoi ce mouvement n'a-t-il eu que peu de succès?
7. Est-ce que ce mouvement existe dans certains pays communistes? Est-ce paradoxal?
8. Les étudiants sont-ils prêts à faire des stages? Pourquoi?
9. Quelle est la différence entre «stage» et «alternance»? (selon le texte)
10. Quels sont les avantages de ce mouvement? (selon le texte)

Composition écrite

9. Vous écrivez à un ami pour lui expliquer le système de l'alternance:

– faites un historique assez bref de la question (origine américaine, échec à cause du modèle allemand. attitude des pays communistes . . .)

    – système de l'alternance (stages/études)
    – comment adapter ce système à la discipline que vous étudiez?
    – à votre avis, est-ce que l'alternance est un avantage ou un inconvénient?

Vous emploierez dans votre composition au moins *cinq* des adjectifs suivants:

    prestigieux, théorique, marginal, pédagogique, professionnel, financier,
    onéreux, manuel, impérieux, hiérarchique.

Débat

10. Répondez aux questions suivantes, et donnez des exemples de ce que vous avancez:

    1. Pensez-vous que «l'alternance» pourrait être utile aux littéraires, aux scientifiques? Quels inconvénients en résulterait-il?
    2. Pensez-vous que l'éducation peut se trouver hors de l'université, voire hors de toute école?
    3. Quelle est, selon vous, la formation idéale?
    4. Aimeriez-vous voir ce système d'alternance adopter dans les universités aujourd'hui? Pourquoi (pas)?

LES FRANÇAIS NE SONT PAS RACISTES, MAIS ...

La grande majorité des Français (80%) estiment que, dans l'ensemble[1], les étrangers vivant en France rendent des services au pays; 14% seulement pensent que les travailleurs immigrés concurrencent[2] les Français dans la recherche d'un emploi. Telles sont les principales conclusions d'une enquête réalisée l'hiver dernier auprès d'un échantillon[3] de mille sept cent quarante-neuf personnes par l'Institut national d'études démographiques (INED) et publiée récemment par la revue *Population*.

Cette enquête, comportait[4] cette fois une observation plus poussée dans trois agglomérations à forte concentration étrangère: Paris, Lyon et Marseille. Le nombre des étrangers en France a augmenté sans entraîner une accentuation de la réserve ou de l'hostilité manifestée à leur égard[5]. Si l'on note un courant favorable à un contrôle de l'immigration, et si le principe de l'égalité totale entre Français et étrangers n'est vraiment accepté qu'en matière fiscale, le droit de participer aux élections dans l'entreprise n'est nullement contesté. Les opinions sur les travailleurs étrangers sont toujours plus favorables dans l'agglomération parisienne qu'à Lyon ou Marseille.

---

[1] on the whole   [2] compete with   [3] sample   [4] involved   [5] toward them

Comme il est facile d'être tolérant quand on habite le seizième et que les Algériens ne nous menacent pas.

Après avoir rappelé les données statistiques de l'immigration—environ quatre millions d'étrangers au 1er janvier 1974—les enquêteurs ont posé la question suivante: «Cette proportion d'étrangers dans votre quartier (ou votre commune) vous paraît-elle «pas trop élevée» ou «trop élevée»?

Pour l'ensemble de la France, 63% des personnes interrogées ont répondu: «pas trop élevée» et 23% ont répondu «trop élevée»; 14% ne se prononcent pas[6].

PEU DE RELATIONS[7] AVEC LES ETRANGERS

Un des faits essentiels qui apparaît dans cette enquête est l'absence de relations entre les Français et les étrangers dans plus de la moitié des cas. A Lyon et à Marseille en particulier 62% et 64% des personnes interrogées déclarent n'avoir jamais eu affaire à des étrangers dans l'immeuble d'habitation ou dans le voisinage. Une petite majorité

[6] give no opinion   [7] contacts

de ceux qui déclarent avoir eu des relations avec des étrangers affirment que celles-ci ont été bonnes: 43% déclarent que ces rapports n'ont été ni bons ni mauvais; 2% seulement les déclarent mauvais.

A l'exception de Marseille, où l'opinion est moins favorable, une majorité de plus de 60% déclare que les étrangers en France se conduisent[8] normalement, ni mieux ni moins bien que les Français. A Paris, les jugements critiques sont le plus rare et à Marseille ils sont le plus nombreux. Les reproches adressés par la minorité concernent d'abord «la délinquance et la moralité», puis «les différences culturelles et de mode de vie»; enfin, leur «attitude d'hostilité: ils veulent rester comme ils sont...»

L'opinion globale est plus favorable aux Italiens, aux Espagnols, aux Portugais, puis aux Yougoslaves et aux Turcs (que certains déclarent ne pas connaître), enfin, moins favorables aux Africains noirs et, surtout, aux Africains du Nord.

Pour une forte majorité de Français (80%), les étrangers résidant en France «rendent des services au pays»—opinion plus répandue à Paris (84%) qu'à Marseille (69%), «surtout en accomplissant les travaux pénibles que les Français ne veulent pas faire».

A la question: «Actuellement[9], pensez-vous que les travailleurs étrangers occupent des emplois dont les Français ne veulent pas; ou au contraire qu'ils concurrencent les Français dans la recherche d'un emploi?», les réponses faisant état d'une «concurrence» sont évaluées à 14% pour l'ensemble de la France. Si globalement, 65% des personnes interrogées (56% à Paris) estiment qu'en cas «de forte crise de chômage», il faudrait à valeur professionnelle égale «licencier[10] d'abord les étrangers», en revanche, 56% des Français pensent que les salaires des ouvriers français ne seraient pas plus élevés s'il y avait moins d'étrangers. «Cette réponse négative majoritaire, déclarent les enquêteurs, dénote une attitude favorable à l'immigration».

Cela dit, faut-il renvoyer dans leur pays les immigrés qui sont arrivés en France sans disposer d'une autorisation de travail ou ceux qui se trouvent en chômage depuis un certain temps? A ces deux questions, les deux tiers des personnes interrogées répondent par l'affirmative.

Un sondage[11] n'a jamais, faut-il le rappeler, qu'une valeur indicative. Celui-ci semble toutefois refléter les Français tels qu'ils sont: ils ne sont pas racistes, mais... Beaucoup d'exclusives continuent de frapper certaines catégories d'étrangers.

Pour changer les habitudes, les préjugés, les antagonismes ancrés[12] ou acquis, il reste à mener un long travail d'information auprès du public, même si notre pays est plus conscient qu'autrefois de la nécessité de l'immigration.

D'après J. B.
LE MONDE

[8] act   [9] at the present time   [10] lay off   [11] survey   [12] rooted

Ils imitent leurs parents.

INTOLERANCE?

Je suis Américain, résidant à Paris depuis plus de dix ans. Mes enfants y sont nés et font leurs études dans des écoles parisiennes.

Anglo-saxon de souche[1], blanc et ayant bénéficié d'une éducation dans une excellente université américaine, je me suis toujours flatté[2] d'être au-dessus du racisme. Quand mes enfants commencent à dénigrer les Espagnols, les Algériens, ou même la concierge, je leur dis qu'ils ont tort, que nous sommes tous égaux.

Comme il est facile d'être tolérant quand on habite un appartement du seizième arrondissement[3] ! Les Espagnols et les Algériens nous servent et ne nous menacent pas. Nous appelons la concierge «madame», et elle nous apporte le courrier. Mais l'autre jour, j'ai appris que quelques enfants du seizième arrondissement traitent mon fils de neuf ans de «sale Américain». Voilà, ma famille aussi est victime du racisme, comme d'autres. Ces enfants entendent de tels propos de leurs parents, qui sont de braves cadres supérieurs[4], des commerçants ou membres de

[1] stock   [2] claimed   [3] one of the most exclusive districts of Paris   [4] executives

professions libérales. Ils imitent leurs aînés sans l'hypocrisie qui s'appelle chez eux la discrétion ou le tact, et ils répètent leurs propos.

Dorénavant[5], je me sens un peu moins supérieur et reconnais mon propre racisme, qui s'était mieux caché, mais qui existait en même temps que la tolérance apprise dans un pays qui a accueilli tant de peuples différents. Une certaine humilité s'est maintenant ajoutée à cette tolérance vantée[6]. Entre moi et la France, quelque chose a changé. Ce pays que j'ai appris à aimer presque comme le mien m'a montré un aspect odieux de sa bourgeoisie, au milieu de laquelle j'habite. Je ne pourrai plus me sentir comme avant. A travers mon fils, j'ai eu peur de ces gens. Aux Etats-Unis, le racisme est notoire[7], me dira-t-on, mais il se développe seulement là où une minorité importante existe et devient donc menaçante pour les intérêts de la majorité. Tels les Noirs dans les grandes villes, les Portoricains à New York ou les Mexicains en Californie. C'est un racisme qui ne s'excuse pas, mais qui est beaucoup plus compréhensible que dans une ville comme Paris, et surtout dans un arrondissement comme le seizième où les Américains passent inaperçus, où les Espagnols font le ménage et où les Algériens vident les poubelles[8] et balayent[9] les rues. Que se passerait-il ici s'il y avait des minorités nombreuses comme à New York ou à Los Angelès?

D'après une lettre de E. J. Robinson
LE MONDE

[5] from now on   [6] boasted   [7] well known   [8] garbage cans   [9] sweep

VARIATIONS LEXICALES

1. Trouvez dans le texte un synonyme des mots suivants.

MODELE   une maison de six étages:
         *un **immeuble***

1. aider   2. la nation   3. la quête   4. propice   5. envers moi   6. les environs
7. la plupart   8. habiter   9. pour le moment   10. renvoyer (un ouvrier)

2. Quelle différence voyez-vous entre:

1. une agglomération et un village?   2. une banlieue et une ville?
3. un arrondissement et une ville?   4. un hameau et une ville?

3. Complétez les phrases suivantes en utilisant le mot approprié.

(la) concurrence—(la) délinquance—(la) relation—(le) quartier—(un)
échantillon—(une) accentuation—(une) hostilité—(le) mode de vie—(une)
agglomération—(le) reproche—(le) sondage

1. L'_____ envers les étrangers ne cesse de grandir.
2. Il a étudié le _____ de certaines sociétés primitives.
3. Les _____ d'opinion publique ne leur sont pas favorables.
4. La _____ entre ces deux magasins est tout à fait avantageuse pour les clients:
les prix baissent.
5. La couturière m'a montré des _____ de tissu pour une robe du soir.
6. La _____ juvénile ne fait que s'accroître dans les grandes villes.
7. La vitesse est limitée à 60 km/h dans les _____ .

4. Relevez tous les participes présents et gérondifs des textes concernant le
racisme. Dites la nuance qu'ils expriment.

MODELES   C'étaient des enfants trottinant autour de leurs parents.
          participe présent = qui trottinaient

          Ils criaient en battant des mains.
          gérondif = ils criaient et battaient des mains en même temps.

5. Mettez les adjectifs entre parenthèses à leur place, avant ou après le substantif. Faites les accords nécessaires.

1. Les travailleurs (étranger, immigré) font concurrence aux Français.
2. C'est une enquête réalisée par l'institut (national) d'études (démographique).
3. C'est une agglomération à concentration (fort, étranger).
4. Je reconnais mon racisme (propre).
5. Ces enfants entendent des propos de leurs parents qui sont des cadres (supérieur,
brave) ou des membres de professions (libéral).

6. Mettez les phrases suivantes au pluriel. Commencez par «Ce sont . . .» ou «Ils sont . . .»

1. C'est le dernier institut national.
2. C'est un préjugé fréquent.
3. Il est anglo-saxon de souche.
4. C'est une profession libérale.
5. C'est un cadre supérieur.
6. C'est à un niveau égal.
7. C'est un aspect odieux chez lui.
8. Il est Nord-Africain.
9. C'est un événement banal.
10. C'est l'avis global.

7. Relisez le texte, puis répondez aux questions suivantes.

1. Est-ce que les travailleurs immigrés rendent service au pays?
2. Ou bien concurrencent-ils les Français?
3. Quelles sont les trois agglomérations spécialement étudiées dans cette enquête?
4. Est-ce que l'hostilité des Français envers les étrangers est plus forte qu'avant?
5. Y a-t-il égalité complète entre les Français et les travailleurs étrangers?
6. Y a-t-il des différences d'opinions entre Paris et Marseille?
7. Quelles sont les relations entre les Français et les étrangers?
8. Quels reproches sont faits aux étrangers en général?
9. Quels sont les étrangers (nationalité) qui sont le mieux acceptés par les Français? Pourquoi, selon vous, les Nord-Africains arrivent-ils au bas de la liste?
10. Expliquez le titre de l'article: «Les Français ne sont pas racistes, mais . . .»

Composition écrite

8. Vous écrivez une lettre d'une vingtaine de lignes à un journal pour raconter un événement raciste dont vous avez été le témoin:

- racontez les faits brièvement (personnages, endroit)
- essayez d'expliquer le pourquoi de cette attitude (atmosphère, période de tension . . .)
- donnez votre avis, vos réactions sur l'événement et définissez rapidement la notion de racisme.

Aidez-vous de la lettre de E. J. Robinson au journal *Le Monde*, et essayez d'employer au moins *cinq* des expressions suivantes dans votre composition:

être tolérant, victime du racisme, dénigrer quelqu'un, se sentir (moins) supérieur, être notoire, une minorité menaçante, c'est compréhensible, les intérêts de la majorité.

Débat

Répondez aux questions ou commentez les affirmations suivantes en donnant des exemples :

1. Pensez-vous que le racisme envers une grande minorité soit plus compréhensible que celui envers un petit groupe ou des personnes isolées ?
2. Nous sommes tous racistes jusqu'à un certain point ou à certains moments de notre vie. Ne jetons donc pas la première pierre aux autres.
3. Le racisme, est-ce seulement une question économique ? Est-ce plus ?

LISONS LE JOURNAL

Ils étaient trois

Ils étaient trois. Ils ont commencé par vider la maison de campagne en bois d'un architecte, l'ont démontée[1] pièce par pièce, ont tout emporté. Interrogé, le voisin déclara: «Je n'ai pas pensé que c'étaient des bandits. Ils s'arrêtaient même pour boire leur tasse de thé».

L'université de Vincennes: Les grandes politiques dérangent[2]

«A cette époque», nous a déclaré M. Edgar Faure, ancien ministre de l'Education Nationale, «nous devions créer de nouvelles universités à Paris. J'ai alors eu l'idée avec le doyen de la Sorbonne[3] d'ouvrir l'université de Dauphine dans un immeuble ancien. La décision a été controversée. Les gens du quartier se sont émus[4]: la présence d'étudiants risquait de nuire à la valeur[5] des immeubles. Mais l'immeuble se prêtait bien à[6] ce que nous voulions faire, au nouveau type d'enseignement, au moyen de séminaires, de groupes.

«En même temps, pour dédoubler[7] la Sorbonne, nous installions une université à Vincennes; elle avait un caractère expérimental. Il n'était pas choquant qu'un quarantième environ des étudiants suivent en France un enseignement de ce type. Très vite, il y a eu deux expériences, la première qui convenait[8] à ce que j'ai voulu, et l'autre—atypique—car très vite se sont retrouvés à Vincennes les enseignants dont les universités ne voulaient pas[9] ou que l'administration souhaitait écarter[10]. La faculté de dérangement l'a emporté sur l'expérience de laboratoire.

Je dois toutefois[11] rappeler qu'il n'y a pas eu de rixes sanglantes[12] à Vincennes. Nous voulions une œuvre de liberté. C'est tout de même dans cette université qu'ont enseigné Lacan et Foucault, dont la pensée n'est pas négligeable[13]. Et surtout, Vincennes ouvrait les portes de l'enseignement supérieur à ceux qui n'avaient pas leur baccalauréat[14]. Les examens n'y étaient plus un barrage, mais un test.

«Si j'étais resté[15] plus longtemps au ministère de l'éducation nationale, j'aurais certainement développé[16] cette expérience. J'avais l'intention de créer un autre Vincennes en province . . . Le fait est que les grandes politiques dérangent.»

D'après Christian Colombani, *Le Monde*

Un travailleur nord-africain est torturé par un cafetier[17] et deux consommateurs

Un travailleur nord-africain de 23 ans, M. Ali A. qui était entré lundi vers une heure du matin dans un bar de la banlieue de Toulouse pour acheter un paquet de cigarettes, a été torturé jusqu'aux limites de la mort pendant toute une nuit par le propriétaire[18] du bar et deux de ses amis.

Les trois hommes, qui ont déclaré «vouloir seulement se distraire[19]», ont d'abord lâché[20] un chien berger allemand[21] sur leur victime, qui venait de sortir du bar. M. A. a été cruellement mordu[22] avant d'être entraîné dans la cuisine du bar, où les trois hommes déchaînés[23] l'ont battu[24] pendant près d'une heure . . . . Cette séance de torture incroyable

[1] dismantled [2] disturb [3] dean of the Paris University [4] felt unhappy [5] would make the buildings lose their value [6] lent itself well to [7] to split into two pairs [8] fit [9] teachers that the universities did not want to employ [10] to get rid of

[11] however [12] bloody brawls [13] unimportant [14] exam at the end of secondary school [15] if I had stayed [16] I would have developed [17] owner of café [18] owner [19] to have fun [20] set the dog on [21] German shepherd [22] bitten [23] furious [24] beat

commencée vers une heure n'a pris fin qu'à cinq heures du matin. Jeté[25] à la rue, à un kilomètre de l'hôpital Purpan, M. A. a été découvert par des passants[26] et transporté au centre hospitalier où son état est considéré comme grave[27]. Les auteurs de ces actes ont été arrêtés.

Le Monde

[25] thrown out   [26] passers-by   [27] serious

SECTION
3

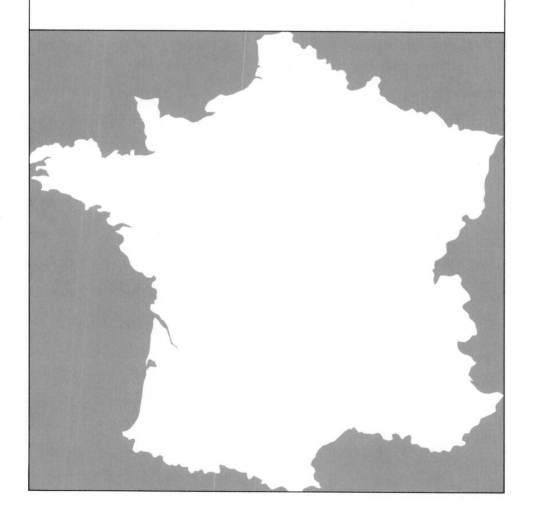

LECTURE

SINGE OU HOMME?

Coup de téléphone à cinq heures du matin chez le docteur Figgins. On le demande d'urgence à huit milles de chez lui pour une urgence. Il fait un temps de chien[1], mais le Dr. Figgins se rend à Sunset Cottage. Douglas l'y reçoit.

DOUGLAS.   Douglas Templemore. Oui, je suis installé ici depuis une quinzaine. J'habite Londres ordinairement.

FIGGINS.   C'est ça, nous finirons par être envahis par les gens de la ville. Eh bien, Monsieur, déshabillez-vous[2] !

DOUGLAS.   Je ne suis pas malade, docteur, par ici, s'il vous plaît. (*Il le conduit au berceau[3].*)

FIGGINS (*se penchant[4]*).   C'est donc cet enfant. Quand est-il né?

DOUGLAS.   Hier après-midi.

FIGGINS (*se penche de nouveau sur le berceau, reste incliné un bon moment, se relève, garde le silence*).   Je crains, mon bon Monsieur . . . euh . . . que vous ne m'ayez[5] fait venir un peu tard, en définitive.

DOUGLAS.   C'est justement, docteur, ce que je voulais vous faire constater.

FIGGINS.   Pardon? constater quoi?

DOUGLAS.   Qu'il est trop tard pour intervenir. L'enfant est mort, je suppose, depuis 30 ou 40 minutes?

FIGGINS (*indigné*).   Bon sang[6], alors, Monsieur, pourquoi ne m'avez-vous pas appelé plus tôt?

DOUGLAS (*très calme*).   Vous ne m'avez pas compris, docteur. Je l'ai piqué[7] avec une forte dose de chlorhydrate de strychnine.

FIGGINS.   Mais c'est un meurtre!

DOUGLAS.   N'en doutez pas.

FIGGINS (*bégayant[8] d'émotion*).   Nom d'un chien[9] ! Mais pourquoi? . . . mais comment? Mais qu'est-ce que . . .

DOUGLAS.   Si vous permettez, je réserverai pour plus tard les explications nécessaires.

FIGGINS (*avec agitation*).   Il faut prévenir la police.

DOUGLAS.   C'est déjà fait.

FIGGINS.   La prévenir tout de suite; où est le téléphone? Comment? Qu'est-ce qui est déjà fait?

DOUGLAS.   J'ai déjà appelé le commissariat[10]. J'attends un inspecteur d'un moment à l'autre.

(*Sonnerie; Figgins s'immobilise*)

---

[1] miserable weather   [2] take off your clothes   [3] cradle   [4] leaning over   [5] **ayez**; **ait** subjunctive of **avoir**   [6] goodness   [7] gave him an injection   [8] stammering   [9] good heavens   [10] police station

L'INSPECTEUR MIMMS (*entrant*). Inspecteur Mimms, du district de Guilford.
Oh! bonjour docteur, c'est rare de vous voir levé si tôt. Qu'est-ce qui se passe?
(*à Douglas*) On vous a cambriolé[11]?

FIGGINS. Cambriolé, mon œil[12]! c'est un infanticide! cet homme a tué son enfant!

MIMMS. Vous êtes sûr qu'il est tout à fait mort?... et c'est vous le père, n'est-ce
pas?... eh bien... et votre femme est là-haut?

DOUGLAS. Je ne suis pas marié.

MIMMS (*démonté*[13]). Ah mais... alors... cet enfant...

DOUGLAS. ... est un enfant naturel[14]—enfin d'une certaine façon.

MIMMS. Mais la mère, où est-elle? Elle n'est pas ici?

DOUGLAS. Non, elle est au zoo.

MIMMS. Pourquoi au zoo? Elle est employée là-bas?

DOUGLAS. Non, elle est pensionnaire[15]. Si vous voulez la voir, elle habite la cage
N° 9.

MIMMS. Plaît-il[16]?

DOUGLAS. La mère n'est pas une femme, à proprement parler[17]. C'est une femelle
de l'espèce Paranthropus Erectus. Si le docteur veut bien examiner l'enfant
d'un peu plus près, il relèvera certainement quelques anomalies.

FIGGINS (*après une seconde d'hésitation, soulève la couverture, enlève les langes*[18] *du
bébé*). Damn...

MIMMS. Eh bien, qu'est-ce qu'il y a, docteur?

FIGGINS. Ce n'est pas un enfant, c'est un singe!

DOUGLAS (*d'une voix douce*). En êtes-vous sûr?

---

[11] broke into your house [12] my foot (exclamation of disbelief) [13] puzzled
[14] illegitimate child [15] a resident [16] I beg your pardon? [17] strictly speaking [18] diapers

FIGGINS (*en colère*).   Comment si j'en suis sûr? Inspecteur, nous sommes les jouets[19] d'une stupide mystification. On nous a tirés du lit pour se ficher de[20] nous. Je ne sais pas ce que vous comptez faire, mais pour ma part je ne me prêterai pas à une mauvaise blague[21]! Je vais me recoucher!

DOUGLAS (*d'un ton sans réplique*).   Permettez, docteur, une minute. (*Il sort un papier et le tend à l'inspecteur*). Veuillez[22] lire ceci.

MIMMS.   Je soussigné, S. D. Williams, du collège royal de gynécologie, déclare avoir ce jour à 4h30 délivré un enfant mâle en bonne intégrité physique, d'une femelle anthropoïde ou pithécoïde nommée Derry, de l'espèce Paranthropus Erectus, à la suite d'une insémination expérimentale pratiquée par mes soins sur les six femelles en observation au Musée de Sydney, Australie. Géniteur bénévole[23] pour cette expérience: Monsieur Douglas Templemore . . .
(*Le docteur, les yeux élargis, retourne au berceau, examine l'enfant, se retourne sur le père, puis de nouveau sur le bébé, puis encore sur Douglas.*)

FIGGINS.   Je n'ai jamais entendu parler d'une chose pareille! Qu'est-ce que c'est, ce Paranthropus?

DOUGLAS.   On n'en sait rien encore. Une sorte d'anthropoïde, c'est tout ce qu'on peut dire pour le moment. Il vient d'en arriver une trentaine au musée. Les professeurs sont à l'étude. Ils viennent de Nouvelle-Guinée, on les a découverts il y a quelques mois.

FIGGINS (*penché sur le bébé, avec une sorte de soulagement*[24]).   C'est quand même un singe. Il est quadrumane[25].

DOUGLAS.   C'est conclure un peu vite, je le crains.

FIGGINS.   Il a les bras trop longs.

DOUGLAS.   Mais le visage?

FIGGINS.   Les oreilles sont plantées trop haut.

DOUGLAS.   Et supposez que dans quelques années, on ait[5] pu lui apprendre à lire, à écrire, à résoudre[26] les problèmes d'arithmétique . . .

FIGGINS (*haussant*[27] *les épaules*).   On peut tout supposer puisqu'on n'en saura rien.

DOUGLAS.   On le saura peut-être, et assez tôt: il a des frères, docteur. Deux déjà sont nés au zoo d'autres femelles. Trois encore vont bientôt . . .

FIGGINS (*s'épongeant le front*[28]).   Alors il sera temps . . .

MIMMS.   Monsieur Templemore, qu'est-ce que vous attendez de nous exactement?

DOUGLAS (*tendant les poignets*[29]).   Que vous fassiez[30] votre métier, Inspecteur.

MIMMS.   Quel métier, Monsieur? Cette petite créature est un singe, le docteur l'a bien dit. Pourquoi diable voulez-vous . . .

DOUGLAS.   C'est mon affaire, Inspecteur.

MIMMS.   Ce n'est sûrement pas la nôtre de nous prêter à ce genre de . . .

DOUGLAS.   J'ai tué mon enfant, Inspecteur.

---

[19] victims   [20] to make fun of, to pull one's leg   [21] I won't join a stupid joke   [22] subjunctive of **vouloir**, expresses a polite wish: please read   [23] voluntary genitor   [24] relief   [25] four-footed   [26] to solve   [27] shrugging   [28] mopping his forehead   [29] wrists   [30] **fassiez**: subjunctive of **faire** after the verb **attendre** (**j'attends que vous fassiez . . .**): I'm waiting for you to do . . .

MIMMS. Oui, si l'on veut . . . enfin d'une certaine manière . . . mais cette petite créature n'est pas . . . elle ne présente pas . . .

DOUGLAS. Elle a été baptisée, déclarée à l'Etat-Civil[31], enregistrée sous le nom de Garry Templemore. Elle ne peut pas maintenant disparaître sans laisser de trace.

MIMMS (*il se masse doucement le crâne*[32], *puis brusquement*). Sous quel nom a-t-on inscrit la mère?

DOUGLAS. Sous le sien, «Femme indigène de Toumata, connue comme Derry».

MIMMS (*triomphant*). Fausse déclaration! Tout cet état civil[33] est sans valeur, il est nul et non avenu[34]!

DOUGLAS. Fausse déclaration?

MIMMS. La mère n'est pas une femme!

DOUGLAS. Cela reste à prouver, précisément.

D'après Vercors
ZOO OU L'ASSASSIN PHILANTHROPE

Le procès de Douglas commence. Est-il un meurtrier? A-t-il tué un singe ou un enfant?

Quels sont les critères selon lesquels on peut définir un homme? Appelés à la barre, les experts se contredisent. On se réfère alors aux encyclopédies pour trouver enfin une définition qui pourrait satisfaire. Mais elles sont toutes trop vagues comme celle-ci: «mammifère bimane à station droite, doué d'intelligence et de langage articulé». Au bout de trois semaines, le jury refuse d'en entendre davantage et de donner un jugement quelconque. C'est l'échec et l'impasse[35]. Le président demande alors à voir les tropis (abréviation de Paranthropus) pour juger «de visu». On glisse alors une grille entre les spectateurs et la scène[36]: nous sommes tous des tropis. Que sommes-nous donc nous-mêmes?

VARIATIONS LEXICALES

1. Complétez les phrases suivantes en utilisant le verbe approprié.

(se) pencher—bégayer—constater—conclure—tirer—prévenir—intervenir—finir par

1. Après des mois, il a _____ trouver du travail.
2. Ne vous _____ pas au-dehors, c'est dangereux!
3. La police est _____ pour séparer les manifestants.
4. Nous avons été _____ trop tard, hélas.
5. L'agent de police a _____ l'accident.
6. Chaque fois qu'on me regarde dans les yeux, je _____ .

2. Un infanticide est le meurtre d'un enfant.

1. Et un homicide? 2. Et un parricide? 3. Et un fratricide? 4. Et un génocide?

---

[31] bureau of vital statistics [32] skull [33] all this business about family status [34] null and void
[35] dead end [36] stage

3. Quels émotions ou sentiments sont exprimés par les exclamations suivantes?

MODELE   Qu'est-ce que ça peut me faire!
         indifférence, ennui

1. Mon œil!
2. Nom d'un chien!
3. Ah! Non!
4. Entendu!
5. Pas possible!
6. Ça m'est égal!
7. Ouf!
8. Bon sang!
9. Jamais de la vie!
10. Nom d'une pipe!

a. *l'étonnement*
b. *la colère, le refus*
c. *le soulagement*
d. *l'ennui*
e. *l'accord*
f. *l'indifférence*
g. *l'incrédulité*

4. Modifiez les phrases suivantes en leur donnant une tournure plus polie.

MODELE   Asseyez-vous!
         Veuillez vous asseoir, je vous prie!
         Voulez-vous vous asseoir?
         Voudriez-vous vous asseoir?
         Vous voudriez peut-être vous asseoir?

1. Appelez-le!   2. Prévenez la police!   3. Répétez cette phrase!   4. Laissez-le
partir!   5. Dites-le!   6. Venez par ici!

5. Donnez le verbe apparenté aux mots suivants.

MODELE   un échec:
         échouer

1. immobile   2. une constatation   3. une disparition   4. un cambrioleur
5. une réplique   6. une lecture   7. un massage   8. un berceau
9. une conclusion   10. un baptême

6. Relisez le texte, puis répondez aux questions suivantes.

1. Pourquoi a-t-on fait venir le docteur?
2. Quel est le ton du docteur quand il découvre pourquoi on l'a fait venir?
3. Comment «l'enfant» a-t-il été tué? Par qui?
4. Est-ce que le docteur comprend ce qui se passe? Que veut-il faire?
5. Qui arrive après un certain temps?
6. Qui est la mère de «l'enfant»? Où est-elle?
7. Que fait lire Douglas à l'inspecteur? Pourquoi?
8. Quelles sont les anomalies?
9. Pourquoi le docteur se met-il en colère?
10. Que veut exactement Douglas? Pourquoi?

GRAMMAIRE

LE SUBSTANTIF

A. LE GENRE DU SUBSTANTIF
Il est motivé.

un	homme singe frère mâle	une	femme guenon sœur femelle

Mais : *un ministre, un professeur, une victime, une vedette,* etc. ; ces mots ne changent pas de genre selon qu'ils désignent un homme ou une femme.

Il a été la victime d'un accident.

Il n'est pas motivé, et c'est le cas le plus fréquent.

un	fauteuil bâtiment	une	chaise maison

On peut parfois déterminer le genre d'un substantif selon sa terminaison.

MASCULIN		FEMININ	
-er	papier, étranger, métier	-ière	sorcière, première
-isme	optimisme, socialisme	-trice	instructrice, créatrice, génitrice
-eau	oiseau, chapeau, rideau (sauf *eau*)	-ée	armée, poupée, idée (sauf *musée*)
-at	commissariat, résultat	-é	sécurité, intégrité, faculté
-ment	vêtement, enregistrement	-ude	étude, servitude, inquiétude
-ain	parrain, prochain, puritain	-ance	surveillance, descendance
-ail	travail, bail, rail	-tion	solution, justification
-et	poulet, jardinet, préfet	-sion	expansion, occasion
-eil	soleil, œil	-ette	recette, fillette (sauf *squelette*)
-al	bal, récital, carnaval	-esse	jeunesse, ogresse, tendresse
-eur	professeur, créateur, inspecteur (quand le nom désigne une personne)	-aille	trouvaille, volaille
		-erie	poterie, pâtisserie
-age	visage, massage (sauf *image*, *page*, *plage*, *cage*)	-eur	valeur, odeur, peur (quand le nom ne désigne pas une personne)

Les mots (adverbes, adjectifs, verbes) substantivés se mettent au masculin :

le	beau mort vrai	**un**	chez-soi savoir je-ne-sais-quoi

Sont masculins :

les noms de	**langues** **jours**	**le**	français, japonais, chinois jeudi, dimanche
	mois		Juillet est toujours sec.
	saisons **poids** **mesures** **monnaies**	**le** **l'**	printemps, hiver, automne kilogramme, gramme centimètre, pied, mille, litre dollar, yen, franc (mais *la lire, la livre*)
personne **quelque chose**			personne n'est venu quelque chose de beau
les noms de	**provinces** **pays** **fruits** **fleurs** } qui ne se terminent pas par **-e**, **-es**		Cher, Loiret, Minnesota Japon, Portugal, Maroc abricot, raisin, melon iris, géranium, lilas

Sont féminins :

les noms de	**sciences** **provinces** **pays** **fruits** **fleurs** } qui se terminent par **-e**, **-es**	**la**	gynécologie, géographie, chimie Provence, Floride, Sibérie Australie, Espagne, Belgique pomme, poire, orange, figue rose, jonquille, jacinthe

Certains substantifs ont les deux genres :

après-midi
amour
gens

Certains substantifs en changeant de genre prennent une autre signification:

le		la	
	critique (*critic*)		critique (*criticism*)
	livre (*book*)		livre (*pound*)
	mémoire (*thesis*)		mémoire (*memory*)
	mode (*way, means*)		mode (*fashion*)
	moule (*mold*)		moule (*mussel*)
	mort (*the dead person*)		mort (*the death*)
	poêle (*stove*)		poêle (*frying pan*)
	poste (*position*)		poste (*post office*)
	somme (*nap*)		somme (*amount*)
	voile (*veil*)		voile (*sail*)
	vague (*vagueness*)		vague (*wave*)

Certains substantifs, désignant une profession, prennent parfois une nuance péjorative ou modeste au féminin, ou marquent une ambiguïté: **Madame la Préfète** peut être «une femme préfet», ou «la femme du préfet». Seul le contexte nous donne le sens exact.

un		une	
	couturier		couturière
	docteur		doctoresse
	cuisinier		cuisinière
le	préfet	**la**	préfète
	général		générale

Dior est un **couturier**; il dirige une maison de couture. La **couturière** coud des vêtements.

VARIATIONS STRUCTURALES
1. Donnez le genre (masculin ou féminin) des substantifs suivants.

A.
1. barricade
2. enfant
3. courrier
4. inspecteur
5. hésitation

1. moyenne
2. démonstratrice
3. théière
4. squelette
5. couverture

1. cerise
2. après-midi
3. Portugal
4. cœur
5. jazz

1. personne
2. Louisiane
3. Québec
4. cage
5. lundi

B.
1. courage
2. monsieur
3. avocat
4. singe
5. Floride

1. maisonnette
2. poulailler
3. zoo
4. valeur
5. couturière

1. métier
2. princesse
3. vrai
4. Bretagne
5. Mexique

1. page
2. avoir
3. victime
4. problème
5. exercice

2. Faites les accords nécessaires.

MODELE nationalité (américain):
*la nationalité **américaine***

1. vie (bref)   2. appartement (coûteux)   3. (grand) berceau   4. espèce (animal)
5. (faux) déclaration   6. calmant (dangereux)   7. (cher) dame   8. voix (doux)
9. bébé (heureux)   10. (grand) soulagement   11. mathématiques (ennuyeux)
12. cas (délicat)   13. (bon) exemple   14. (mauvais) direction
15. gens (malheureux)

B. LE FEMININ DES SUBSTANTIFS*

Dans la langue écrite, la règle générale est d'ajouter un **e** orthographique à la forme masculine.

	MASCULIN			FEMININ
un	ami employé	⇒	une	**amie** **employée**

Dans la langue parlée, le **e** ajouté à la forme masculine entraîne parfois la prononciation de la consonne finale, qui orthographiquement reste simple (solda*te*) ou redouble (cha*tte*).

LANGUE ECRITE					LANGUE PARLEE		
MASCULIN			FEMININ		MASCULIN		FEMININ
un	mort Allemand étudiant Chinois soldat chat	⇒	une	**morte** **Allemande** **étudiante** **Chinoise** **soldate** **chatte**	[mɔr] [almã] [etydjã] [ʃinwa] [sɔlda] [ʃa]	⇒	[mɔrt] [almãd] [etydjãt] [ʃinwaz] [sɔldat] [ʃat]

Le **e** du féminin dénasalise la voyelle finale, et orthographiquement on obtient ou non le redoublement de la consonne finale (chie*nne*, mais Américai*ne*). Les substantifs en **-en**, **-an** et **-on** redoublent le **n** final.

* La plupart des règles du féminin des substantifs valent aussi pour le féminin des adjectifs qualificatifs. Dans les exemples, nous avons utilisé des substantifs *ou* des adjectifs qu'on pourrait considérer comme adjectifs substantivés.

MASCULIN	FEMININ	MASCULIN	FEMININ	MASCULIN	FEMININ
-an	**-anne**	paysan	**paysanne**	[pεjʒã]	[pεjʒan]
-on	**-onne**	bon	**bonne**	[bɔ̃]	[bɔn]
-(i)en	⇒ **-ienne**	chien	⇒ **chienne**	[ʃjɛ̃]	⇒ [ʃjɛn]
-ain	**-aine**	Américain	**Américaine**	[amerikɛ̃]	[amerikεn]

Sous l'effet du **e**, marque du féminin, la consonne finale se prononce et la voyelle qui la précède s'ouvre [ε].

MASCULIN	FEMININ	MASCULIN	FEMININ	MASCULIN	FEMININ
-er	**-ère**	meurtrier	**meurtrière**	[mœrtrije]	[mœrtrijεr]
		sorcier	**sorcière**	[sɔrsje]	[sɔrsijεr]
-et	⇒ **-ète**	préfet	⇒ **préfète**	[prefε]	⇒ [prefεt]

Le **f** se sonorise en **-ve**.

MASCULIN	FEMININ	MASCULIN	FEMININ	MASCULIN	FEMININ
-f	⇒ **-ve**	naïf	⇒ **naïve**	[naif]	⇒ [naiv]
		juif	**juive**	[ʒwif]	[ʒwiv]

Certains féminins se forment en ajoutant un suffixe **-e → -esse**, ou en substituant un suffixe à un autre **(t)-eur → -euse** ou **-(t)rice**.

MASCULIN	FEMININ	MASCULIN	FEMININ	MASCULIN	FEMININ
-e	**-esse**	comte	**comtesse**	[kɔ̃t]	[kɔ̃tεs]
-eux	**-euse**	amoureux	**amoureuse**	[amurœ]	[amurøz]
-eur	⇒ **-euse**	diseur	⇒ **diseuse**	[dizœr]	⇒ [dizøz]
-(t)eur	**-(t)rice**	géniteur	**génitrice**	[ʒenitœr]	[ʒenitris]

Parfois l'article (ou autre déterminant) seul peut préciser s'il s'agit d'un masculin ou féminin. La forme du substantif ne change pas.

un(e)	pensionnaire	ce	nouveau	malade
un(e)	malade	cette	nouvelle	pensionnaire

Quelques substantifs n'ont qu'une forme au masculin et féminin. Mais on peut préciser en parlant **d'une femme médecin, une femme professeur**, etc. ou simplement **elle a été vainqueur du tournoi.**

Suzanne	est	un	excellent	professeur. médecin.

VARIATIONS STRUCTURALES
1. Mettez les noms suivants au féminin.

MODELE   un président :
            une présidente

1. un homme   2. un accidenté   3. un vendeur   4. un témoin   5. un Américain
6. un Français   7. un Suisse   8. un employé   9. un Parisien   10. un singe
11. un médecin   12. un célibataire   13. un Italien   14. un habitant
15. un noble

2. Mettez les noms suivants au masculin.

MODELE   une électrice :
            un électeur

1. une pensionnaire   2. une espionne   3. une veuve   4. une morte
5. une lectrice   6. une dame   7. une gynécologue   8. une candidate
9. une ouvrière   10. une victime   11. une femelle   12. une prisonnière
13. une New-Yorkaise   14. une femme ministre   15. une marraine

3. Mettez les expressions suivantes au féminin.

MODELE   un chat fidèle :
            une chatte fidèle

1. un inspecteur célèbre   2. un patron merveilleux   3. un avocat muet
4. un vieux client   5. un docteur malade   6. un mari jaloux   7. un professeur
déçu   8. un meurtrier malheureux   9. un nouvel ami   10. un Chinois marxiste
11. un enfant incompris   12. un ouvrier syndiqué   13. un comte ruiné
14. un contestataire un peu fou   15. un éternel étudiant

C. LE PLURIEL DES SUBSTANTIFS

1. Règle générale
Dans la langue écrite, on forme le pluriel des substantifs en ajoutant **-s** à la forme du singulier.

Dans la langue parlée, on ne prononce pas ce **-s** mais on marque le pluriel au niveau du déterminant (article, adjectif, pronom) ou de la liaison.

SINGULIER		PLURIEL		SINGULIER	PLURIEL
le	jouet	**les**	jouets	[lə]	**[le]**
un	musée	**des**	musées	[œ̃]	**[de]**
la	ville		villes	[la]	**[le]**
une	hache		haches	[yn]	**[de]**
l'	hésitation	**les**	‿hésitations	[l']	**[lez]**
une	anomalie	**des**	‿anomalies	[yn]	**[dez]**

(⇒)

2. Cas particuliers

SINGULIER	PLURIEL	SINGULIER	PLURIEL
-al	**-aux**	hôpital	**hôpitaux**
-ail*		général	**généraux**
		travail	**travaux**

Exceptions: **des bals, récitals, festivals, carnavals.**

SINGULIER		PLURIEL		SINGULIER		PLURIEL	
un	œil	**des**	yeux	[œn]	[œj]	**[dez]**	[jø]
	bœuf		bœufs	[œ̃]	[bœf]	**[de]**	[bø]
	os		os		[ɔs]	**[dez]**	[o]

SINGULIER		PLURIEL	
madame		**mes**	‿**dames**
mademoiselle			‿**demoiselles**
monsieur			‿**sieurs**
un	bonhomme	**des**	**bon*s*hommes** [bõzom]
	jeune homme		**jeunes gens**

Remarquez que **mesdames**, **mesdemoiselles**, **messieurs** et **bonshommes** s'écrivent en un seul mot.

* Seuls quelques substantifs ont un pluriel en **-aux**, à savoir: **travail, vitrail, émail, bail.** Les autres prennent un **-s.**

Pour certains substantifs empruntés au latin (substantifs dont le genre était neutre), on emploie parfois le pluriel latin en **-a**, parfois un pluriel formé selon l'usage français en **-s**.

Pour former le pluriel de mots étrangers on ajoute en général un **-s**.

SINGULIER		PLURIEL	
un	maximum	des	**maxima (maximums)**
	minimum		**minima (minimums)**
	erratum		**errata**
	référendum	⇒	**référendums**
	sandwich		**sandwichs**
	dancing		**dancings**
	zoo		**zoos**

Remarque : les noms propres ne prennent pas de **-s**. On écrira donc: **les Dupont, les Bastin, les Picasso**.

D. LES PLURIELS ORTHOGRAPHIQUES IRREGULIERS

Les substantifs se terminant en **-s**, **-z** ou **-x** ne subissent aucune modification orthographique au pluriel.

SINGULIER	PLURIEL		SINGULIER		PLURIEL	
-s	**-s**		un	bras	**des**	bras
-z	⇒ **-z**			nez	⇒	nez
-x	**-x**		une	voix		voix

Les substantifs se terminant en **-(e)au**, **-eu** ou **-ou** s'écrivent avec un **-x** au pluriel.

SINGULIER	PLURIEL		SINGULIER		PLURIEL	
-(e)au	-(e)au	‿**x**	un	berceau	**des**	berceau ‿**x**
-eu	⇒ -eu			lieu	⇒	lieu
-ou	-ou			bijou		bijou

Quelques substantifs en **-ou** prennent un **-x** au pluriel (**choux, genoux, cailloux, poux, bijoux**), les autres ont un pluriel orthographique en **-s** (**tabous, sous**, etc.).

Pluriel des noms composés

Si le nom composé contient { deux noms / un nom + un adjectif / deux adjectifs } les deux éléments varient.

SINGULIER			PLURIEL	
un	chef-lieu grand-père	⇒	des	**chefs-lieu*x*** **grand*s*-parent*s***

Si le nom composé contient deux noms et si le second élément détermine le premier, *le premier seul* varie.

SINGULIER			PLURIEL	
un	chef-d'œuvre timbre-poste	⇒	des	**chefs-d'œuvre** **timbre*s*-poste**

Si le premier élément est un verbe et le second un nom qui fonctionne comme un complément d'objet direct, seul le second se met au pluriel si le sens le permet.

un	tire-bouchon attrape-nigaud	⇒	des	**tire-bouchon*s*** **attrape-nigaud*s***

On a aussi d'autres combinaisons dans lesquelles aucun des deux termes ne changent :

$$\text{changent :}\begin{cases}\text{adverbe + adjectif}\\\text{adverbe + adverbe}\\\text{adverbe + adjectif-substantif}\end{cases}$$

le l' un	trop-plein au-delà pas grand-chose	⇒	les des	**trop-plein** **au-delà** **pas grand-chose**

VARIATIONS STRUCTURALES
1. Mettez les expressions suivantes au pluriel.

MODÈLE   un trou profond :
  des trous profonds

A.
1. un travail dangereux   2. un veuf joyeux   3. un parking fréquenté
4. un pourboire généreux   5. mademoiselle   6. un cheveu fin   7. un bel œil
8. un gros œuf   9. un nouveau prix   10. un truc bizarre

B.

1. un cheval dangereux   2. un bal animé   3. un gros os
4. un bonhomme étrange   5. un festival réussi   6. un journal national
7. un gros sandwich   8. un animal sauvage   9. un bœuf furieux
10. le jeune Dupont   11. une histoire banale   12. un beau pays
13. un général étranger   14. un référendum syndical
15. un président directeur général

2. Mettez les noms composés suivants au pluriel.

MODELES   un sous-officier:
des sous-officiers

un attrape-nigaud:
des attrape-nigauds

1. un chef-lieu   2. un arrière-petit-fils   3. un chauffe-eau   4. un coffre-fort
5. une belle-mère   6. un premier-né   7. un porte-feuille   8. un porte-monnaie
9. un sans-le-sou   10. un va-et-vient   11. un abat-jour   12. un Etat-Civil
13. un boy-scout   14. un ex-général   15. un rendez-vous

3. Mettez les mots en italique au pluriel.

1. *Monsieur*, déshabillez-vous!
2. Il l'a conduit *au berceau.*
3. *Cet animal est au zoo* de Paris.
4. *Elle a une voix douce.*
5. *Le procès s'est déroulé au tribunal royal.*
6. *Vous êtes sûr qu'il est mort?*

PROBLEMES D'AUJOURD'HUI ET DE DEMAIN

LA DECOLONISATION DES FRANÇAISES

Sous prétexte que nous pouvons voter, prendre la pilule, nous faire avorter dans certains cas, et depuis peu, devenir préfètes[1], on voudrait nous faire croire que notre statut de femme vaut celui des hommes. Ce vernis[2] égalitaire ne trompe[3] que ceux qui veulent bien se laisser tromper. Il continue à exister des différences discriminatoires sérieuses entre les femmes et les hommes.

L'homme demeure le chef de la communauté pour la gestion[4] des biens du ménage. Il peut effectuer des opérations en Bourse sans que sa femme ait le moyen de s'y opposer, et, du même coup[5] la ruiner. C'est l'homme aussi qui choisit en dernier ressort le domicile conjugal, la femme devant recourir aux tribunaux pour avoir le droit d'en changer. La balance des privilèges penche[6] donc bien du côté des hommes.

Pendant la dernière campagne électorale, un politicien renommé a voulu faire de l'esprit[7] en parlant de la situation des femmes françaises. Les Françaises, a-t-il dit en substance, ne manquent pas d'influence puisque nombre de maris reconnaissent spontanément qu'elles sont leur «gouvernement». C'est trop beau pour être vrai : les femmes françaises ne gouvernent pas grand-chose. Mesuré en termes de participation à l'effort national, leur rôle est tout : sans elles, l'économie cesserait de tourner, les familles cesseraient de manger, les écoles d'enseigner, les hôpitaux de soigner. Mesuré en termes de pouvoir de décision,[8] leur rôle n'est rien. Qui choisit les orientations de la politique, des affaires, de la religion, de la recherche, de la culture ? Pas elles. Sauf quelques exceptions, elles ne jouent que les petits rôles.

C'est dès le départ que les dés sont jetés[9]. A l'école, les filles n'ont qu'une chance sur deux de recevoir une éducation comparable à celle des garçons puisque, dans l'enseignement professionnel et technique, la ségrégation demeure la pratique sinon la règle. Il y a deux ans, par exemple, l'organisation qui s'occupe des stages de rattrapage[10] pour les deux sexes, n'a formé que 7% de femmes. Encore s'agissait-il d'une année record.

L'accès aux responsabilités aussi bien dans la fonction publique que dans les entreprises privées reste fermé à toutes sauf à une minorité minuscule. Dans les entreprises, le nombre de femmes n'augmente que lorsqu'on descend dans la hiérarchie : 1% parmi les cadres supérieurs, 3% parmi les ingénieurs, 6% parmi les

[1] women prefects   [2] veneer   [3] deceives   [4] management   [5] at the same time   [6] leans
[7] be witty   [8] decision-making power   [9] the die is cast   [10] refresher courses

contremaîtres[11], 11% parmi les techniciens, mais 60% parmi les employés. Dans les fonctions publiques, la différence est aussi grande : 3% au gouvernement, 2% des députés, 1,7% des conseillers généraux, 4,4% des conseillers municipaux[12] ; comment s'étonner que les femmes soient à peine consultées sur les grandes affaires de l'Etat, alors qu'elles représentent 53% du corps électoral ?

Entretemps une très grande partie des femmes françaises cumulent[13] travail rémunéré et travail au foyer. Elles n'ont pas d'autre choix que d'accepter des horaires qui sont le double de ceux de leurs maris. Pour toutes ces femmes, il n'y a jamais de dimanche, ni de repos après l'atelier[14] ou le bureau. Le ménage, la lessive[15], la cuisine, la vaisselle, les courses, les soins à donner aux enfants, les devoirs à surveiller demeurent leur responsabilité presque exclusive. L'absence de crèches, de services

[11] overseers   [12] city council members   [13] hold different jobs   [14] workshop   [15] wash

ménagers collectifs, ou de participation effective des hommes à ces travaux, leur laissent rarement le loisir de s'intéresser à des choses d'ordre culturel.

Heureusement, les femmes commencent à bouger et à s'insurger[16] contre les discriminations dont elles sont les victimes. Elles ont pris conscience de la nécessité d'assurer elles-mêmes la défense de leurs intérêts. Dans les dernières années on assiste à un réveil de la combativité syndicale des travailleuses. A Troyes, Thionville, Flers, Fougères des centaines d'ouvrières et d'employées ont, seules et de leur propre chef[17], déclenché des grèves[18] dont la plupart ont été longues et dures. C'est ainsi que dans le débat sur l'avortement, ce sont en majorité des femmes qui ont mené leur bataille pour la liberté de la procréation.

Le M.L.F. (Mouvement pour la Libération des Femmes) a aussi créé des groupes de discussions dans les lieux de travail. Ces discussions ne bouleversent pas le monde mais les participantes apprennent à se soutenir[19] les unes les autres, à repenser personnellement les idées toutes faites qu'elles ont toujours acceptées sans broncher[20]. Et une fois qu'elles ont repensé les problèmes et qu'elles ont pris confiance en leurs moyens, l'action s'impose d'elle-même. Il y a tant à faire, et les circonstances servent de guide : protestations, manifestations, pétitions à l'occasion d'événements qui concernent directement les droits féminins (salaires, contraception, avortement) ; dénonciation des campagnes publicitaires qui insultent les femmes ; organisation de crèches et de garderies coopératives là où les pouvoirs publics restent inactifs.

Oui, les Françaises bougent. Mieux vaut tard que jamais[21].

D'après Claude Servan-Schreiber
LE MONDE

VARIATIONS LEXICALES
1. Complétez les phrases suivantes en vous servant du texte.

1. Au lieu de dire «c'est décidé», on peut dire les _____ sont jetés.
2. C'est une décision qu'il a prise de son propre _____.
3. La balance _____ en votre faveur.
4. Les femmes n'ont que peu ou pas de _____ réel.
5. Dans une école on _____ ; dans un hôpital on _____ les malades.
6. Après leurs études théoriques les médecins doivent faire un _____.
7. On ne _____ pas les femmes sur les grandes affaires de l'état.
8. Elle ne pense pas réellement. Elle n'a que des idées toutes _____.
9. Mieux vaut tard que _____.
10. Elle a accepté toutes les remarques sans _____.

2. Relevez les mots clés du texte. Employez-les dans votre résumé oral ou écrit de l'article.

[16] rebel   [17] on their own   [18] started strikes   [19] support   [20] without reacting   [21] better late than never

3. Donnez le pluriel des expressions suivantes.

MODELE   un hôpital nouveau:
des hôpitaux nouveaux

1. un cas sérieux   2. un vernis égalitaire   3. un tribunal correctionnel
4. un domicile conjugal   5. un pas grand-chose   6. l'effort national
7. un bureau électoral   8. un lieu culturel   9. le réveil syndical
10. un record mondial

4. Relevez dans le texte tous les noms qui indiquent une profession et essayez d'en trouver l'équivalent au masculin ou au féminin. (N'oubliez pas que parfois le français n'a pas d'équivalent au féminin!)

MODELES   un conseiller général:
une conseillère générale

un médecin:
une femme médecin

5. Relisez le texte, puis répondez aux questions suivantes.

1. Pourquoi accepte-t-on trop facilement l'idée que les femmes sont les égales des hommes?
2. Qu'est-ce qui nous prouve le contraire?
3. Comment le politicien faisait-il de l'esprit?
4. Montrez que les femmes françaises ne gouvernent pas grand-chose.
5. Quand et où la discrimination commence-t-elle?
6. Donnez des chiffres qui montrent que le nombre de femmes représentées diminue à mesure que l'on gravit la hiérarchie.
7. En quoi le cumul des femmes consiste-t-il?
8. Montrez que les femmes françaises commencent à bouger.
9. Comment le M.L.F. y contribue-t-il?

Composition écrite
6. Reprenez le texte de Claude Servan-Schreiber et montrez, en une quinzaine de lignes, que l'égalité hommes/femmes en France n'est qu'un «vernis égalitaire»:

- disparité légale (l'homme est le chef de la communauté), politique et culturelle (pourcentage de femmes ayant de hauts postes), de la participation hommes/femmes à l'effort national (écoles, hôpitaux, familles)
- d'où vient cette disparité? (éducation garçon/fille différente, charge maternelle, femmes au foyer . . .)
- retrouvez-vous les mêmes problèmes aux Etats-Unis?

Vous emploierez dans votre composition, au moins *cinq* des expressions suivantes: *les dés sont jetés, jouer un rôle, l'effort national, sous prétexte que, (se) tromper, les horaires, s'intéresser à, une victime, de (son) propre chef, les idées toutes faites.*

Débat

7. Répondez aux questions suivantes et donnez des exemples pour illustrer votre argument:

1. Existe-t-il un mouvement analogue au M.L.F. aux Etats-Unis? Que savez-vous de son ampleur, de son influence, de ses activités?
2. Les discriminations «légales» entre hommes et femmes sont-elles aussi prononcées aux Etats-Unis qu'en France? Donnez des exemples concrets.
3. La situation en France en ce qui concerne l'éducation, le nombre de hauts postes attribués aux femmes, etc., est-elle comparable à celle aux Etats-Unis?

VIVRE DANGEREUSEMENT

PREMIER TABLEAU

Il n'y a pas bien longtemps, les gardiens d'un Safari avaient des problèmes avec une colonie de babouins[1]. Il était impossible de maintenir ces singes dans le parc. Ils s'échappaient régulièrement, obligeant les gardiens à de longues chasses pour les ramener. C'étaient d'ailleurs souvent les trois mêmes qui étaient responsables des fugues[2] et qui imaginaient des moyens ingénieux leur permettant de sortir du parc. Un jour, ils passaient par la grande porte, à côté des gardiens souriants, suspendus au châssis de deux cars de touristes; un autre jour, ils attirèrent près de la haute clôture[3] un zèbre en lui tendant une pelure de banane et lorsqu'il fut suffisamment près, ils sautèrent sur son dos, puis de là bondirent[4] au-dessus de l'enclos et s'enfuirent en quête de[5] liberté. Fatigués de ces fugues constantes, le directeur du parc fit attraper les trois meneurs[6], les envoya dans un zoo, et le calme revint parmi les babouins. On n'enregistra plus aucune fuite.

DEUXIEME TABLEAU

Désireux d'étudier le phénomène de la surpopulation, le Dr John B. Calhoun enferma un certain nombre de rats dans une cage divisée en 4 compartiments reliés entre eux[7]. Si les rats se répartissaient[8] en nombres égaux dans les 4 compartiments, il n'y aurait pas de problème: tout le monde pourrait évoluer dans une aisance relative[9]. Or, que se passa-t-il? Deux rats, de solides gaillards[10], se réservèrent une cage

---

[1] baboons [2] escapes [3] fence [4] bounded [5] in search of [6] had the three leaders caught
[7] interconnected [8] spread out [9] with a certain ease [10] strong guys

pour chacun d'eux, et ils reléguèrent tous les autres dans les deux compartiments restants. Il en résulta deux «bidonvilles»[11] où l'insécurité et la bagarre régnèrent en permanence. Mais si les rats se battaient férocement entre eux, aucun n'osa s'attaquer aux deux chefs qui vivaient avec quelques subordonnées dans leurs appartements royaux.

TROISIEME TABLEAU

Pendant la guerre de Corée, les Chinois se trouvaient en butte à[12] des problèmes concernant les prisonniers américains internés dans des camps. En effet, ils ne disposaient que d'un nombre limité de gardiens. Or, chose curieuse, jamais aucun prisonnier ne parvint à s'enfuir.

Comment les Chinois obtinrent-ils ce résultat? Ce fut très simple. Au lieu de confier la surveillance[13] des camps à un grand nombre de gardiens, ils observèrent d'abord les prisonniers pendant quelques jours, puis les trièrent[14]. Ils réunirent tous ceux qui d'une façon ou d'une autre faisaient preuve de talent, d'imagination, d'initiative ou d'originalité et envoyèrent toutes ces fortes personalités dans un seul camp extrêmement bien gardé. Quant aux autres, on put les réunir dans des camps immenses. Bien qu'il n'y eût[15] qu'une faible garde pour exercer la surveillance, aucun prisonnier ne s'échappa. Les Chinois firent donc d'une pierre deux coups[16] : avec un nombre minimum de soldats ils réussirent à garder un nombre maximum de prisonniers.

CONCLUSIONS

Toute société, qu'elle soit humaine ou animale, est toujours soumise à une hiérarchie. Celle-ci s'instaure[17] rapidement, dès les premiers contacts, soit par des bagarres qui déterminent le vainqueur, soit par la soumission volontaire d'un des partis. La hiérarchie, une fois établie, est rarement ébranlée[18] par des révoltes, et si des soulèvements éclatent, ils ne sont pratiquement jamais couronnés de succès. Imaginer une société sans classes, sans hiérarchie où tous les individus seraient égaux n'est malheureusement qu'un rêve chimérique[19], une utopie. Ce fait est d'ailleurs illustré par la stratification sociale dans les pays communistes où comme l'a fait remarquer un humoriste «tous les hommes sont égaux mais certains sont un peu plus égaux que les autres».

D'autre part, il semble que dans toute société il y ait plus ou moins 5% de chefs, de meneurs. Les autres sont de braves gens, des moutons, des suiveurs, des amorphes qui ne désirent pas s'imposer. Evidemment, tant que ces meneurs déversent[20] le trop-plein de leurs énergies sur des projets positifs, valables et bienfaisants pour l'ensemble de la société, tout le monde peut s'en féliciter. Dans le passé, c'était le cas des explorateurs qui se lançaient à la découverte de terres ou de lieux inconnus,

---

[11] slums   [12] found themselves exposed to   [13] entrusting the supervision   [14] sorted them out
[15] imperfect subjunctive of **avoir** after **bien que**: although there was   [16] killed two birds with one stone   [17] is established   [18] shaken, weakened   [19] fanciful dream   [20] discharge

Malin comme un singe.

c'était le cas aussi de beaucoup d'émigrés qui trouvaient d'immenses espaces en friche[21]. Mais que se passe-t-il lorsqu'il n'y a plus rien à découvrir, plus rien à défricher, lorsque les sociétés sont si bien organisées qu'il ne reste plus guère de place pour l'aventure où l'on pourrait se jeter corps et âme[22] à la conquête de l'inconnu? Il pourrait en découler toute une cascade de situations explosives. La structure et l'organisation de notre monde moderne privent les assoiffés[23] d'aventures de moyens de vivre dangereusement.

VARIATIONS LEXICALES
1. Trouvez dans le texte un équivalent des expressions en italique.

1. La hiérarchie *s'installe* dès les premiers moments.
2. Le prisonnier *a fait une fugue.*
3. Elle s'est jetée *complètement* dans la bagarre.
4. C'est *un rêve chimérique.*
5. Ils *sautent* au-dessus de l'enclos et s'enfuient.

---

[21] lying fallow   [22] body and soul   [23] those thirsty for

2. Donnez le féminin des mots en italique et faites les changements nécessaires.

MODELE   Les *Chinois* se sont bien battus.
         *Les **Chinoises** se sont bien battues.*

1. Les *gardiens* partaient pour de longues promenades.
2. Les *directeurs* les envoient au zoo.
3. Le car était plein de *touristes américains*, *grecs* et *hongrois*.
4. On a attrapé les deux *meneurs*, les plus *dangereux* et les plus *actifs*.
5. On a enfermé les plus *gros rats* dans deux cages.
6. Les *prisonniers hollandais*, *italiens* et *chiliens* sont en fuite.
7. Les *courageux explorateurs* n'ont plus où aller; tout a été découvert.

3. Complétez les phrases suivantes en utilisant le verbe approprié.

se répartir—s'enfuir—s'imposer—se lancer à—s'échapper—(s')imaginer—
se priver—se battre

1. Ce gaillard s'est bientôt _____ comme chef.
2. Ils se sont _____ en groupes de 5 personnes par local.
3. Ils se sont _____ comme des lions, mais en vain.
4. On s'_____ mal comment il aurait pu agir autrement.
5. Nous nous sommes _____ à la poursuite des deux fugitifs.

4. Complétez les phrases suivantes en utilisant le mot approprié.

(le) singe—(une) utopie—(un) enclos—(le) meneur—(le) gaillard—
(le) mouton—(le) lieu—(le) soulèvement

1. Il avait mis tout son argent en _____ sûr.
2. Deux cents hommes ont été tués au cours du dernier _____ .

3. Il y avait un trou dans l'_____: c'est par là qu'ils se sont échappés.
4. Méfie-toi de ces trois _____-là! Il faut les avoir à l'œil.
5. On pendra les petits et les innocents alors que ce sont les _____ qu'il faudrait exécuter.

5. Donnez le substantif apparenté aux verbes suivants.

MODELE   se soulever:
          le soulèvement

1. bondir 2. garder 3. libérer 4. mener 5. fuir 6. se bagarrer
7. emprisonner 8. surveiller 9. imaginer 10. s'aventurer

6. Relisez le texte, puis répondez aux questions suivantes.

1. Comment les singes se sont-ils échappés?
2. Comment a-t-on mis fin à ces fuites?
3. Quel est le but de l'expérience faite sur les rats?
4. En quoi consiste-t-elle? Décrivez-la.
5. Quel était l'un des problèmes des Chinois pendant la guerre de Corée?
6. En quoi les sociétés animale et humaine se ressemblent-elles?
7. Pourquoi une société sans classes est-elle une utopie?
8. Qu'est-ce qui est caractéristique de toute société?

Composition écrite

7. Faites une composition d'une vingtaine de lignes environ dans laquelle vous traiterez le sujet suivant en donnant des exemples concrets:

«Vivre dangereusement, est-ce encore possible de nos jours?»

Voici quelques questions autour desquelles vous pourriez organiser votre composition:

- autrefois, qu'est-ce que cela voulait dire?
- aujourd'hui, notre monde est-il trop bien organisé? (structure de la société trop bien réglée, administrée, hiérarchisée)
- que pourrait signifier aujourd'hui «vivre dangereusement»? dans quelle région du monde par exemple . . .

Vous emploierez dans votre composition au moins *six* mots ou expressions que vous pouvez choisir parmi les vocables suivants ou leurs dérivés:

la conquête de l'inconnu, imaginer, s'ingénier à, les explorateurs, les émigrés, les immenses espaces, l'insécurité, parvenir à, s'échapper de, faire preuve de, s'imposer, couronné de succès.

Débat

8. Commentez les affirmations suivantes ou répondez aux questions. Donnez des exemples de ce que vous avancez:

1. Tous les hommes sont égaux mais certains sont un peu plus égaux que les autres.
2. Pensez-vous qu'une situation analogue à celle des rats pourrait se présenter dans nos sociétés humaines? Expliquez.
3. La tendance de nos jours est de supprimer les classes, les hiérarchies. C'est une erreur profonde et un mouvement contre les lois naturelles puisqu'on les retrouve dans toutes les organisations animales.

LISONS LE JOURNAL

Un film de Barbet Schroeder: «Koko, le gorille qui parle»

Les enfants ont une grande amitié pour Koko, le gorille qui parle. Pour eux, c'est encore mieux qu'Elliott le dragon, car Koko est un vrai animal qui parle. Les parents aussi sont contents: du cinéma comme ça, c'est une sortie[1] pédagogique et profitable pour tous.

Koko, héroïne sympathique[2] et intelligente, est un gorille femelle de 7 ans, confié[3] par le zoo (avec réticence) à Penny Patterson, étudiante en psychologie. On a fait ingurgiter[4] à Koko environ 350 mots, qu'elle restitue en langage sourd-muet[5]. Koko parle-t-elle? Il serait mesquin[6] d'affirmer le contraire. Disons qu'ainsi filmée par Schroeder, Koko semble avoir acquis[7] d'étonnants automatismes. Il est vrai que Koko répond à certaines injonctions[8] et questions. Elle peut exprimer qu'elle est triste, ou qu'elle n'est pas satisfaite d'elle-même. C'est naturellement ce qui est le plus troublant[9], mais amène à s'interroger[10] sur les capacités[11] de communication de Koko (et de P. Patterson) plus que sur son aptitude au langage humain.

P. Patterson et B. Schroeder concluent que Koko est comme une personne et affirment, sans craindre le ridicule[12], qu'elle devrait avoir les mêmes droits qu'un enfant. On pouvait penser que ce genre d'assimilation était dépassée[13] et que la science respectait les différences de nature. En fait, le directeur du zoo n'a-t-il pas raison de s'indigner[14] de l'«éducation» de Koko? On lui inculque en effet des notions de bien et de mal qui n'existent probablement pas dans la morale primate.

D'après Claire Devarrieux, *Le Monde*

Un bon morceau[15]

Trouvé dans un cahier de recettes[16] exotiques: pour préparer un plat d'éléphant. Prenez un éléphant de taille moyenne[17] et coupez-le en petits morceaux, arrosez le tout de vin[18] et laissez mijoter[19] dans le jus[20] quatre semaines. La quantité est suffisante pour 3 000 invités.

Halte à l'expérimentation animale

Le malheur du singe est d'être le cousin de l'homme. Parce que des singes cobayes[21] importés d'Asie ont été soumis, aux Etats-Unis, à un flux de particules nucléaires simulant l'explosion de la bombe à neutrons, le Premier ministre de l'Inde, M. Desai s'indigne. Ascétique au point de ne jamais toucher[22] à la viande, il vient d'interdire, à partir du premier avril, la traite[23] de ces singes rhésus dont la physiologie a été tellement étudiée qu'elle permet toutes les comparaisons avec l'homme. Son pays en exportait 20 000 par an. Et les Américains risquent, désormais, de ne plus pouvoir tester leur vaccin antipolio.

Des échantillons des 25 millions de doses de vaccin fabriquées aux Etats-Unis sont injectés dans la moelle épinière[24] ou le cerveau[25] de singes rhésus. Après trois semaines d'observation, les quadrumanes sont condamnés à mort. Et les scientifiques essaient de déceler[26] les anomalies dans les tissus. Mais ce n'est pas cette expérience qui a provoqué l'embargo indien. L'Armée américaine a soumis les animaux à d'énormes doses de radiations—de deux à dix fois plus qu'il n'en

---

[1] outing [2] pleasant [3] entrusted [4] swallow
[5] deaf-mute [6] small-minded [7] learned
[8] orders [9] fascinating and disconcerting
[10] makes you wonder [11] abilities
[12] without fear of being ridiculed [13] was going too far, outdated [14] to get angry

[15] delicious meal [16] recipes [17] average size
[18] pour wine over [19] stew slowly [20] gravy
[21] used as guinea pigs, for experimental purposes [22] to eat [23] the trade [24] spinal cord [25] brain [26] to find

faudrait[27] pour tuer un homme, afin d'étudier l'agonie nucléaire avec vomissements, diarrhée et perte du pelage[28]. Affolés par l'échéance[29] du 1er avril, les laboratoires américains tentent de convaincre les militaires de trouver d'autres victimes. Car il faudra dix ans pour avoir, aux Etats-Unis, un élevage[30] suffisant de singes rhésus . . . .

L'Express

Jésus sur cassette

Un homme d'affaires britannique, John W., désireux de porter la bonne parole[31] à ceux qui n'ont pas le temps de lire, a réalisé une série de cassettes intitulée «Nouvelles de la Bible», conçue dans le style du reportage radiophonique. L'une d'elles commence ainsi : «Aux dernières nouvelles, on enregistre[32] des milliers de morts à Canaan et le feu a totale-

ment détruit les villes de Sodome et de Gomorrhe . . .» Les dix premiers bulletins d'informations bibliques (en cinq cassettes) ayant déjà fait un malheur[33] sur le marché californien, M. W. s'attaque désormais à Jésus et au Nouveau Testament.

L'Express

Visa chinois pour le P.C.F.[34]

Pour la première fois depuis le conflit sino-soviétique, les autorités chinoises ont accordé un visa à un responsable communiste français : René D. est parti pour la Chine avec une délégation de la presse régionale. En janvier encore, Pékin avait empêché[35] un journaliste communiste d'accompagner le premier ministre français en Chine.

L'Express

---

[27] would be necessary [28] hair [29] deadline
[30] production [31] to spread the good word
[32] we have counted

[33] (colloquial) has a commercial success
[34] **Parti Communiste Français**
[35] had prevented

SECTION
4

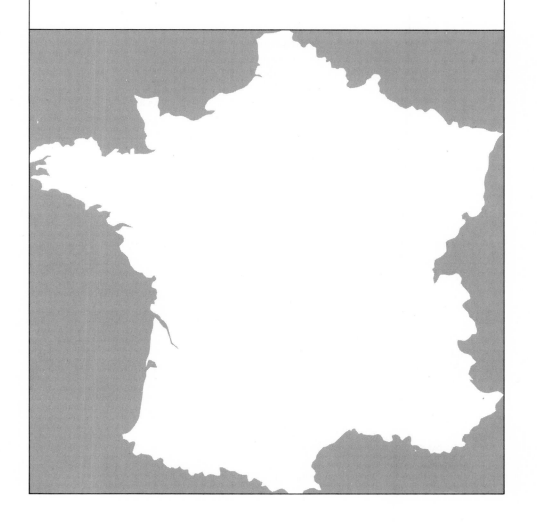

LECTURE

LE RHINOCEROS

La scène se passe sur une place, en ville. A droite une terrasse de café. Jean et Bérenger, les deux personnages iront s'y attabler. Jean apparaît très soigneusement vêtu, Bérenger, au contraire, paraît très négligé dans sa tenue.

JEAN (*venant de la droite*).   Vous voilà tout de même, Bérenger.

BERENGER (*venant de la gauche*).   Bonjour, Jean.

JEAN.   Toujours en retard, évidemment! (*Il regarde sa montre*). Nous avions rendez-vous à onze heures trente. Il est bientôt midi.

BERENGER.   Excusez-moi. Vous m'attendez depuis longtemps?

JEAN.   Non. J'arrive, vous voyez bien. (*Ils vont s'asseoir à l'une des tables de la terrasse du café.*)

BERENGER.   Alors, je me sens moins coupable[1], puisque . . . vous-même . . .

JEAN.   Moi, c'est pas pareil, je n'aime pas attendre, je n'ai pas de temps à perdre. Comme vous ne venez jamais à l'heure, je viens exprès en retard, au moment où je suppose avoir la chance de vous trouver.

BERENGER.   C'est juste . . . c'est juste, pourtant . . .

JEAN.   Vous ne pouvez affirmer que vous venez à l'heure convenue[2]!

BERENGER.   Evidemment . . . je ne pourrais l'affirmer. (*Jean et Bérenger se sont assis.*)

JEAN.   Vous voyez bien.

BERENGER.   Qu'est-ce que vous buvez?

JEAN.   Vous avez soif, vous, dès le matin?

BERENGER.   Il fait tellement chaud, tellement sec.

JEAN.   Plus on boit, plus[3] on a soif, dit la science populaire . . .

BERENGER.   Il ferait moins sec, on aurait moins soif si on pouvait faire venir dans notre ciel des nuages scientifiques.

JEAN (*examinant Bérenger*).   Ça ne ferait pas votre affaire. Ce n'est pas d'eau que vous avez soif, mon cher Bérenger . . .

BERENGER.   Que voulez-vous dire par là, mon cher Jean?

JEAN.   Vous me comprenez très bien. Je parle de l'aridité[4] de votre gosier[5]. C'est une terre insatiable!

BERENGER.   Votre comparaison, il me semble . . .

JEAN (*l'interrompant*).   Vous êtes dans un triste état, mon ami.

BERENGER.   Dans un triste état, vous trouvez?

JEAN.   Je ne suis pas aveugle. Vous tombez de fatigue, vous avez encore perdu la nuit[6], vous bâillez[7], vous êtes mort de sommeil[8] . . .

BERENGER.   J'ai un peu mal aux cheveux[9] . . .

---

[1] guilty   [2] agreed   [3] the more . . . the more   [4] dryness   [5] throat   [6] you have lost another night of sleep   [7] yawn   [8] you are dead-tired   [9] (colloquial) I have a little hangover

92

JEAN.   Vous puez[10] l'alcool!

BERENGER.   J'ai un petit peu la gueule de bois[9], c'est vrai!

JEAN.   Tous les dimanches matin, c'est pareil, sans compter les jours de la semaine.

BERENGER.   Ah non, en semaine c'est moins fréquent, à cause du bureau . . .

JEAN.   Et votre cravate, où est-elle? Vous l'avez perdue dans vos ébats[11]!

BERENGER (*mettant la main à son cou*).   Tiens, c'est vrai, c'est drôle[12], qu'est-ce que j'ai bien pu en faire[13]?

JEAN (*sortant une cravate de la poche de son veston*[14]).   Tenez, mettez celle-ci.

BERENGER.   Oh, merci, vous êtes bien obligeant[15]. (*Il noue*[16] *la cravate à son cou.*)

JEAN.   Vous êtes tout décoiffé! (*Bérenger passe les doigts dans ses cheveux.*) Tenez, voici un peigne! (*Il sort un peigne de l'autre poche de son veston.*)

BERENGER (*prenant le peigne*).   Merci. (*Il se peigne vaguement.*)

JEAN.   Vous ne vous êtes pas rasé! Regardez la tête que vous avez[17]. (*Il sort une petite glace de la poche intérieure de son veston, la tend à Bérenger qui s'y examine; en se regardant dans la glace, il tire la langue.*)

BERENGER.   J'ai la langue bien chargée[18].

JEAN (*reprenant la glace et la remettant dans sa poche*).   Ce n'est pas étonnant! . . . (*Il reprend aussi le peigne que lui tend Bérenger, et le remet dans sa poche.*) La cirrhose vous menace, mon ami.

BERENGER (*inquiet*).   Vous croyez? . . . (*admiratif*). Vous êtes soigneux, vous.

JEAN (*continuant d'inspecter Bérenger*).   Vos vêtements sont tout chiffonnés[19], c'est lamentable, votre chemise est d'une saleté repoussante. Vos épaules . . .

BERENGER.   Qu'est-ce qu'elles ont, mes épaules[20]? . . .

JEAN.   Tournez-vous. Allez, tournez-vous. Vous vous êtes appuyé contre un mur . . . (*Mollement, Bérenger donne des tapes sur ses épaules pour en faire sortir la poussière blanche; Jean écarte la tête.*) Oh là là . . . Où donc avez-vous pris cela[21]?

---

[10] stink of   [11] frolicking   [12] that's funny   [13] what could I have done with it?   [14] coat   [15] kind   [16] ties   [17] look at yourself   [18] coated   [19] wrinkled   [20] what's the matter with my shoulders?   [21] **cela = poussière**: dust

BERENGER. Je ne m'en souviens pas.

JEAN. C'est lamentable, lamentable! J'ai honte d'être votre ami.

BERENGER. Vous êtes bien sévère . . . Ecoutez, Jean. Je n'ai guère de distractions, on s'ennuie dans cette ville, je ne suis pas fait pour le travail que j'ai . . . Tous les jours, au bureau, pendant huit heures, trois semaines seulement de vacances en été! Le samedi soir, je suis plutôt fatigué, alors, vous me comprenez, pour me détendre . . .

JEAN. Mon cher, tout le monde travaille et moi aussi, moi aussi comme tout le monde, je fais tous les jours mes huit heures de bureau, moi aussi, je n'ai que vingt et un jours de congé par an, et pourtant, pourtant vous me voyez . . . De la volonté! . . .

BERENGER. Oh, de la volonté, tout le monde n'a pas la vôtre. Moi je ne m'y fais pas[22]. Non, je ne m'y fais pas, à la vie.

JEAN. Tout le monde doit s'y faire. Seriez-vous une nature supérieure?

BERENGER. Je ne prétends[23] pas . . .

JEAN (*interrompant*). Je vous vaux bien; et même, sans fausse modestie, je vaux mieux que vous. L'homme supérieur est celui qui remplit son devoir.

BERENGER. Quel devoir?

JEAN. Son devoir . . . son devoir d'employé, par exemple.

BERENGER. Ah oui, son devoir d'employé.

JEAN. Où donc ont eu lieu vos libations[24] cette nuit? Si vous vous en souvenez!

BERENGER. Nous avons fêté l'anniversaire d'Auguste, notre ami Auguste . . .

JEAN. Notre ami Auguste? On ne m'a pas invité, moi, pour l'anniversaire de notre ami Auguste . . . (*A ce moment, on entend le bruit très éloigné, mais se rapprochant très vite, d'un souffle de fauve[25] et de sa course précipitée[26], ainsi qu'un long barrissement[27].*)

BERENGER. Je n'ai pas pu refuser. Cela n'aurait pas été gentil . . .

JEAN. Y suis-je allé, moi?

BERENGER. C'est peut-être, justement, parce que vous n'avez pas été invité! . . .

LA SERVEUSE (*sortant du café*). Bonjour, Messieurs, que désirez-vous boire? (*Les bruits sont devenus très forts.*)

JEAN (*à Bérenger et criant presque pour se faire entendre, au-dessus des bruits qu'il ne perçoit pas consciemment*). Non, il est vrai, je n'étais pas invité. On ne m'a pas fait cet honneur . . . Toutefois, je puis vous assurer que même si j'avais été invité, je ne serais pas venu, car . . . (*Les bruits sont devenus énormes.*) Que se passe-t-il? (*Les bruits du galop d'un animal puissant et lourd sont tout proches.*) Mais qu'est-ce que c'est?

LA SERVEUSE. Mais qu'est-ce que c'est?

JEAN. Oh, un rhinocéros!

Le premier rhinocéros apparaît dans la ville, puis le deuxième. Et peu à peu au cours des scènes suivantes, on apprend que la nouvelle épidémie la «rhinocérite» menace toute la ville. Déjà

---

[22] I can't get used to it [23] claim [24] your drinking [25] wild beast [26] headlong charge
[27] bellowing

Bœuf, le collègue de Bérenger s'est changé en rhinocéros puis ce sera Jean, son ami: sa peau devient rugueuse[28] et verdâtre[29], une corne lui pousse au milieu du front, il devient brutal. Même Daisy, l'amie de Bérenger, le quittera pour rejoindre le troupeau[30] de rhinocéros.

Bérenger sera le seul humain à se défendre contre eux. Il restera seul à résister, à toujours «se méfier des vérités collectives». (Est-ce une allusion à la vie privée de Ionesco? à l'invasion allemande de la deuxième guerre mondiale? La couleur verte de la peau du rhinocéros pourrait faire penser à la couleur verdâtre des uniformes allemands.)

D'après Eugène Ionesco
LE RHINOCEROS, Acte I scène 2
(Ed. Gallimard)

VARIATIONS LEXICALES

1. Relevez tous les mots et toutes les expressions du texte qui montrent que, selon Jean, Bérenger est négligé non seulement dans sa tenue, mais aussi dans son comportement.

2. Donnez le verbe apparenté aux substantifs et le substantif apparenté aux adjectifs suivants.

MODELES   volonté (*f.*):
vouloir

gentil:
gentillesse (*f.*)

1. rasoir (*m.*)   2. course (*f.*)   3. boisson (*f.*)   4. distraction (*f.*)   5. table (*f.*)
6. sec   7. scientifique   8. coupable   9. chaud   10. admiratif

3. Remplacez le substantif masculin par celui entre parenthèses, et faites les changements nécessaires.

MODELE   Le sol est rugueux et humide.   (la peau)
*La peau est **rugueuse** et **humide**.*

1. J'ai le gosier sec.   (la gorge)
2. C'est un faux aveugle.   (C'est une . . .)
3. C'était un mois ennuyeux.   (une journée)
4. Il a un visage inquiet.   (une mine)
5. Il est vraiment très soigneux.   (Elle est . . .)
6. C'est un nuage scientifique.   (une théorie)

4. Relisez le texte, puis répondez aux questions suivantes.

1. Comment apprend-on que Bérenger est en retard?
2. Pourquoi Jean est-il aussi en retard, et pourquoi trouve-t-il cela normal?
3. Qu'est-ce que Jean insinue quand il dit: «ce n'est pas d'eau que vous avez soif»?

---

[28] rough   [29] greenish   [30] herd

4. A quels détails de la toilette voyez-vous que les deux amis sont très différents?
5. Comment Bérenger essaie-t-il de justifier son laisser-aller? et comment Jean réagit-il?
6. Quelle est la réaction de Jean quand il apprend qu'il n'a pas été invité à fêter l'anniversaire d'Auguste?

5. Résumez le passage tiré du *Rhinocéros* et dites comment les caractères de Jean et de Bérenger s'opposent.

GRAMMAIRE

L'ADVERBE

A. FORMATION DES ADVERBES EN -*ment*

Les adverbes en **-ment** se forment généralement en ajoutant le suffixe **-ment** à la forme féminine de l'adjectif.

ADJECTIF MASCULIN		ADJECTIF FEMININ		+ **ment** = ADVERBE	
sec		sèche		**sèche-**	ment
admiratif	⇒	admirative	⇒	**admirative-**	
honteux		honteuse		**honteuse-**	

Cas particuliers

Si la forme masculine de l'adjectif se termine par une voyelle, on ajoute la terminaison **-ment** à la forme du masculin.

poli				**poli-**	ment
vrai	⇒		⇒	**vrai-**	
absolu				**absolu-**	

Si l'adjectif se termine par **-ant**, l'adverbe se forme en ajoutant **-amment** au radical.

Si l'adjectif se termine par **-ent**, l'adverbe se forme en ajoutant **-emment** [amã] au radical.

puissant	-ant		puissamment	-amment
étonnant		⇒	étonnamment	
évident	-ent		évidemment	-emment
fréquent			fréquemment	

Exceptions: **lent (lentement), présent (présentement).**

Quelques adverbes prennent un **-é-** [e] (et non un **e** muet [ə]) devant la terminaison **-ment**.

profond			profond-	é	ment
aveugle	⇒	⇒	aveugl-		
énorme			énorm-		
exprès			express-		

Certains adverbes en **-ment** se forment de façon complètement irrégulière.

gentil		**genti-**	ment
grave ⇒	⇒	**griève-**	
bref		**brève-**	

B. AUTRES ADVERBES

Un certain nombre d'adjectifs n'ont pas d'adverbes correspondants : **malade**, **fatigué**, **inquiet**, etc. On recourt alors à des périphrases : **il a l'air malade, avec fatigue, avec inquiétude** etc.

Formes particulières

ADJECTIF	ADVERBE
bon	**bien**
mauvais	**mal**
meilleur	**mieux**

Certains adverbes se forment régulièrement sur le féminin de l'adjectif, mais leur sens diffère de celui de l'adjectif.

> **justement** = exactement
> C'est justement ce que je disais.
> **décidément** = clairement
> = définitivement
> Il a décidément raison de ne rien dire.
> **seulement** = rien . . . que
> = ne . . . que
> = simplement
> J'ai seulement voulu dire que c'était vrai.

D'autres adverbes ont la même forme que l'adjectif.

Elle	court	**vite.**
	vote	**rouge.**
	chante	**fort.**

C. LA COMPARAISON
Comme les adjectifs, certains adverbes peuvent avoir divers degrés d'intensité.

Il	vient	vite.
		fréquemment.
		souvent.
	s'exprime	vaguement
		bien.

Il	court	**plus**	vite	que	moi.
	vient	**moins** **aussi**	fréquemment souvent		Marie.
	s'exprime		vaguement		
			mieux		

Il	court	**le**	**plus** **moins**	vite souvent légèrement longtemps	possible.

D. QUELQUES EMPLOIS D'ADVERBES DE QUANTITE ET D'OPINION
Après les adverbes de quantité, on peut employer la forme **de, d'** devant un substantif; après **la plupart** et **bien** on utilisera **du, de la, de l', des**.

Il a	**beaucoup** **trop** **peu** **autant** **plus** [plys] **tellement** **pas mal** **moins**	**de**	vacances!

	La plupart	**des**	dimanches	il est absent.
		de la	journée	
		du	temps	
Il a	**bien**	**du**	chagrin.	
		de la	volonté.	
		des	ennuis.	

Les adverbes d'opinion

Tout le monde	travaille? a soif?	**Oui (mais oui)!** **Non (mais non)!** **Bien sûr!** **Evidemment!**

La réponse **si (mais si)** implique toujours une réaction opposée à une constatation négative.

Vous	n'	avez	pas	été invité? bu?	**Si (mais si)!** **Non (mais non)!** **Bien sûr que non!**

Tout le monde	travaille. a soif.	Moi Lui	**aussi!** **non!** **jamais!**

Vous	n'	avez	pas	été invité. bu.	Moi	**non plus!** **si!**

E. PLACE DE L'ADVERBE
L'adverbe, en règle générale, suit le verbe lorsque celui-ci a une forme simple.

Vous Vous me Je vous	voyez comprenez vaux	**bien.**	On	ne	l'	invite	pas	**souvent.** **toujours.** **assez.** **volontiers.**

Les adverbes d'intensité, de quantité (et certains adverbes de temps) se placent entre l'auxiliaire et le participe passé.

Qu'est-ce que	j'			ai		**bien**	pu	en faire?
	Vous			avez		**encore**	perdu	la nuit?
	On	ne	l'	a	pas	**souvent**	invité!	

Les adverbes de lieu et de temps se mettent habituellement après le participe passé.

Nous	avons	fêté	**hier** **ici** **le lendemain**	son anniversaire.

Les adverbes qui portent sur toute la phrase peuvent se mettre soit en tête, soit en fin de phrase.

(Tout à coup) **(Hier)** **(Finalement)**	elle est revenue me voir	**(tout à coup)** **(hier)** **(finalement)**

Les adverbes en **-ment** qui indiquent l'intensité se mettent avant le mot qu'ils qualifient.

Il	est	**horriblement** **terriblement** **affreusement**	soigneux! triste!

Les adverbes qui déterminent un autre adverbe ou un adjectif se mettent juste avant celui-ci.

Vous	êtes	**bien** **plutôt** **trop**	obligeant. sévère.
Elle	arrive	**exprès**	en retard!

N.B.: Il convient toutefois de signaler que la place d'un adverbe varie souvent selon l'usage, sans qu'on puisse indiquer de règles précises.

VARIATIONS STRUCTURALES
1. Donnez la forme féminine de l'adjectif, puis dérivez l'adverbe.

MODELE   sec:
    sèche; sèchement

1. fou   2. admiratif   3. modeste   4. strict   5. vif   6. pareil   7. chaud
8. courtois   9. lent   10. gai   11. fonctionnel   12. public

2. Donnez l'adverbe apparenté aux adjectifs suivants.

MODELE   soigneux:
   soigneusement

1. bon   2. long   3. mauvais   4. curieux   5. posé   6. amical   7. dernier
8. ouvert   9. exprès   10. joli   11. mou   12. faux

3. Dérivez des adverbes des adjectifs de la liste à droite, puis complétez les phrases suivantes. Parfois plusieurs choix sont possibles.

1. Vous êtes _____ fou!
2. Elle a répondu très _____ .
3. Elle a été accusée _____ .
4. Elle le lui a _____ défendu.
5. Il a réfléchi _____ , puis il a répondu.
6. On lui obéit _____ .
7. Elle l'a examiné _____ .
8. Ils avançaient très _____ .

a. *aveugle*
b. *exprès*
c. *sec*
d. *gentil*
e. *complet*
f. *conscient*
g. *faux*
h. *profond*
i. *soigneux*
j. *bref*
k. *lent*

4. Complétez les phrases suivantes au moyen de *bon, bien, mauvais* ou *mal*. Parfois plusieurs choix sont possibles.

1. Tu as _____ répondu.
2. Il remplit _____ son devoir!
3. Vous voyez _____ ! Ce n'est pas vrai!
4. Il a _____ travaillé.
5. Il vous vaut _____ .
6. C'est _____ ou _____ ?
7. Cette boisson est _____ .
8. Il va plus _____ encore.

5. Complétez les phrases suivantes au moyen de *de, d'* ou *des*.

1. Elle est arrivée après bien _____ aventures.
2. Tu as assez _____ temps?
3. Tu as tant _____ amis ici?
4. Il y avait tellement _____ monde qu'on ne pouvait rien voir.
5. Tu as vu combien _____ rhinocéros?
6. La plupart _____ temps, il pue l'alcool!

7. Tu bois trop _____ café.

8. Nous avons trop peu _____ distractions ici.

    6. Répondez selon le modèle.

MODELE   Il avait l'air si triste. *Et moi aussi!*
                 Il ne s'en souvient pas. *Et moi non plus!*

1. Il est sévère. 2. On ne vous a pas invité. 3. Tout le monde travaille.
4. Il a honte de vous. 5. Lui, il ne s'y fait pas. 6. Elle a 21 jours de vacances.
7. Elle s'ennuie ici. 8. Elle n'est pas aveugle.

    7. Dérivez l'adverbe de l'adjectif entre parenthèses et mettez-le à sa place dans la phrase. Parfois plusieurs choix sont possibles.

MODELE   Elle a travaillé. (inutile)
              *Elle a travaillé **inutilement**.*

1. Ils ont bavardé ensemble. (long)
2. Elle vient me demander des explications. (constant)
3. Ils m'ont reçue l'autre jour. (froid)
4. Elle a essayé de venir. (vain)
5. Elle a résumé la situation. (bref)
6. Ils ont fêté son anniversaire. (joyeux)

    8. Mettez l'adverbe entre parenthèses à sa place dans la phrase. Parfois plusieurs choix sont possibles.

MODELE   Il invite ses amis. (constamment)
              *Il invite **constamment** ses amis.*
              *Il invite ses amis **constamment**.*

1. Il est mort de fatigue. (presque)
2. Je ne suis pas aveugle. (encore)
3. Vous vous ennuyez dans cette ville. (terriblement)
4. Il a sorti un peigne de sa poche. (aussitôt)
5. Il a parlé de vacances. (longuement)
6. Il arrive toujours en retard. (évidemment)
7. Où irez-vous? (demain)
8. C'est étonnant. (tout à fait)

    9. Transformez les phrases suivantes de façon à utiliser un verbe et un adverbe.

MODELE   C'est une chanteuse merveilleuse.
              *Elle chante **merveilleusement**.*

1. C'est un mauvais écrivain.
2. C'est un administrateur médiocre.

3. C'est un juge sévère.
4. C'est la meilleure joueuse.
5. C'est une travailleuse plutôt molle.
6. C'est un dessinateur remarquable.
7. C'est une amante passionnée.
8. C'est un étudiant sérieux.
9. C'est un bon orateur.
10. C'est une conductrice assez habile.

PROBLEMES D'AUJOURD'HUI ET DE DEMAIN

LES FILLES DE BREST

Soyez fair-play, publiez notre lettre. Le *Nouvel Observateur* s'exécuta[1] bien volontiers. Et dans son numéro du 30 avril, dans la rubrique[2] «Courrier des lecteurs», paraissait la lettre de ces demoiselles de Brest. Seize lignes en forme «d'antipamphlet» et qui se poursuivaient par une profession de foi qui tombait comme une averse fraîche[3] sur ce printemps chaud des lycéens. «Nous les «retardées», on[4] veut dire que l'on se plaît au lycée, que les programmes nous intéressent, qu'on a des rapports cordiaux et courtois avec nos profs, qu'on a envie de réussir nos examens, qu'on ne galvaude[5] pas notre corps à droite et à gauche, qu'on préfère les jeunes gens en cravate et à cheveux courts à ces poilus[6] et drogués que vous affectionnez, qu'on est «l'autre jeunesse», la vraie peut-être. Nous les bourgeoises, vieux jeu[7], retardées, vierges[8] et fières d'être tout cela.» Et c'était signé: les élèves (filles) de Première A 2 du lycée de l'Harteloire à Brest. Une lettre qui était une réaction collective à la confession d'une lycéenne anonyme parue dans le *Nouvel Observateur* de la semaine précédente. Une confession sans surprise dans laquelle une fille de quinze ans, un peu trop lucide et désabusée[9], parlait de la révolution, des flics[10], des gauchistes, de la drogue, des parents «réac»[11] et des autres, de la pilule et de la peur de mourir. Presque un classique.

Mais qui étaient donc ces filles qui avaient le courage de dire qu'elles étaient vierges, et qui, de surcroît[12], travaillaient dur pour passer leurs examens sans avoir de problèmes avec leurs profs et leurs parents? Nos reporters les ont retrouvées.

A Brest, le lycée de l'Harteloire est au centre de la ville. C'est une série de bâtiments massifs, sans attrait[13] mais fonctionnels. La Première A 2 est au deuxième étage. Une salle traditionnelle, un peu vieillotte[14]. Derrière les bancs, trente et un élèves: vingt-quatre filles et sept garçons qui écoutent Mme A., professeur de français, leur expliquer les drames de Racine. La quarantaine[15], cheveux longs et blonds retenus par

---

* **Vélo-lycée-dodo** est une variante du slogan **métro-boulot-dodo** (*subway-work-bed*) lancé en mai 1968 par les étudiants puis les ouvriers pendant les manifestations massives protestant contre le mode de vie en France.

[1] complied   [2] column   [3] a splash of cold water   [4] *Nous* **les retardées**, *nous* . . . is the "correct" form. The use of **on** is colloquial and acceptable in spoken French.   [5] degrade   [6] hairy (young people)   [7] old-fashioned   [8] virgins   [9] disenchanted   [10] (colloquial) cops   [11] (colloquial) reactionary   [12] on top of that   [13] unattractive   [14] old-fashioned   [15] about forty

On préfère les garçons du collège naval : propres, uniforme strict, cheveux courts . . .

un élastique, pas la moindre trace de maquillage[16], Mme A. est peut-être le professeur le plus heureux de France. Et elle le dit. Elle parle de ses élèves comme une mère de ses filles. «Je reconnais», dit-elle, «que je les aime beaucoup. Elles sont vivantes, attachées à leurs études. Et pour elles les cours ne s'arrêtent pas à la porte de la classe. Mais cela ne les empêche pas[17] de vivre, de participer. Ainsi, la dernière grève ne les a pas laissées indifférentes. Elles se sentaient directement concernées[18] et elles m'en ont voulu[19] d'être «contre». Mais comme elles ne voulaient pas défiler[20] derrière les drapeaux rouges, elles n'ont pas manifesté[21].»

Pour les filles de Première A 2, la vie n'est pas seulement vélo[22]-lycée-dodo. Simplement on a gardé à Brest le rythme de la province. On sort le samedi soir. On va chez des amis pour passer des soirées qui ressemblent aux surprises-parties[23] bourgeoises, un peu guindées[24] de l'après-guerre. On va même dans des boîtes[25]. Pas n'importe laquelle, bien sûr. Il y a par exemple les «Arcades», un café luxueux de la rue de Siam où l'on se retrouve après les cours.

«Et puis il y a le flirt», dit Marie-France. Le flirt pour elle, c'est passager, pas sérieux. On sort ensemble, on s'embrasse. Mais pas plus. «Les filles que je connais sont toutes comme ça. A dix-huit ans, on est toutes vierges . . . à une ou deux excep-

---

[16] makeup   [17] does not stop them from   [18] involved   [19] held it against me   [20] march
[21] demonstrate   [22] (colloquial) bicycle   [23] parties where young people dance and drink
[24] stiff   [25] clubs

tions près. Les cheveux longs? Nous n'en connaissons pas. Ce sont les gauchistes qui sont comme ça. On préfère les garçons du collège naval: propres, uniforme strict bleu marine et cheveux courts.»

Avec de tels arguments, une telle ligne de conduite on ne se fait pas que des amis dans un lycée de 1 600 élèves. Yves Le B.—trente ans, barbu—est professeur de russe. Il n'est pas tendre pour ses élèves. «Elles sont», dit-il, «ce qu'on les a faites. Elles ne sont que le reflet de leurs parents. Depuis toujours on leur a dit: «Il y a des trucs[26] qu'il ne faut pas faire et elles suivent avec application.»

FLORENCE   17 ans, 2 sœurs: 19 et 13 ans. Père: officier de marine.
La pilule: Un moyen contraceptif comme un autre lorsque je serai mariée.
Le monde: Chacun le voit avec sa propre optique. Il n'est pas parfait. Mais il faut pouvoir sérier[1] les problèmes. J'en ai conscience, même si je ne fais rien pour.
Le divorce: Solution in extremis à éviter.
L'avortement: Je suis pour. Même libre. Mais moi je ne me ferai pas avorter.
L'amour libre: Moi, pas question, à cause des éternels principes. Et puis quoi, l'union libre, ça ne rime à rien[2].
La politique: J'ai des opinions que je réserve à un groupe d'amis restreint[3].
La drogue: C'est une problème grave. Cela m'arrivera peut-être d'essayer par curiosité: Mais je ne serai jamais intoxiquée.

---

[26] (colloquial) things

---

[1] put in order   [2] there's no sense in that   [3] restricted

---

BRIGITTE 19 ans, 3 frères: 22, 17, 12 ans. Père: représentant[4].

La pilule: Je suis contre; ce sont des procédés artificiels et il est sûr que je ne la prendrai pas.

Le monde: Il n'y a plus de tenue, plus de mœurs[5], plus de religion. On va vers un avilissement[6] de la société.

Le divorce: Je suis contre. Et surtout à cause des enfants. Peut-être si le mari boit, ou est fou.

L'avortement: Non, que ce soit avant ou après le mariage. Il ne fallait pas faire la bêtise[7].

L'amour libre: Pas question. Si on le fait une fois, pas de raison de s'arrêter.

La politique: Ça ne m'intéresse pas.

La drogue: Contre. C'est une échappatoire[8], c'est lâche. Le tabac, ça me suffit.

MARIE-HELENE 17 ans, 1 frère: 12 ans. Père: agent technique.

La pilule: Je suis pour. Mais moi, je ne la prendrai pas parce que j'ai été élevée dans des principes qui s'y opposent.

Le monde: C'est lamentable. Le monde ne vit que pour l'argent.

Le divorce: Je suis pour quand la vie à deux n'est plus possible.

L'avortement: C'est discutable. Dans certains cas, on peut l'admettre.

L'amour libre: Ça ne me gêne[9] pas, mais pour les autres.

La politique: Je suis apolitique. C'est plutôt sale et ça ne mène pas à grand-chose.

La drogue: C'est abominable. J'espère que les moyens mis en action pour arrêter le trafic aboutiront à un résultat.

D'après *PARIS-MATCH*

VARIATIONS LEXICALES

1. Donnez l'adjectif apparenté aux substantifs suivants.

MODELE fraîcheur:
frais, fraîche

1. anonymat (*m.*) 2. virginité (*f.*) 3. luxe (*m.*) 4. drogue (*f.*) 5. lycée (*m.*)
6. lucidité (*f.*) 7. indifférence (*f.*) 8. lâcheté (*f.*) 9. courtoisie (*f.*)
10. cordialité (*f.*)

2. Recherchez parmi ces mots et expressions ceux, un peu familiers, que les jeunes emploient surtout et employez-les dans une phrase.

MODELE le boulot:
Elle a trouvé un boulot dans une usine.

1. le rapport 2. la trace 3. le truc 4. la tenue 5. la boîte 6. une erreur
7. le prof 8. le flic 9. le dodo 10. l'amour libre (*m.*) 11. le maquillage
12. le monde 13. réac 14. le vélo 15. le bouquin

[4] sales representative [5] no manners, no morals [6] degradation [7] get pregnant [8] escape
[9] disturb

SECTION
5

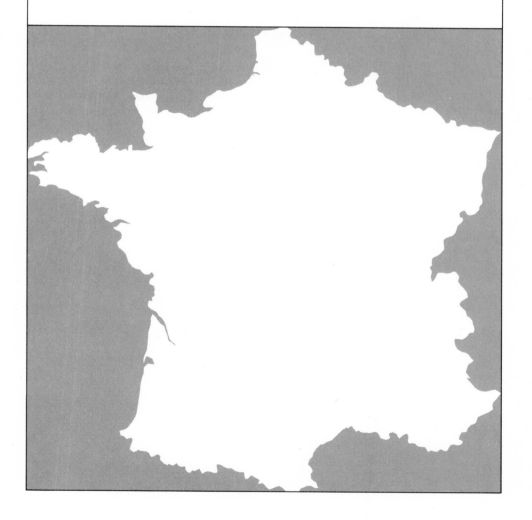

LECTURE

Céline a fini par abandonner sa vie de bohème[1] et par épouser Philippe, «jeune homme bien», de grand avenir. Elle se retrouve, mal à l'aise, prise au piège[2] du jeu bourgeois: le bel appartement, le vison[3], la bonne[4] espagnole, la voiture, la bonne réputation; elle se heurte aussi à la vanité bourgeoise, masculine et vide de son mari. Sa seule amie est Julia Bigeon qui se trouve, à peu de choses près, dans la même situation qu'elle. Jean-Pierre, le mari de Julia, vient de recevoir sa nouvelle voiture.

UNE VOITURE

«Si ce n'est pas trop vous déranger dans vos importants travaux» . . .

Philippe et Jean-Pierre ont débarqué[5] à la maison dans le milieu de l'après-midi tous les deux. Ils étaient gais comme des pinsons[6], ils ont fait beaucoup de bruit en rentrant; un peu ivres peut-être: ils l'avaient sans doute arrosée[7] avec le vendeur. La Nouvelle. La Merveille. Elle était enfin arrivée. La Victory! C'est ça qu'ils étaient venus annoncer, en effet ça valait la peine. Ils nous ont trouvées, moi maniant les pinceaux[8], Julia posant, en me faisant la lecture de *La Princesse de Clèves*[9]; ils venaient nous annoncer l'arrivée de la Belle Bagnole[10] et nous conviaient à descendre l'admirer, «si ce n'était pas trop nous déranger dans nos importants travaux».

Nous on aurait pu attendre[11]. Mais il faut être compréhensif. On a laissé *La Princesse* et on a suivi. On a regardé. C'était une voiture.

—Vous n'avez pas l'air enthousiastes?

—C'est une auto, a dit Julia.

—Tu ne trouves pas qu'elle fait de l'effet?

—Tu sais quand on est dedans on ne la voit pas.

Jean-Pierre a regardé sa femme. C'est une idée qui ne lui était pas encore venue[12]. J'ai continué:

—Au fond c'est de l'altruisme d'acheter une voiture à effet; tout est pour les autres.

—Mais, on en fait partie[13]! s'est écrié Jean-Pierre, puis il s'est lancé dans la *Description des Caractéristiques*[14], et on s'est mises à regretter *La Princesse de Clèves*.

—Samedi on part. On y va tous, vous voulez?

—Où on ira[15]? disent les femmes.

---

[1] nonconventional   [2] trapped   [3] = **le manteau de vison:** the mink coat   [4] maid
[5] (colloquial) arrived unexpectedly   [6] as happy as larks   [7] drunk to (to celebrate)
[8] paintbrushes   [9] a seventeenth-century novel   [10] (colloquial) car   [11] colloquial form often used in spoken French for **nous, nous aurions pu attendre:** we could have waited   [12] this idea had never occurred to him   [13] but you're a part of it   [14] (of the car)   [15] (colloquial) **où est-ce qu'on ira**

—On va faire la course, disent les hommes.

—On veut aller à la mer, disent les femmes.

—Tu verras que j'arriverai avant toi, dit Philippe.

—On veut un endroit avec des rochers, disent les femmes.

—Ah ah! dit Jean-Pierre. 220[16]! Avec la tienne tu les fais jamais!

—On pêchera des crabes.

—Mon petit mécano[17] tu sais dont je t'ai parlé un type épatant me l'a commencée[18], moi j'ai horreur de roder[18], ça m'énerve, et avec deux heures par jour sur l'autoroute d'ici samedi!

—On pêchera des crevettes.

—On n'a pas besoin de faire la course, essayent de dire les femmes, on n'a qu'à partir plus tôt. La mer, c'est pas loin.

On est partis à l'aube, le samedi, 30 septembre. Il faisait beau.

Deauville, lieu de rendez-vous, Philippe a regardé fièrement sa montre. On était les premiers.

Alors on a attendu.

On a eu du mal à les retrouver. Jean-Pierre était à l'hôpital avec six côtes[19] cassées et un trou dans le poumon.

—Et Julia?

—Elle est morte.

Jean-Pierre Bigeon, trente-quatre ans, onze accidents, dont[20] deux avec des blessés, et un mortel: sa femme. La Victory, doublant en côte[21]—je l'ai vue cette côte, on n'apercevait pas l'autre versant; c'était eux l'accident sur le bord de la route le matin, on a reconnu la voiture, en remontant sur Paris, lentement lentement cette fois—la Victory est entrée de plein fouet[22] dans une 2 CV[23] venant en sens inverse.

---

[16] = **220 kilomètres à l'heure**   [17] (colloquial) **mécanicien**: mechanic   [18] to break in (the car)
[19] ribs   [20] among them   [21] passing on the hill   [22] head on   [23] CV abbreviation
for **cheval vapeur** (horsepower); **une deux chevaux** = a small French car

Compteur[24] bloqué à cent soixante[25]. Dans la 2 CV quatre blessés graves, parmi lesquels une petite fille, colonne vertébrale[26] brisée. Félicitations.

—Pourquoi n'est-il pas mort, lui!

—Voyons, mon chéri. Qu'est-ce que ça aurait arrangé? Jean-Pierre n'est pas pire que les autres, va.

—C'est bien ce qui est terrible. Il y en a des tas[27] comme lui!

Je suis allée à l'hôpital. J'ai attendu qu'il soit bien réveillé. Qu'il n'y ait personne. Je ne lui ai dit ni Bonjour ni Comment ça va; je lui ai dit: «Vous avez tué votre femme.» Il s'est effondré dans les sanglots[28]. Je sais je sais c'est affreux je ne me pardonnerai jamais ce n'est pas la peine de me le dire Céline j'y pense sans arrêt jour et nuit je ne peux pas supporter, etc.: des mots quoi. Ils font les choses et après ils «ne peuvent pas supporter». Facile.

—Sans parler de la petite fille paralysée, que nous ne connaissons pas.

Il ne savait pas qu'elle resterait paralysée. On ne lui avait pas encore dit. Pour le ménager[29]. Tu parles! Je lui ai fourni les détails. Je lui avais apporté le journal. Re-sanglots.

—Vous doubliez en côte. Votre compteur marquait cent soixante. Je l'ai vue cette côte: pas de visibilité. Vous n'avez pas appris le Code de la route[30].

Il a bredouillé[31] qu'il y avait la place, que la 2 CV ne roulait «pas tout à fait» sur sa droite.

—Vous avez eu le temps de noter tout ça et pas celui d'avoir un réflexe? Mes compliments. C'était quoi[32] la voiture devant vous?

—Maserati.

—Vous vouliez la doubler et vous ne le pouviez pas. Ça vous agaçait[33], hein. Mais Monsieur, un Jean-Pierre Bigeon ne double pas une Maserati. Un Jean-Pierre Bigeon reste derrière une Maserati. Toujours.

Oh, que je me taise! Je vous en supplie, laissez-moi en paix avec ma douleur!—mais qu'est-ce qu'il pouvait faire, il était cloué sur un lit[34], entouré de bandages, pris dans le plâtre[35], il était bien forcé de me supporter. C'est la fatalité! s'est-il écrié.

—Pas la fatalité, la stupidité. Vouz avez tué votre femme parce que vous êtes un imbécile. Vous ne savez pas conduire une auto. Quand on n'est pas un homme on va à bicyclette. Vous n'avez pas de réflexes. Pas assez de forces pour tenir une machine. Vous êtes un petit type avec une névrose de puissance[36], comme un tas d'autres idiots.

D'après Christiane Rochefort
LES STANCES A SOPHIE
(Ed. Bernard Grasset)

Céline s'éloignera de plus de Philippe jusqu'au jour où elle le quittera définitivement. Elle ira s'installer dans son ancienne chambre, retrouver ses anciens amis, son ancienne vie.

[24] speedometer   [25] = **cent soixante kilomètres à l'heure:** 100 miles   [26] spinal cord   [27] (colloquial) lots   [28] collapsed in tears   [29] to spare him   [30] rules of the road   [31] mumbled   [32] (colloquial) = «**quel genre de voiture était devant vous**»   [33] that bothered you   [34] stuck in bed   [35] in a cast   [36] with a power complex

VARIATIONS LEXICALES

1. Relevez tous les mots ou constructions familiers ou argotiques du texte et donnez leur équivalent en français «correct».

MODELES débarquer:
arriver sans être attendu

Tu les fais jamais:
Tu ne les fais jamais

2. Complétez les expressions suivantes.

1. Il est gai comme ————.
2. C'est blanc comme ————.
3. Il est fort comme ————.
4. Il est bête comme ————.
5. Il est fier comme ————.

a. *un paon*
b. *un pied*
c. *de la neige*
d. *un bœuf*
e. *un pinson*

3. Trouvez dans le texte un synonyme des expressions en italique.

MODELE Ils sont revenus *lorsque le soleil se levait.*
Ils sont revenus **à l'aube.**

1. Il m'*ennuie* avec ses questions.
2. On *a bu pour fêter* leur nouvelle voiture.
3. On *ne* les a *pas* retrouvées *facilement.*
4. La Maserati nous a *dépassés.*
5. C'est *horrible*, cet accident!
6. Il y a *beaucoup de* gens comme lui.

4. Donnez le verbe apparenté aux substantifs suivants.

MODELE la lecture:
lire

1. le maniement 2. la description 3. la réception 4. le vendeur
5. les travaux 6. la course 7. la pêche 8. le rodage 9. les félicitations
10. les sanglots

5. Relisez le texte, puis répondez aux questions suivantes.

1. Pourquoi Philippe et Jean-Pierre semblent-ils si contents?
2. Quelle est la réaction des deux femmes devant la nouvelle voiture?
3. Que veulent faire les deux hommes? Et les femmes sont-elles d'accord?
4. Est-ce que les deux hommes et les deux femmes dialoguent vraiment?
5. Comment l'accident a-t-il eu lieu?
6. Quelle est la réaction de Céline (la narratrice)? Pourquoi?
7. Pourquoi Céline raconte-t-elle à Jean-Pierre que la petite fille restera paralysée?
8. Jean-Pierre essaie-t-il de se justifier? Comment?

6. Résumez ce passage oralement ou par écrit en une quinzaine de lignes en essayant d'opposer les caractères des deux hommes d'un côté et de Céline de l'autre.

GRAMMAIRE

L'IMPARFAIT ET LE PASSE COMPOSE

A. FORMES

Pour former l'imparfait, on utilise le radical de la première personne du pluriel du présent de l'indicatif auquel on ajoute les terminaisons.

Les première, deuxième, troisième personnes du singulier et la troisième personne du pluriel se prononcent de la même façon.

-er			-ir				-re		
j' tu	arriv	ais	je tu	fin	iss	ais	j' tu	attend	ais
il		ait	il			ait	il		ait
nous	doubl	ions	nous	rempl	iss	ions	nous	vend	ions
vous		iez	vous			iez	vous		iez
ils		aient	ils			aient	ils		aient

Exception: le verbe **être**: j'**étais**, tu **étais**, il **était**, nous **étions**, vous **étiez**, ils **étaient**.

Le passé composé se forme en règle générale à l'aide du présent de l'indicatif de l'auxiliaire **avoir** ou **être** et du participe passé.

Le participe passé se forme au moyen du radical + **é** (premier groupe), du radical + **i** (deuxième groupe) et du radical + **u** (troisième groupe).

J'	ai	**regard***é* **fourn***i* **attend***u*	les différentes voitures. des renseignements. en vain.

Voici une liste des participes passés de verbes irréguliers les plus employés.

avoir	**eu**	pleuvoir	**plu**	finir	**fini**	suivre	**suivi**
boire	**bu**	pouvoir	**pu**	fuir	**fui**	aller	**allé**
courir	**couru**	savoir	**su**	mettre	**mis**	craindre	**craint**
croire	**cru**	venir	**venu**	partir	**parti**	être	**été**
entendre	**entendu**	voir	**vu**	prendre	**pris**	faire	**fait**
falloir	**fallu**	vouloir	**voulu**	rire	**ri**	mourir	**mort**
lire	**lu**	dire	**dit**	servir	**servi**	naître	**né**
plaire	**plu**	écrire	**écrit**	sortir	**sorti**	ouvrir	**ouvert**

Un certain nombre de verbes d'usage courant forment leur passé composé à l'aide de l'auxiliaire **être**. Ce sont: **aller, venir, sortir, entrer, descendre, monter, partir, arriver, retourner, rester, tomber, passer, mourir** et **naître** et tous les verbes pronominaux.

Il		est	arriv	é	.
	s'		baign		dans la mer.
			achet		une voiture.

Il		est	descend	u	au jardin.
	s'		attend		au pire.

Il	est	(re)venu	de	la mer.
		allé	à	
		sorti*	de	
		entré	dans	
		descendu*	de	la voiture.
		monté*	dans	
		tombé	de	

Il	est	retourné* resté	chez eux.
		parti arrivé	
		né mort	
		passé*	

Vous remarquez que la plupart de ces verbes forment des paires.

* Certains de ces verbes peuvent être transitifs (peuvent se construire avec un complément d'objet direct), et dans ce cas leur passé composé se forme avec l'auxiliaire **avoir**.

Il	est	descendu.	
	a	descendu	**les valises.**
	est	sorti.	
	a	sorti	**les valises.**
	est	monté.	
	a	monté	**les valises.**

B. ACCORD DU PARTICIPE PASSE AU PASSE COMPOSE

1. Avec l'auxiliaire **être**, le participe passé s'accorde en genre et en nombre avec le sujet.

Julia		est	**morte.**	
Les voitures		sont	**arrivées.**	
Le compteur	s'	est	**bloqué**	à 220km.
On‡			**restées**	à l'hôpital.

‡ **On** représente Julia et Céline ici.

2. Avec l'auxiliaire **avoir**, le participe passé s'accorde avec le complément d'objet direct, substantif, pronom personnel ou relatif placés avant le verbe.

Tu	as	**acheté** **trouvé** **attendu** **conduit**	la	voiture?	**La**	voiture?	Oui,	je	**l'**	ai	**achetée.** **trouvée.** **attendue.** **conduite.**

Voilà	**les détails**	**qu'**	elle	a	**demandés.** **donnés.** **fournis.** **voulus.**

Les participes passés **vu**, **entendu** s'accordent si leur complément d'objet direct précède.

Les invités,	on	**les**	a	**entendus** **vus**	partir. sortir.

Ils restent invariables si le complément d'objet direct qui précède est celui de l'infinitif.

Les enfants,	on	**les**	a	**vu**	écraser	par une voiture*
				entendu	battre†.	

* on a vu la voiture qui écrasait les enfants
† = on a entendu que quelqu'un battait les enfants

Les participes **fait**, **laissé**, suivis d'un infinitif, sont toujours invariables.

Les invités,	on	les	a	**fait** **laissé**	annoncer. partir. sortir.

Quand le complément d'objet est **en**, ne faites jamais l'accord.

Des accidents?	Il	**en**	a	**provoqué** **vu** **eu** **causé**	des tas. beaucoup.

3. Avec les verbes pronominaux, l'accord est plus compliqué. Le complément d'object direct (**main**, **voiture** ci-dessous) est placé après le verbe; le participe reste invariable.

Elle	**s'**	est	**soigné** **acheté**	la main. une voiture.

Le complément d'object direct **s'**, qui se réfère au sujet **elle**, est placé avant le verbe; il y a donc accord. **S'** est féminin.

Elle	**s'**	est	**baignée.** **blessée.** **réveillée.**

Le participe passé s'accorde avec le complément d'objet direct (ici **histoire**) placé avant le verbe.

C'est	**une**	**histoire**	**qu'**	elles	se	sont	**racontée.** **dite.**

Lorsque **se** est un complément *in*direct, le participe passé reste invariable.

Elles	**se**	sont	**parlé.** **écrit.**	
			dit	des horreurs.
			souhaité	la bienvenue.

On peut aussi avoir affaire à des verbes dits «purement pronominaux», c'est-à-dire que le **se** ne représente rien ni personne, n'a pas de fonction. Le participe passé de ces verbes pronominaux s'accorde avec le sujet.

Elle	**s'en**	est	**allée.**	
	s'		**attendue**	au pire.
			enfuie	de chez elle.

VARIATIONS STRUCTURALES
1. Complétez les phrases suivantes à l'aide de l'auxiliaire.

MODELE   Il l'_____ tuée; elle _____ restée là-bas.
  Il l'a tuée ; elle est restée là-bas.

1. Je _____ remontée dans la voiture.
2. Nous _____ dépassé la Mercédès.
3. Je _____ allée à l'hôpital le voir.
4. Elles se _____ blessées dans l'accident.
5. Elles se _____ mises à bredouiller.
6. Ils _____ supplié qu'on les laisse tranquilles.

2. Mettez les verbes suivants au passé composé.

MODELE   On a du mal à les trouver.
  On a eu du mal à les trouver.

1. On annonce du mauvais temps.   5. Elle sort par la fenêtre.
2. Elle s'achète un maillot.   6. Il se tue en voiture.
3. On ne peut pas doubler.   7. Il meurt d'une crise cardiaque.
4. Ils n'ont pas le temps.   8. Je reste, je n'y vais pas.

3. Mettez les verbes suivants au passé composé. Attention à la place de l'adverbe.

MODELE   Il réagit bien.
  Il a bien réagi.

1. Il se blesse grièvement.   2. Je tombe toujours.   3. On le punit sévèrement.
4. Il faut partir immédiatement.   5. Il pleut à verse.   6. Elle veut absolument venir.   7. Ils se plaisent ici.   8. Elle s'effondre en larmes.

4. Mettez les phrases suivantes au passé composé.

MODELE   Des détails, j'en fournis beaucoup.
*Des détails, j'en **ai fourni** beaucoup.*

1. Ils arrosent la nouvelle voiture.
2. On descend les malles.
3. Elle meurt de chagrin.
4. Elle atteint la perfection.
5. Il bloque la route avec son camion.
6. Je vois les expositions.

5. Mettez les phrases suivantes à l'imparfait, puis au passé composé.

MODELE   Ils se quittent le soir.
*Ils **se quittaient** le soir.*
*Ils **se sont quittés** le soir.*

1. Elles s'ennuient.
2. Elles se supportent mal.
3. Elles se taisent.
4. Elles se réveillent tard.
5. Elles se cherchent partout.
6. Elles se regardent dans un miroir.
7. Ça s'apprend vite.
8. Elles se pardonnent toujours.
9. Ils s'énervent vite.
10. Elles s'en vont à l'aventure.

6. Mettez les phrases suivantes au passé composé et ajoutez-y **toujours**.

MODELE   Il sait conduire.
*Il **a toujours su** conduire.*

1. On le punit. 2. Il conduit une Maserati. 3. Il pêche des crabes.
4. Il pardonne sa conduite. 5. Il supporte sa présence. 6. Il a la place.
7. Il lui fait la lecture. 8. Il gagne trop d'argent.

7. Faites les accords nécessaires.

MODELE   Elles se sont (heurté) au pied.
*Elles se sont **heurtées** au pied.*

1. Nous nous sommes (baigné) dans la mer.
2. Ils se sont (marié).
3. Ils se sont (vu) à la télévision.
4. Elles se sont (dit) bonjour.
5. De la place, nous n'en avons pas (trouvé).
6. Cette voiture, je l'ai (offert) à ma mère.

C. EMPLOI DE L'IMPARFAIT ET DU PASSE COMPOSE
Le *passé composé* marque l'antériorité par rapport au présent.

L'*imparfait* exprime un fait passé vu du passé. Le choix de l'un ou l'autre temps dépend de l'attitude de celui qui parle.

1. L'*imparfait* exprime la progression d'une action, la non-finition de l'action (on ne précise pas quand l'action a commencé et quand elle finira).

Le *passé composé* marque qu'une action est ponctuelle (un point dans le temps), qu'elle interrompt une autre action.

Vous doubliez en côte Ils roulaient à 160 Le compteur marquait 140	au moment où lorsque quand	l'accident est arrivé.
Ils étaient fiers Ils riaient Ils étaient gais comme des pinsons		ils ont débarqué à la maison.

2. L'*imparfait* exprime une habitude (succession d'actions) passée et finie (*I used to*).

Le *passé composé* marque aussi une répétition, qui, sans être une habitude, a un certain rapport avec le présent.

Chaque jour Le samedi Chaque fois	je le lui disais. on partait à la mer. il roulait comme un fou.

Je l'ai attendu Je le lui ai dit J'y suis allée	déjà 3 fois. toute la journée. toute la semaine.

3. L'*imparfait* exprime un état ou une condition descriptive qui a existé mais dont le début ou la fin sont inconnus.

Le *passé composé* marque qu'une action est précise et achevée (au contraire de l'imparfait).

C'était une voiture neuve. Il faisait beau. Elle était en colère et amère. On n'apercevait pas le sommet.	Tout le monde a regardé. On est parti très tôt. Oui, je l'ai bien vue cette côte.

4. L'imparfait du style indirect exprime un présent dans le style direct. Comparez ces deux tableaux. (cf. aussi p. 240)

Style direct:

Je	lui ai dit :	«On	va dîne part	à la mer». mal chez les bourgeois». samedi prochain».

Style indirect:

Je	lui ai dit	qu'on	**allait** **dînait** **partait**	à la mer. mal chez les bourgeois. le samedi suivant.

5. Le concept de présent ou futur dans la proposition hypothétique se marque par un imparfait. (cf. aussi p. 152)

Ah!	si	j'	**étais** **avais**	riche, des sous,	je te paierais un vison.
				une voiture,	je ferais la course.

VARIATIONS STRUCTURALES

1. Mettez les phrases suivantes à l'imparfait en utilisant le complément entre parenthèses.

MODELE   Elle est venue *hier soir*.   (le soir)
    Elle venait le soir.

1. On y est allé *l'été dernier*.   (l'été)
2. On l'y a conduite *une seule fois*.   (chaque semaine)
3. Je suis arrivée en retard *hier*.   (le lundi)
4. Je lui ai répondu *deux ou trois fois*.   (chaque fois)
5. *Jeudi*, il est remonté vers Paris.   (le jeudi)
6. Anne a eu vingt ans *hier*.   (en 1980)

2. Mettez les phrases suivantes au passé composé en utilisant le complément entre parenthèses.

1. J'allais à la pêche *chaque été*.   (dimanche dernier)
2. Il avait huit ans *à cette époque*.   (hier)
3. *Le soir* je faisais un peu de marche.   (hier soir)
4. *Autrefois* j'y allais à bicyclette.   (hier dans l'après-midi)
5. Il roulait *sans arrêt*.   (tout l'après-midi)
6. Je travaillais à ma thèse *à ce moment-là*.   (tout l'été)

3. Complétez les phrases suivantes en utilisant ou l'imparfait ou le passé composé.

MODELE   Ils (faire) beaucoup de bruit en rentrant; ils (être) ivres.
    *Ils **ont fait** beaucoup de bruit en rentrant ; ils **étaient** ivres.*

1. En mai dernier, je (partir) pour l'Italie.
2. Tu (ne pas être) très en forme pour l'examen !
3. On lui (téléphoner) pour qu'il ne se dérange pas.

4. La semaine dernière, je (voir) un film de B. Bardot; ça (ne pas valoir) la peine.
5. Je lui (acheter) une voiture pour son anniversaire.
6. On (regarder) par la fenêtre; il (faire) beau.
7. Quand je (avoir) 18 ans, je (lire) beaucoup.
8. Le dimanche, on (aller) le voir à l'hôpital.

4. Mettez ce texte au passé. Commencez ainsi: «Comme il faisait . . .»

Comme il fait beau, nous décidons de faire une promenade. L'air est frais, mais il ne pleut pas. Nous emportons quelques sandwichs, car nous avons l'intention de pique-niquer au bord de la route. Mais soudain le temps change, quelques gouttes de pluie tombent; nous nous réfugions sous un gros arbre. Au loin nous entendons le tonnerre. Quelqu'un nous dit alors qu'il connaît un café tout près où nous pouvons nous mettre à l'abri. Nous y courons. C'est un joli petit café; on y sert du vin chaud sucré.

5. Complétez librement au passé.

MODÈLE   *Hier soir, le président s'est rendu à l'opéra pour une première.*

1. Hier soir _____   2. La semaine dernière _____   3. En mai 1968
_____   4. Depuis deux jours _____   5. L'hiver _____
6. Quand j'étais jeune _____   7. Chaque après-midi _____
8. Chaque fois que _____, _____

6. Mettez ce texte au passé. Il s'agit d'une manifestation à Paris.

«Vers sept heures et demie, on (décider) de se tirer. Le père de L. nous (emmener) dans sa voiture; on (passer) par le carrefour Arts-et-Métiers: des tracts et des pavés (couvrir) le sol: sur les boulevards des groupes (continuer) à discuter. Nous (aller) chez B. Il (être) encore chez lui, nous (aller) tous dîner chez M. en nous racontant la journée. Quand je (téléphoner) à S., il (être) déçu. Il me (dire) qu'à Rome, les journaux (parler) de 250 000 manifestants.

PROBLEMES D'AUJOURD'HUI ET DE DEMAIN

LA ROUTE

D'abord des chiffres : dans les 12 départements de l'Ouest, au cours du premier semestre de l'année dernière, il y a eu 6 796 accidents. Ils ont fait 924 morts. Au moins 321 d'entre eux n'avaient pas 25 ans, c'est-à-dire que 1 mort sur 3 était un jeune.

Cette proportion est dramatique et force d'autant plus notre réflexion qu'elle concerne des vies brutalement finies, alors qu'elles commençaient. «Mourir comme cela, à 18 ou 20 ans, c'est insoutenable» dit un jeune en parlant d'un ami tué au volant.

Insoutenables, insupportables, les conséquences de notre société avancée, le sont souvent : la pollution, la délinquance . . . la liste des retombées[1] du progrès est longue et cette merveilleuse machine qu'est l'automobile fait payer cher à ses utilisateurs les services qu'elle leur rend. Le prix de ce tribut paraît d'autant plus cruellement élevé quand il est payé par plus de 50 jeunes par mois sur les routes de l'Ouest.

Devant ce nouveau fléau, la tentation serait grande d'accabler[2] globalement les jeunes : leur mépris[3] de la prudence, leur incivisme, leur folie, etc. . . .

Nous n'y succomberons pas. Nous espérons seulement amener ceux qui liront ces lignes, à réfléchir sur ces drames inutiles qui ne sont que vies brisées pour rien.

IMPETUOSITE ET INEXPERIENCE

Tous ceux que nous avons questionnés sur les causes de cette hécatombe[4] se rejoignent ; il y en a deux principales :

- l'impétuosité (c'est l'excès de vitesse, le virage[5] pris sans discernement) ;
- l'inexpérience (un exemple : dans les Côtes-du-Nord, les conducteurs de 440 voitures accidentées avaient leur permis[6] depuis moins de cinq ans.

Mais il y a aussi :

- l'alcoolisme (dans le Finistère, il est la cause de 14 % des accidents de jeunes) qui va de pair[7] avec la circulation à gauche, et à l'inobservation de la priorité[8] de droite ;
- le mauvais état de la voiture, achetée à bas prix, parfois chez des revendeurs douteux ;
- la surcharge des véhicules où l'on s'entasse[9] en bande de 5, 6 ou davantage ;
- le mauvais état des pneus[10], etc. . . .

[1] consequences [2] blame [3] scorn [4] slaughter [5] sharp curve [6] driver's license [7] goes together with [8] right of way [9] crams [10] tires

131

LE BAL DU SAMEDI SOIR

Gendarmes[11] et policiers sont formels : le petit bal du samedi soir coûte cher aux jeunes. Au cours de la nuit qui précède le dimanche, les accidents ne se comptent plus. Près de la moitié se produit en fin de semaine, affirme le colonel de gendarmerie.

Certaines régions où les bals sont nombreux et fréquentés sont autant de points noirs[12], comme Rosporden, Bannalec, Challans, et bien d'autres encore.

C'est en se rendant à un bal qu'une voiture s'est jetée, en avril, dans un ravin, près de Remalard dans l'Orne, provoquant l'un des plus terribles accidents de ce premier semestre : 6 jeunes dont 3 frères d'une famille et 2 d'une autre, tous tués sur le coup[13].

On a trop bu, on est fatigué, on est trop nombreux, on veut épater[14] les filles . . . .

Et c'est le drame : des morts, parfois des survivants, comme ce jeune de Couëron qui est sorti indemne[15] de cinq accidents qui firent en tout six morts.

PIÉTONS[16] ET DEUX ROUES

Mais la route tue aussi de jeunes piétons, des écoliers qui marchent à droite et non à gauche, face au danger, des cyclistes, vélomotoristes, des motocyclistes qui prennent souvent la route pour une piste de jeux[17], et zigzaguent en tous sens, au mépris des règles essentielles du code (cinq morts en Vendée).

«Il faudrait, dit un gendarme, mieux éduquer les jeunes à l'école, leur apprendre ce que sont leurs devoirs sur la route et dans les agglomérations[18].

Mais en attendant qu'on trouve des solutions énergiques pour remédier à ces tragédies, la liste noire s'allonge de façon alarmante.

D'après *OUEST-FRANCE*

[11] state police   [12] dangerous   [13] instantly   [14] (colloquial) impress   [15] unhurt   [16] pedestrians [17] race track   [18] urban areas

Ceux dont plus personne ne parle

Elle a vingt ans, elle est jolie. Les jeunes filles de son âge travaillent, font du sport, vont au bal, voyagent, parlent de leur avenir. Pour elle l'avenir est un fauteuil roulant[1].

Il y a deux ans, elle était comme les autres. Un samedi soir, elle a pris place dans la voiture conduite par un ami. Ils revenaient du bal. Comment l'accident est-il arrivé? Le conducteur a-t-il été aveuglé par les phares[2] d'une voiture venant en sens inverse[3]? Roulait-il trop vite dans le virage?

On ne le saura jamais puisqu'il n'est plus là pour nous le dire. De toute façon, ça n'a plus aucune importance maintenant.

VARIATIONS LEXICALES

1. Complétez les phrases suivantes en utilisant le mot approprié.

(le) volant—(le) tribut—(un) excès—(la) bande—(le) revendeur—(le) ravin—(le) piéton—(la) circulation

1. On a retrouvé la voiture au fond du _____.
2. Le camion a été arrêté pour _____ de vitesse! Il faisait du 150 à l'heure!
3. Qui se trouvait au _____ quand l'accident s'est produit?
4. Nous payons un _____ annuel élevé.
5. Il y a toujours une _____ dense aux heures de pointe.
6. Chaque quartier de la ville est contrôlé par une _____ de jeunes.

2. Complétez les phrases suivantes en utilisant le verbe approprié à la forme et au temps voulus.

accabler—tuer—forcer—finir—s'entasser—coûter cher—précéder—épater

1. Il a voulu faire le malin. Je vous prie de croire que ça va lui _____.
2. Il est rusé et il a le talent d'_____ la galerie.
3. Je ne comprends pas pourquoi elle m'a _____ d'injures et d'insultes.
4. Tous les occupants de la voiture ont été _____ sur le coup.
5. Comment ont-ils pu _____ à neuf dans cette petite voiture?
6. Puisque vous connaissez le chemin, _____-nous.

3. Trouvez dans le texte un synonyme des mots suivants.

MODELE   conduire une voiture:
être au volant (*d'une voiture*)

1. la gendarmerie   2. le véhicule   3. le groupe   4. employer   5. interroger
6. le jugement   7. la trop grande (vitesse)   8. «les deux roues»
9. impressionner (les filles)   10. terrifiant

[1] wheel chair   [2] car light   [3] opposite direction

4. Complétez en utilisant un ou plusieurs adjectifs appropriés.

MODELE   une voiture:
*une **grosse** voiture **puissante***

interdit—inverse—roulant—beau—merveilleux—chimique—nouveau—
terrible—puissant—lourd—routier—social—gros—grand—national

1. une voiture _____   2. un réseau _____   3. une promotion _____
4. une invention _____   5. un poids _____   6. une formule _____
7. un fauteuil _____   8. en sens _____

5. Trouvez le mot juste. Aidez-vous du texte.

1. la voie carossable sur laquelle vous pouvez circuler en voiture
2. quelqu'un qui se déplace à pied, qui marche
3. la partie d'une rue ou d'une route qui tourne
4. un massacre, une tuerie d'un (grand) nombre de personnes
5. un groupe de jeunes gens (qui, par exemple, sortent ensemble)

6. Changez la phrase de sorte que vous puissiez employer la préposition suivie
d'un article. Faites les changements nécessaires.

MODELES   L'alcoolisme en est la cause, dit le colonel *de* gendarmerie.
*L'alcoolisme en est la cause, dit le colonel **de la gendarmerie de notre**
   petit village.*
Ils se parlent *d'*amour.
*Ils se parlent **de l'amour qu'ils éprouvent**.*

1. Il prend son virage *sans* discernement.
2. La liste noire s'allonge *de* façon alarmante.
3. Il conduit vite mais *avec* adresse.
4. Elle est sortie indemne de l'accident, *par* hasard.
5. Le bal *de* samedi soir s'est mal terminé: il y a eu une bagarre.
6. Elle parle *d'*avenir.

7. Trouvez dans le texte cinq cas d'omission d'articles et cinq cas d'articles
(indéfini, défini ou partitif) et justifiez-les.

MODELE   impétuosité et inexpérience:
omission de l'article dans un titre

8. Mettez le texte suivant au passé. Commencez par: «elle avait vingt ans . . .»

Elle a vingt ans. Elle est jolie: c'est un samedi soir comme les autres. Elle prend
la route avec son ami. Ils vont au bal au village voisin. Tout à coup c'est l'accident:
une voiture arrive à toute vitesse en sens inverse. Que se passe-t-il? Est-ce qu'ils

roulent trop vite dans le virage? On ne peut plus le savoir. Tous les occupants de la voiture meurent sur le coup. On ne saura jamais ce qui se passe vraiment.

9. Relisez le texte, puis répondez aux questions suivantes.

1. Donnez des précisions sur le nombre de jeunes gens tués et blessés.
2. Quel tribut payons-nous à notre monde moderne, urbain, industrialisé?
3. De quoi pourrait-on accuser les jeunes? Quelles sont les principales raisons de cette hécatombe?
4. Quelles autres causes y a-t-il?
5. A quels moments surtout les accidents se produisent-ils? Pourquoi?

Composition écrite

10. Choisissez l'un des deux sujets de rédaction suivants:

A.

Faites une composition de quinze à vingt lignes en utilisant au moins *huit* des mots ou expressions en italique ou leur dérivés:

A quoi sont dus les accidents de la route? (attitude des conducteurs, mauvaise qualité de la machine)

Quelles solutions pourrait-on envisager pour les éviter? (contrôle plus sévère de la voiture, du nombre d'occupants de la voiture, du code de la route . . .)

excès de vitesse, tribut élevé, insupportable, les pneus, l'imprudence, l'alcoolisme, un bal, épater les copains, l'inexpérience, s'entasser, la priorité, sortir indemne, le permis de conduire, provoquer un accident, le mauvais état, la circulation, fréquenté.

B.

Décrivez en quinze à vingt lignes un accident de la route dont vous avez été témoin ou victime. Vous écrirez votre composition *au passé* en utilisant les mots ou expressions suivants ou leurs dérivés:

provoquer un accident, tuer sur le coup, un(e) blessé(e), la priorité, le permis de conduire.

Débat

11. Commentez les affirmations suivantes en vous appuyant sur des exemples:

1. On ne devrait accorder le permis de conduire qu'à l'âge de 21 ans et chaque voiture devrait porter sur la portière, de façon bien visible, le nom et l'adresse de son propriétaire.
2. Les jeunes gens tendent à rouler plus vite quand ils sont accompagnés de jeunes filles et vice-versa.
3. La voiture rend les personnes plus agressives, plus impatientes, plus nerveuses.

4. Puisque les voitures individuelles contribuent énormément à la pollution de l'environnement, on devrait réduire leur nombre au minimum et développer davantage les transports en commun et encourager l'utilisation de la bicyclette.

SOLLENTUNA OU LE LOGEMENT DE L'AVENIR

Personnes âgées, handicapés physiques, mères de famille qui travaillent, hommes ou femmes qui doivent élever[1] seuls leurs enfants, nombreux sont ceux pour qui l'organisation de la vie quotidienne pose des problèmes épineux[2]. La construction de logements sociaux, de foyers spécialisés et de crèches peut évidemment pallier[3] certaines des difficultés. Mais avant de construire plus, ne faudrait-il pas essayer de construire différemment? On a pris maintenant conscience de la nécessité d'un habitat de meilleure qualité, mais on n'a pas encore pensé l'habitat en fonction de l'évolution des structures familiales et sociales. Notre conception actuelle de l'habitat repose sur[4] un postulat: toute cellule familiale a pour base un couple valide, avec l'homme qui travaille et la femme au foyer. Or, ce modèle est loin de s'appliquer à tout le monde, et dès qu'on[5] s'en éloigne, des difficultés surgissent, tout devient source de tension et d'inquiétude.

C'est en se basant sur cette constatation que les Suédois ont construit des «logements-services» comme celui de Sollentuna. Là, la collectivité prend en charge[6] une partie des fonctions de «maternage», qu'il s'agisse de la confection des repas, de la garde des enfants ou des soins aux malades. Et ce maternage est à la disposition de tous ceux et de toutes celles—jeunes, vieux, malades, invalides, mariés ou célibataires[7]—qui ne peuvent ou ne veulent pas assumer ces fonctions.

«Nous, on[8] est là pour aider les locataires[9]», dit l'une des trois hôtesses de la réception. La plupart des femmes qui habitent ici travaillent. Les hôtesses peuvent aller à la poste ou à la banque pour elles, recevoir leurs paquets, organiser «baby-sitters» et femmes de ménage[10], réserver les places pour les spectacles, etc. Les immeubles sont agencés[11] en un grand carré, et un hall couvert en fait le tour: la banque, la poste, les magasins, les crèches, se trouvent à quelques pas de la réception, le long du hall. Il ne s'agit donc pas pour l'hôtesse de courir au centre de la localité. Concierge[12], réceptionniste d'hôtel, aide-soignante[13], animatrice, l'hôtesse est tout cela à la fois. Elle connaît tout le monde et à la réception, il n'y a jamais de pancarte: «la concierge revient dans une heure».

UNE ORGANISATION SOUPLE

Le grand restaurant de Sollentuna comprend deux restaurants collectifs. Chaque soir, des familles y prennent leur repas avec les enfants. Pour eux, plus de courses[14], plus de vaisselles, ils ne prennent que le petit déjeuner chez eux. «Nous

[1] bring up   [2] tricky   [3] remedy   [4] is based   [5] as soon as   [6] assumes   [7] unmarried persons   [8] **nous, on . . .** = spoken French; **nous, nous . . .** = written French   [9] tenants   [10] cleaning women   [11] arranged in shape of   [12] doorkeeper   [13] nurse   [14] shopping

Les vielles personnes ne sont pas à l'écart de l'activité générale : elles s'occupent des plus petits.

pouvons amener ici qui nous voulons, me dit une jeune femme médecin, mère de deux enfants en bas âge. Mais si des amis viennent, nous préférons monter les repas à la maison, c'est plus tranquille». Mais chacun est libre à Sollentuna : certains préfèrent s'en tenir aux solutions individuelles. La taille de l'ensemble (1 246 logements) permet une organisation collective souple.

Ici on ne peut qu'être locataire de son appartement. Les loyers sont semblables à ceux de la région, et les frais[15] occasionnés par les services (hôtesses, laverie[16], restaurants, etc.) représentent environ 4% du loyer.

Dans cet ensemble, 50 appartements sont attribués à des personnes âgées, et huit sont réservés à des handicapés physiques. «Je ne m'ennuie jamais ici», me dit un homme de cinquante ans, paralysé des deux jambes. Il peut aller où il veut : les poignées de portes[17] sont à sa hauteur, de même que les boutons de l'ascenseur. Il peut donc participer à sa guise[18] à la vie de l'ensemble. L'appartement qu'il occupe est prévu en fonction d'un fauteuil roulant, la cuisine et la salle de bain sont agencées de sorte qu'il puisse tout utiliser sans aide. Ces 58 appartements pour personnes âgées et handicapés physiques sont équipés d'un système d'alarme : à toute heure du jour et de la nuit, il est possible d'appeler l'infirmière de garde qui se trouve dans le bâtiment.

[15] expenses   [16] laundry   [17] door handles   [18] as he pleases

A Sollentuna, si les personnes âgées ont un atelier de bricolage et tissage[19] qui leur est propre et qui est ainsi protégé de l'agitation, pour le reste, elles sont constamment mêlées à l'activité générale. De vieilles personnes vont chercher les enfants à la sortie de l'école, ou s'occupent des plus petits quand ils sont malades et ne peuvent aller à la crèche.

Sollentuna est un grand ensemble ouvert à tous.

D'après Katie Breen
LE MONDE

VARIATIONS LEXICALES
1. Donnez les mots apparentés aux mots suivants.

MODELES   travailler :
le travail, le travailleur

le modèle :
modeler, le modelage

1. habiter   2. louer   3. concevoir   4. la mère   5. le fonctionnement
6. l'inquiétude   7. s'ennuyer   8. le soin   9. la préférence   11. l'occupation

2. Joignez les deux membres de phrase complémentaires en faisant correspondre les lettres aux chiffres.

1. La cellule familiale traditionnelle . . .

2. On y accepte aussi bien les handicapés . . .

3. Tout est si bien organisé à Sollentuna . . .

4. Chacun est tenu de se plier aux règlements, . . .

5. On peut amener des amis à dîner, . . .

6. L'hôtesse, qui sert à la fois de concierge et de réceptionniste, . . .

7. Les personnes âgées peuvent se mêler à la vie active, . . .

8. Certains appartements aménagés spécialement . . .

a. *que certains s'en plaignent.*

b. *s'arrange pour aider tout le monde.*

c. *a pour base l'homme qui travaille à l'extérieur et la femme qui reste en général à la maison.*

d. *ont été attribués à des personnes invalides.*

e. *elles ont toutefois des ateliers qui leur sont propres.*

f. *mais on peut aussi emporter son repas chez soi.*

g. *que les personnes âgées et les familles «normales».*

h. *mais ceux-ci ne sont pas aussi rigides qu'on pourrait le croire.*

[19] weaving

3. Complétez les phrases suivantes en utilisant l'adjectif approprié. Faites les accords nécessaires.

épineux—valide—prévu—affecté—inquiet—âgé—propre—occasionné

1. Il a été _____ au service du courrier.
2. Rien n'a été _____ pour les handicapés.
3. On a donné la priorité aux personnes _____.
4. Après cette date, ce passeport ne sera plus _____.
5. C'est un problème _____; ça ne va pas être facile à résoudre.
6. L'achat d'une voiture m'a _____ de nouvelles dépenses.

4. Trouvez le mot juste. Aidez-vous du texte.

MODELE **Le propriétaire**, *c'est celui qui possède une maison.*

1. Le _____, c'est celui qui loue une maison ou un appartement.
2. Un _____, c'est quelqu'un qui n'est pas marié.
3. Le (la) _____, c'est celui ou celle qui s'occupe d'une maison, monte le courrier, lave l'escalier, etc.
4. La _____, c'est l'endroit où l'on garde les jeunes enfants.
5. La _____, c'est l'endroit où l'on lave (ou où l'on fait laver) son linge.

5. Joignez les deux phrases qui ont le même sens.

MODELE Il loue un appartement dans un immeuble.
         Il est locataire.

1. Mêlez-vous de vos affaires!
2. Peux-tu m'acheter un peu de fromage, du pain et de la viande?
3. Nous nous sommes rendus compte de tout ce qui nous sépare.
4. Occupez-vous des enfants!
5. Quelqu'un a fait venir le médecin d'urgence.
6. Il habite à deux pas de chez moi.

a. *Est-ce que tu pourrais me faire quelques courses?*
b. *On est allé chercher le docteur immédiatement.*
c. *Prenez bien soin d'eux!*
d. *On a pris conscience de nos différences de vues.*
e. *Nous sommes voisins.*
f. *Ca ne vous regarde pas!*

6. Relisez le texte, puis répondez aux questions suivantes.

1. Pour quelles personnes l'organisation de la vie quotidienne pose-t-elle un problème?
2. Pourquoi faudrait-il construire différemment?

3. Sur quel postulat notre conception de l'habitat repose-t-elle?
4. Quel genre de centre trouve-t-on à Sollentuna? Expliquez.
5. Montrez que l'organisation est souple.
6. Qu'est-ce que les appartements pour handicapés ont de particulier?
7. Comment les vieilles personnes peuvent-elles donner un sens à leur vie?

Composition écrite

7. En utilisant les mots ou expressions en italique ou leurs dérivés, décrivez en 15 à 20 lignes une commune qui vous semblerait idéale et dans laquelle vous aimeriez peut-être vivre. Décrivez-la «physiquement» (*disposition, agencement, construire, locataire*), décrivez son fonctionnement (*prise en charge, collectivité, la femme au foyer* ou *qui travaille*), l'atmosphère et les relations (*parents, enfants, crèches, vieilles personnes, ateliers, occupations*).

Débat

8. Commentez les affirmations suivantes en vous appuyant sur des exemples;

1. Le concept de la famille au sens étroit du terme (père, mère, enfants) est dépassé et sera peu à peu remplacé par des groupes vivant ensemble (par exemple: Sollentuna).
2. Un sociologue anglais a dit: «La famille, c'est la chambre à gaz de notre société bourgeoise».
3. La meilleure éducation des enfants se fait au sein de la famille (cf. les tribus traditionnelles où les enfants sont élevés par les oncles, tantes, grands-parents, etc.).
4. Les communes modernes sont des rêves, des utopies, du moins si on veut les généraliser. Elles ne peuvent exister ou prospérer que si tous les membres ont un sens aigu des autres. Or, on ne peut pas attendre cela de la plupart des gens.
5. La grandeur d'une civilisation est principalement liée à la solidité de ses institutions. Si la famille se désintègre, c'est la fin de notre civilisation occidentale.

LISONS LE JOURNAL

4 679 km à pied . . .

Malgré[1] les chiens, la pluie fréquente et la circulation intense[2], M. H., cinquante-trois ans, surnommée la «grand-mère galopante», a achevé sa course avec 20 minutes d'avance sur l'horaire prévu[3].

Portant des lunettes de soleil, un sur-vêtement[4] bleu et des baskets[5], M. H., qui a six enfants et six petits-enfants, est arrivée à Los Angelès après avoir parcouru 4 679 km en 69 jours 2 heures et 40 minutes.

Suivie de deux voitures fournies par la firme de beauté qui finançait l'opération, M. H. courait quatorze heures par jour, commençant à quatre heures chaque matin et ne s'arrêtant que pour les repas. Cet effort étonnant n'a eu aucun effet sur la santé de la gazelle quin-quagénaire[6] qui, étonnée de n'éprouver[7] aucune fatigue, est repartie pour son Afrique du Sud natale après avoir fêté son succès.

F. Magazine

Le Périgord à 5 km à l'heure . . .

C'est en allant lentement que l'on comprend plus vite. C'est à la fois la morale et la philosophie qu'ont retirées les enfants après une bonne centaine de kilomètres parcourus à la vitesse du cheval au travers du Périgord vert.

Baignades dans les étangs[8], balades[9] en forêts, feux de camps[10], visites dans les fermes, les moulins[11] ou les ruines ont souvent occupé nos haltes. Aller aux provisions, faire la cuisine et surtout la vaisselle—ne parlons pas du ménage[12]—voilà pour les tâches domestiques. Mais il y a d'autres charmes.

Tout d'abord une adorable petite rou-lotte[13]. En entrant à gauche, deux couchettes superposées[14]; à droite un évier avec meuble de rangement[15] au-dessous et au-dessus, une cuisinière à gaz à deux feux[16].

Delphine, une jument[17] de quatorze ans, était le quatrième larron[18] de notre expédition. Ce fut pour nous trois passionnant de nous occuper d'elle. Apprendre à la harnacher[19], puis à l'atteler[20], occupa presque la première matinée. Il fallait surtout la bichonner[21]: la faire boire abondamment[22] trois fois par jour, la faire manger une heure après.

Restent les balades: nous avons roulé tous les jours de 8h à 11h, et quelquefois le soir de 6h à 8h. Sur des chemins riants[23] et déserts où l'on ne rencontrait guère plus de deux ou trois voitures. Toutes les fantaisies, toutes les incursions dans les fourrés[24] avoisinants, toutes les découvertes dans les forêts sont permises.

Mais ce n'est pas l'atmosphère de la campagne vraie, ce ne sont pas les chemins isolés ou la traversée des hameaux[25] qui nous ont procuré ce sentiment de dépaysement. C'est la vitesse du cheval. Redécouvrir les choses les plus simples, voire[26] les plus connus à cinq kilomètres à l'heure, voilà ce qui change tout.

Nous avons retrouvé ce geste naturel de nos ancêtres: saluer du geste et de la voix tous les inconnus que nous croisions[27]. Et surtout parler avec eux. Et c'est sans doute le plus grand plaisir et la plus grande découverte que nous avons éprouvés pendant cette semaine.

D'après Bernard Le Roy, *Le Matin*

Marseille—Ajaccio: comme du bétail[28] . . .

Mme V. de Marseille nous raconte dans quelles conditions s'effectuent les traversées entre Marseille et Ajaccio, sur un navire français, en quatrième classe.

[1] in spite of [2] heavy traffic [3] ahead of the scheduled time [4] track suit [5] sneakers [6] fifty-year-old gazelle [7] to feel [8] baths in small pools [9] (colloquial) strolls [10] campfires [11] mills [12] house cleaning [13] horse-drawn caravan [14] bunk beds [15] sink with cupboard [16] gas stove with two burners [17] mare [18] member [19] to harness [20] to hitch [21] to groom [22] a lot [23] pleasant [24] thickets [25] hamlets [26] even [27] met [28] cattle

21h30: Sur le pont réservé aux quatrièmes classes: cohue[29] indescriptible pour la location (payante!) de chaises longues[30]: à défaut, les passagers sont en effet censés[31] passer la nuit debout. Puis les heureux privilégiés doivent trouver un endroit pour la caser[32]: disputes, gosses qui hurlent[33] . . .

22h: Chacun s'aperçoit qu'il est impensable de passer la nuit sur le pont, le vent se faisant glacé et violent. Les chaises refoulent[34] vers les endroits abrités, c'est-à-dire les couloirs permettant l'accès aux toilettes (seul coin où il fait chaud).

22h–5h du matin: La houle[35] se faisant plus forte, chacun vomit dans son coin ou sur son voisin . . . Mes enfants sont malades et pleurent, mais je ne peux parvenir jusqu'à eux. Nous tremblons tous de froid et de fatigue[36].

5h: Pataugeant[37] dans les vomissures, j'emmène ma petite famille au bar, immense, chaud, vide, mais réservé aux deuxièmes classes. J'ai l'air farouche de la lionne qui défend ses petits, et aucun garçon[38] n'ose me chasser[39].

6h: Arrivée: déjà les marins se précipitent avec tuyaux d'arrosage et balais[40] pour nettoyer le pont.

L'affluence des touristes l'été ne justifie pas un tel mépris des conditions sanitaires et humaines. D'autre part, que se serait-il passé si le moindre incident avait éclaté? puisque tous les couloirs étaient encombrés[41] de chaises longues? Pourquoi ne pas instaurer une classe unique au lieu de ces divisions moyenâgeuses?

D'après Mme V., lectrice du *Monde*

---

[29] crowd   [30] deck chairs   [31] supposed
[32] to place it   [33] kids screaming   [34] flow
back   [35] swell   [36] we are all shivering with
cold and fatigue
[37] paddling   [38] waiter   [39] kick me out
[40] hoses and brooms   [41] blocked

SECTION
6

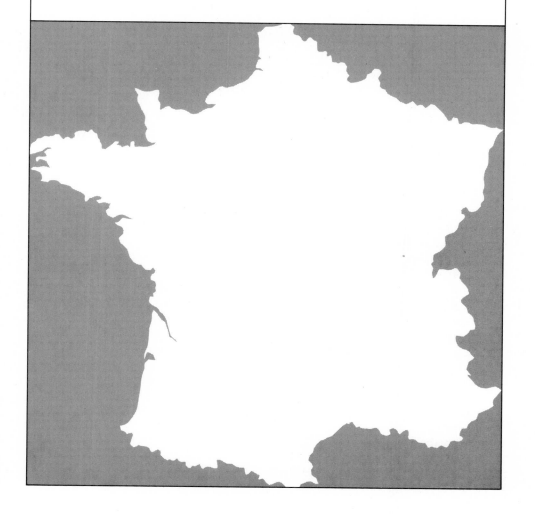

LECTURE

Topaze est professeur à la pension Muche. C'est un homme scrupuleux, franc et trop honnête surtout avec la mère—une baronne—d'un élève qui a eu un très mauvais bulletin. Topaze refuse de changer le résultat. Monsieur Muche le met à la porte[1]. Or, à ce moment, M. Castel-Bénac, conseiller municipal* malhonnête, a besoin d'un homme de paille pour une agence qu'il vient de créer. Topaze, naïf et honnête, est l'homme tout trouvé[2]. Castel-Bénac le rencontre chez Suzy, sa maîtresse, qui est aussi la tante d'un des élèves de Topaze. Topaze accepte la proposition de Castel-Bénac mais quand il découvre la vérité sur la malhonnêteté de l'agence, il est malheureux. Mais Suzy le console. Et très rapidement le bon maître naïf se transforme en homme d'affaires accompli et l'apprenti dépasse son maître en ruse et malhonnêteté.

LE DISCIPLE SURPASSE LE MAITRE

TOPAZE (*très calme et très familier*).   Mon cher ami, je veux vous soumettre un petit calcul. Cette agence vous a rapporté[3] en six mois sept cent quatre-vingt-cinq mille francs de bénéfices nets. Or le bureau vous a coûté dix mille francs pour le bail[4], vingt mille pour l'ameublement[5], en tout trente mille. Comparez un instant ces deux nombres : sept cent quatre-vingt-cinq mille et trente mille.

CASTEL-BENAC.   Je ne vois pas l'intérêt de cette comparaison.

TOPAZE.   Il est très grand. Cette comparaison prouve que vous avez fait une excellente affaire, même si elle s'arrêtait aujourd'hui.

CASTEL-BENAC.   Pourquoi s'arrêterait-elle?

TOPAZE (*souriant*).   Parce que j'ai l'intention de garder ce bureau pour travailler à mon compte[6]. Désormais, cette agence m'appartient, les bénéfices qu'elle produit sont à moi. S'il m'arrive encore de traiter des affaires avec vous, je veux bien vous abandonner une commission de six pour cent . . . C'est tout.

CASTEL-BENAC (*à Suzy, avec effort*).   Je vous l'avais toujours dit. Notre ami Topaze est un humoriste.

TOPAZE.   Tant mieux si vous trouvez cela drôle. Je n'osais pas l'espérer.

SUZY.   Monsieur Topaze, parlez-vous sérieusement? . . .

TOPAZE.   Oui, madame. D'ailleurs en affaire je ne plaisante[7] jamais.

CASTEL-BENAC.   Vous vous croyez propriétaire de l'agence?

TOPAZE.   Je le suis. L'agence porte mon nom, le bail est à mon nom, je suis légalement chez moi . . .

CASTEL-BENAC.   Mais ce serait un simple vol[8] . . .

* Castel-Bénac est conseiller municipal. Il fournit à la ville, sous des noms différents, tout un équipement à des prix exorbitants.

[1] fires him   [2] the man we need   [3] has yielded   [4] lease   [5] furniture   [6] for myself   [7] I never joke   [8] theft

144

TOPAZE.   Adressez-vous aux tribunaux.

SUZY (*elle est partagée entre l'indignation, l'étonnement et l'admiration*).   Oh! . . .

CASTEL-BENAC (*il éclate*[9]).   J'ai vu bien des crapules[10], je n'en ai jamais vu d'aussi froidement cyniques.

TOPAZE.   Allons, pas de flatterie, ça ne prend pas[11]. (. . .)

CASTEL-BENAC (*après un tout petit temps*).   Topaze, il y a certainement un malentendu.

SUZY.   Vous êtes incapable de faire une chose pareille . . .

TOPAZE.   Vous niez l'évidence.

CASTEL-BENAC.   Allons, réfléchissez. Sans moi, vous seriez encore à la pension Muche . . . C'est moi qui vous ai tout appris.

TOPAZE.   Mais vous avez touché[12] sept cent quatre-vingt-cinq mille francs. Jamais un élève ne m'a rapporté ça . . .

CASTEL-BENAC.   Non, non, je ne veux pas le croire. Vous êtes un honnête homme. (*Topaze rit.*) Vous pour qui j'avais de l'estime . . . Et même de l'affection . . . Oui, de l'affection . . . Penser que vous me faites un coup pareil[13], pour une sale question d'argent . . . J'en aurais trop de peine[14], et vous aussi . . . N'est-ce pas, Suzy? Dites-lui qu'il en aura de la peine . . . Qu'il le regrettera . . . (*Elle regarde Castel-Bénac avec mépris..Dans un grand élan.*) Tenez, je vous donne dix pour cent.

TOPAZE.   Mais non, mais non . . . Voyez-vous, mon cher Régis, je vous ai vu à l'œuvre et je me suis permis de vous juger. Vous n'êtes pas intéressant. Vous êtes un escroc[15], oui, je vous l'accorde, mais de petite race. Quant aux spéculations comme celle de la pissotière à roulettes,† ça mon cher, ce ne sont pas des

†La spéculation consiste à déplacer de terrasse de café en terrasse de café l'urinoir public, en touchant chaque fois une certaine somme que le propriétaire du café doit verser pour être délivré de cette petite construction malodorante.

[9] explodes   [10] scoundrels   [11] it's not convincing   [12] have gotten   [13] such a trick
[14] it would distress me   [15] crook

affaires: c'est de la poésie toute pure. Non, vous n'êtes qu'un bricoleur[16], ne sortez pas de la politique.

CASTEL-BENAC (*à Suzy*).   Eh bien, ça y est. C'est le coup du chimpanzé.‡

SUZY.   Voilà tout ce que vous trouvez à dire?

CASTEL-BENAC. Que peut-on dire à un bandit? (*A Topaze*). Vous êtes un bandit.

SUZY (*hausse les épaules*[17]).   Allez, vous n'êtes pas un homme.

CASTEL-BENAC (*se tourne violemment vers Suzy*).   Oh! vous, taisez-vous, je vous prie . . . Car je me demande si vous n'êtes pas sa complice.

SUZY.   Vous savez bien que ce n'est pas vrai.

CASTEL-BENAC.   Où aurait-il pris cette audace si vous ne l'aviez pas conseillé? (*Topaze s'est remis à son bureau. Il écrit paisiblement, ouvre son courrier, etc.*)

SUZY.   Croyez-en ce que vous voudrez.

CASTEL-BENAC.   Il y a longtemps que je suis fixé[18].

SUZY.   Moi aussi.

TOPAZE (*froid*).   Dites-donc, si vous avez envie de crier, allez faire ça ailleurs que chez moi.

D'après Marcel Pagnol
TOPAZE, Acte IV scène 2

Il n'y a pas de doute: Suzy quittera Castel-Bénac pour Topaze, consacrant ainsi le triomphe de celui-ci.

La pièce se termine sur une note assez amère. En effet, Tamise, l'incorruptible Tamise, ancien collègue de Topaze à la pension Muche, est sur le point de succomber à son tour à la tentation de l'argent.

VARIATIONS LEXICALES
1. Complétez les phrases suivantes en utilisant le verbe approprié.

rapporter—coûter—garder—plaisanter—nier—estimer—soumettre—
prouver—traiter—éclater—toucher—balayer

1. Il devenait de plus en plus furieux, puis tout à coup il a _____.
2. Mais enfin, comment pouvez-vous _____ l'évidence même?
3. Les rues sont sales: on devrait les _____.
4. Ça ne peut pas être vrai. Tu dois _____.
5. Combien a-t-elle _____ pour ce travail?
6. La vente de ces vieux meubles lui a beaucoup _____.
7. A ta place, je ne _____ plus avec cet escroc.

‡ Cf. Castel-Bénac à Suzy (IV, I): «C'est exactement l'histoire du chimpanzé de ma mère. Quand elle l'a acheté, il était maigre, il puait la misère, mais je n'ai jamais vu un singe aussi affectueux. On lui a donné des noix de coco, on l'a gavé[19] de bananes, il est devenu fort comme un Turc, il a cassé la gueule à la bonne.[20] Il a fallu appeler les pompiers[21] . . .»

[16] amateur   [17] shrugs her shoulders   [18] I knew for sure   [19] stuffed   [20] (vulgar) he punched the maid's head   [21] firemen

2. Trouvez dans le texte un synonyme des mots ou expressions suivants.

MODELE   désormais:
  à partir de maintenant:

1. un escroc   2. (cette agence) est à moi   3. recevoir (de l'argent)
4. se changer en   5. s'apercevoir (de la vérité)   6. faire (des affaires)
7. la surprise   8. tranquillement

3.   Résumez en plus ou moins dix lignes le contenu de cet extrait.

4.   Seriez-vous flatté(e) si on disait de vous que vous êtes:

1. franc (franche)?   2. drôle?   3. maigre?   4. naïf (naïve)?   5. froid(e)?
6. honnête?   7. rusé(e)?   8. renvoyé(e)?   9. indigné(e)?   10. méprisé(e)?
11. gavé(e)?

5.   Soulignez les mots ou expressions péjoratifs et employez-les dans une phrase.

1. l'affection   2. conseiller   3. le complice   4. l'escroc
5. une sale question d'argent   6. légalement   7. désormais   8. la ruse
9. tant mieux   10. la crapule   11. s'adresser (à)   12. la malhonnêteté
13. le mépris   14. le vol   15. l'homme de paille

6.   Relisez le texte, puis répondez aux questions suivantes.

1. Combien l'agence a-t-elle rapporté? En combien de temps?
2. Quel est le bénéfice net?
3. Quelles sont les intentions de Topaze?
4. Comment Castel-Bénac réagit-il?
5. Comment se fait-il que Topaze soit propriétaire de l'agence?
6. Pourquoi Castel-Bénac traite-t-il Topaze de crapule?
7. Pourquoi Castel-Bénac croit-il à un malentendu?
8. Quelle commission veut-il bien donner à Topaze?
9. Pourquoi, selon Topaze, Castel-Bénac n'est-il qu'un bricoleur?
10. Que signifie le «coup du chimpanzé»?

7.   Citez au moins quatre sentiments (ou états d'âme) différents qui animent les personnages dans la scène et expliquez la raison de ces sentiments.

GRAMMAIRE

LE PLUS-QUE-PARFAIT ET LE CONDITIONNEL

A. FORMES

Le plus-que-parfait se forme au moyen de l'imparfait de **avoir** ou **être** et du participe passé.

je	l'	avais	cru
tu		avais	dit
il		avait	ouvert
nous		avions	lu
vous		aviez	écrit
ils		avaient	voulu

je	m'	étais	arrêté(e)	ici
tu	t'	étais	retourné(e)	de ce côté
il	s'	était	adressé	aux tribunaux
nous	nous	étions	fixé	une date
vous	vous	étiez	transformé(s)	en homme(s) d'affaire
ils	s'	étaient	permis	de le dire

Le conditionnel simple est formé sur l'infinitif (moins le **e** final s'il y en a un) auquel on ajoute les terminaisons de l'imparfait.

148

ARRETER

je	m'	arrêter expliquer	ais
tu	t'		
il	s'		ait
nous	nous		ions
vous	vous		iez
ils	s'		aient

FINIR

je	finir remplir	ais
tu		
il		ait
nous		ions
vous		iez
ils		aient

PRENDRE

je	prendr attendr	ais
tu		
il		ait
nous		ions
vous		iez
ils		aient

Certains verbes ont un radical irrégulier. En voici quelques-uns parmi les plus usuels.

aller	j'	*ir*	ais
envoyer		*enverr*	
venir	je	*viendr*	
voir		*verr*	
savoir		*saur*	
être		*ser*	

faire	je	*fer*	ais
pouvoir		*pourr*	
devoir		*devr*	
vouloir		*voudr*	
recevoir		*recevr*	
avoir	j'	*aur*	

N.B.: *Le même radical sert à former le futur de l'indicatif.*

Le conditionnel passé se forme au moyen du conditionnel simple des verbes **avoir** ou **être** et du participe passé.

J'	aurais	eu	l'audace de venir!	Je	serais	arrêté(e),	moi!
Tu				Tu			toi!
Il	aurait			Il	serait		lui!
Nous	aurions	pu	l'avertir!	Nous	serions	arrêté(e)s,	nous!
Vous	auriez			Vous	seriez		vous!
Ils	auraient			Ils	seraient		eux!

B. EMPLOI

Le plus-que-parfait sert à marquer l'antériorité par rapport à un temps du passé.

			PLUS-QUE-PARFAIT				PASSE	
Comme	il		avait volé	on		l'	a accusé.	
			était parti la veille,		ne		a pas vu.	
	on	l'	avait gavé de bananes,	il			était	fort.

Les formes du conditionnel simple peuvent remplacer un futur de l'indicatif dans le discours indirect. (Cf. p. 241). Le verbe principal est alors au passé. Comparez :

DISCOURS DIRECT

Il	a	demandé : demandait	«est-ce qu'	elle y	sera»? viendra»?

DISCOURS INDIRECT

Il a demandé	si	elle y	serait. viendrait.

Le conditionnel nuance la pensée. Il a une grande importance dans la langue parlée.

DEMANDE POLIE

Pourriez- **Voudriez-**	vous	aller faire ça ailleurs? me donner un renseignement?

DESIR DISCRET

Je	**voudrais** **souhaiterais** **désirerais**	vous soumettre un petit calcul.

CONSEIL ATTENUE

Tu	**pourrais** peut-être **ferais** mieux de	t'adresser au tribunal.

PROBABILITE NON VERIFIEE

Il	**serait** devenu propriétaire de l'agence? **aurait** l'intention de garder l'agence?

SCEPTICISME

Elle	**parlerait** sérieusement! ne **plaisanterait** pas un peu?

REGRET

J'aurais	dû pu	le leur dire!

INDIGNATION/ETONNEMENT

Alors,	vous me **chasseriez**? ça **serait** du vol!

C. EXPRESSION DE LA CONDITION

L'hypothèse peut porter sur le présent ou engager l'avenir. L'exemple suggère une possibilité assez forte, certaine.

Si	tu	**as** envie	de crier,	**va**	faire ça ailleurs!	
	vous	**trouvez**	ça drôle,	tant mieux, j'en	**suis ravie!**	

On considère ici que la possibilité est moins certaine.

Si	je	**traitais**	avec vous,	je vous	**abandonnerais**	5%.
	tu	**découvrais**	la vérité,	tu	**serais**	malheureux.

(*Il se peut que je traite dans le futur avec vous, mais ce n'est pas sûr.*)

L'hypothèse engage le passé et n'est pas réalisée.

Si	vous	l'	**aviez découverte** **étiez arrivé**	à ce moment,	vous	**auriez été**	malheureux.

(Les actions décrites sont passées et ne se sont pas produites: *vous ne l'avez pas découverte, vous n'êtes pas arrivé à temps.*)

N.B.: *Notez qu'après un* **si** *de condition, on n'emploie jamais le futur ou le conditionnel.*

VARIATIONS STRUCTURALES
1. Mettez les verbes suivants au plus-que-parfait.

MODELE   On s'attend à cela.
   On s'était attendu à cela.

1. Je descends de la voiture.
2. On attend ici.
3. Il finit par s'effondrer.
4. Il regarde fièrement sa montre.
5. Vous vous conduisez comme un idiot.
6. Tu reconnais la voiture.
7. Je retourne chez moi.
8. Elles y vont à toute vitesse.
9. Nous avons du mal à les retrouver.
10. Elles partent.

2. Faites des phrases exclamatives du type suivant.

MODELE   attendre:
   Ah! si j'avais attendu!

1. gagner   2. courir   3. pouvoir   4. venir   5. savoir   6. se taire
7. apprendre   8. essayer   9. y aller   10. ne pas s'énerver

3. Faites l'exercice suivant en vous aidant du modèle.

MODELE   Ça ne serait pas arrivé!   (conduire convenablement)
*Ça ne serait pas arrivé, **s'il avait conduit convenablement**!*

1. ne pas manquer le train   2. apprendre le code de la route   3. aller en vélo
4. ne pas se lever trop tard   5. partir à temps   6. prendre son temps
7. ne pas pleuvoir   8. ne pas doubler en côte

4. Complétez ces phrases librement. Attention au temps que vous utiliserez après *si*.

MODELE   Il aurait découvert la vérité, s'il _____.
*Il aurait découvert la vérité, s'il **était arrivé à temps**.*

1. Elle ne serait pas morte, si _____.
2. Je t'aurais fourni les détails, si _____.
3. On les aurait retrouvés, si _____.
4. Ça se serait bien arrangé, si _____.
5. On aurait fini par gagner, si _____.
6. Je l'aurais reconnu, si _____.
7. Elles seraient revenues, si _____.

5. Mettez les phrases suivantes au conditionnel simple, puis passé.

MODELE   J'aime lire.
J'aimerais lire.
J'aurais aimé lire.

1. Je n'ose pas l'espérer.   5. Ils parlent sérieusement.
2. Cela t'appartient.   6. Nous avons fait une bonne affaire.
3. Elle plaisante.   7. Il y a un malentendu.
4. Il arrive en retard.   8. Vous connaissez cette crapule?

6. Vous vous trouvez au petit magasin du coin et vous avez besoin de toutes sortes de choses. Demandez-les poliment.

1. Est-ce que je pourrais . . .   2. Auriez-vous des . . .   3. Je voudrais . . .

7. Répondez négativement avec une nuance de regret.

MODELE   Vous l'avez annoncé?
Non, mais j'aurais dû l'annoncer!

1. Vous l'avez arrêté?
2. Vous avez ouvert votre courrier?
3. Vous l'avez fait taire?
4. Vous l'avez jugé?
5. Vous l'avez déconseillé?

8. Marquez votre scepticisme.

MODELE   Elle est malade.
Tiens! elle serait malade!?

1. L'agence porte son nom.   2. Je n'ose l'espérer.   3. C'est un escroc.
4. Il y a un malentendu.   5. Cette agence lui appartient.

9. Marquez votre indignation.

MODELE   C'est votre faute!
Quoi! Ce serait ma faute!

1. Vous avez fait ça!   2. Vous êtes un escroc!   3. Ce n'est pas un homme!
4. Il a découvert la vérité!   5. Il abandonne la pension Muche!

10. Inventez toutes sortes d'informations non confirmées.

MODELE   On a dit qu'ils **auraient** _____.
*On a dit qu'ils **auraient eu un accident hier**.*

1. Il paraît qu'il (y aurait), qu'on (aurait) _____.
2. On m'a dit qu'ils auraient _____.
3. Est-il vrai que vous auriez _____?
4. Ils prétendent qu'ils se seraient _____.
5. Les journaux annoncent que les prix auraient _____ .

11. Rendez l'affirmation moins sûre.

MODELE   Il y a deux morts.
*Il y **aurait** deux morts, à ce qu'il paraît (semble-t-il, d'après ce que l'on sait, etc.).*

1. Il a l'intention de rester.   2. Tous les bénéfices sont pour lui.
3. C'est un humoriste.   4. Le bail est à lui.   5. Il y va tout seul.

12. Complétez librement les propositions suivantes. Attention aux temps à utiliser.

MODELES   Il ne reviendrait plus, même si _____.
*Il ne reviendrait plus, même si **tu le lui demandais**.*

S'il était resté, _____.
*S'il était resté, **on aurait pu s'entendre**.*

1. S'il avait plaisanté, _____.
2. S'il ne l'avait pas gardé, _____ .
3. Elle l'aurait quitté, même si _____.
4. S'il n'avait rien répondu, _____.
5. Il aurait fait une bêtise, _____.

3. Complétez les phrases en utilisant le mot approprié et répondez aux questions.

1. Un journal qui paraît tous les jours est un *quotidien*; en connaissez-vous un en français?
2. Un journal qui paraît chaque semaine est un _____; en connaissez-vous un?
3. Une revue qui paraît chaque mois est une revue _____.
4. Une revue qui paraît chaque trimestre est une revue _____.

4. Donnez l'adjectif apparenté aux mots suivants.

MODELE   mère (*f.*):
     maternel

1. difficulté (*f.*)   2. sanitaire   3. assouplissement (*m.*)   4. passivité (*f.*)
5. couramment   6. satisfaisant   7. similitude (*f.*)   8. contradiction (*f.*)
9. mécanisation (*f.*)   10. capacité (*f.*)

5. Chassez l'intrus de chaque série et employez-le dans une phrase.

MODELE   l'aïeule—le grand-père—la volonté—l'enfant
     *Après tant d'années de vie commune, elle a eu **la volonté** de tout quitter,*
     famille et foyer.

1. frustrer—léser—blesser—évoluer
2. rompre—casser—embarrasser—briser
3. totaliser—accepter—tolérer—supporter
4. ravager—remarquer—détruire—démolir
5. s'accroître—grandir—emménager—se multiplier
6. mettre en relief—mettre en valeur—mettre en vedette—mettre à feu
7. venir à bout—se tromper—parvenir—aboutir

6. Mettez les phrases suivantes au conditionnel simple, puis passé.

MODELE   Elle détruit deux anciennes images.
     *Elle **détruirait** deux anciennes images.*
     *Elle **aurait détruit** deux anciennes images.*

1. La petite enfance est une période délicate.
2. Elle gâte ces enfants beaucoup trop.
3. Elle supporte à elle seule toute une famille.
4. Elle vient difficilement à bout de sa charge.
5. Les rôles traditionnels se transforment.
6. Il est insensé de confiner les femmes hors du monde commun.
7. Ils réclament l'égalité dans le travail.

7. Mettez les verbes à un temps du passé.

1. Il a dit qu'il (tuer) sa femme dans un accident la semaine d'avant.
2. Il (toujours refuser) de faire la vaisselle à la maison, mais hier pour la première fois il l'a faite.

3. Que (devenir) les enfants de cette femme qui a toujours travaillé à plein temps?
4. Il était furieux parce qu'on (ne pas consulter) son père.
5. Elle ne m'a pas cru, pourtant je lui (téléphoner) auparavant.

8. Relisez le texte, puis répondez aux questions suivantes.

1. Combien d'heures de travail totalise la femme active (qui travaille à temps plein à l'extérieur)?
2. Et la femme au foyer?
3. Est-ce que les femmes disposent de tout le confort moderne?
4. Est-ce que les femmes qui travaillent sont bien adaptées aux conditions de vie moderne?
5. Quel est le «cheval de bataille» des adversaires du travail féminin?
6. Est-ce que le travail féminin peut avoir une conséquence néfaste sur l'éducation des enfants? Si oui, laquelle?
7. Comment l'auteur de l'article explique-t-elle que les succès scolaires sont plus fréquents quand la mère travaille?
8. Quelles sont les deux images traditionnelles que la femme active détruit?
9. Quelle est l'image neuve qu'on veut créer?

Composition écrite
9. Faites une composition d'une vingtaine de lignes sur le sujet suivant:

«Il y a des tâches, des travaux, aussi bien à la maison qu'à l'extérieur, réservés spécifiquement aux femmes ou aux hommes».

– lesquels? expliquez pourquoi et donnez des exemples précis.
– peut-on malgré tout parler «d'égalité» entre hommes et femmes?
– comment envisagez-vous votre propre avenir dans ce domaine-là?

Vous emploierez dans votre composition au moins *cinq* des expressions suivantes:

s'adapter à, être confronté(e) avec, être gaté(e), être réduit(e) à, être borné(e), on se réjouit de, quiconque, faire preuve de.

Et vous emploierez obligatoirement les deux structures:

si on voulait être (honnête), *si on n'y prenait pas garde.*

Débat
10. Répondez aux questions suivantes et donnez des exemples:

1. Etes-vous pour le fait que la mère de famille travaille à temps plein hors de la maison? Pensez-vous que le travail à mi-temps soit la solution idéale pour elle? Expliquez.

2. Comment imaginez-vous la vie de la femme qui reste à la maison et de celle qui va travailler à l'extérieur (emploi du temps, salaire unique, point de vue financier, les loisirs . . .)? Et la vie de leurs enfants?
3. Pensez-vous que l'homme doive partager le travail ménager, l'éducation des enfants? Dans quelle mesure? Pouvez-vous même imaginer qu'un père de famille reste à la maison tandis que sa femme irait travailler?

LE TROISIEME AGE

Le problème des vieillards, en France, est tragique. Il y a cette clinique géria-trique, découverte récemment à Villeurbanne, où 103 personnes âgées croupissaient[1] au milieu de la viande avariée[2], les légumes pourris[3] et les médicaments périmés[4]. Il y a, phénomène saisonnier, ces grands-mères que l'on abandonne avant de partir en vacances aux portes des hôpitaux et des hospices[5].

Rien qu'à l'Assistance publique de Paris, elles sont environ un millier, depuis fin juin, à s'être présentées aux admissions. Accompagnées par leurs enfants. Dont[6] certains, on le sait déjà par l'expérience des années passées, ne reviendront jamais les chercher.

«C'est un scandale!» s'indigne Bernard H., directeur de la maison de retraite[7] de Clamart, qui refuse deux ou trois demandes d'admission par jour. Il raconte: «Parce qu'elles se sentent ainsi brusquement rejetées par leur entourage, certaines personnes âgées deviennent agressives, d'autres s'enfuient. La plupart se renferment sur elles-mêmes et restent définitivement prostrées. Il y a deux ans, un vieillard s'est pendu. De frustration: la veille[8], il avait reçu de ses enfants une carte postale repré-sentant la mer.»

C'est un scandale, en effet. Pourtant, affirment les assistantes sociales des hôpitaux, il ne faut pas condamner trop vite les familles. «La plupart ne se décident à nous amener leurs parents âgés que lorsqu'elles ne peuvent vraiment plus faire autre-ment», témoigne Mme B., assistante sociale de l'hôpital d'Ivry. «Le mois dernier, une jeune femme, mère de trois enfants, a fait hospitaliser sa belle-mère paralysée depuis cinq ans. Elle n'avait pas pris de vacances pendant cinq ans pour rester à son chevet[9]. Elle était au bord de la dépression nerveuse.»

Car l'abandon des vieillards pendant l'été n'est, en fait, que le phénomène révélateur d'un drame qui dure à longueur d'année.

Il y a cinq ans, en France, les plus de 75 ans étaient 2 280 000 (dont 1 500 000 femmes). Aujourd'hui, on évalue leur nombre à 2 800 000. Et en 1985, grâce aux progrès de la médecine, ils seront 3 350 000.

Or 15% environ n'ont plus aucune famille. Et pour les autres, le problème des soins se pose de toute façon assez vite: cardiaques, hémiplégiques, incontinents; comment, dans une famille de revenus et de logement modestes, les garder à la maison?

---

[1] wallowed   [2] spoiled   [3] rotten   [4] expired   [5] (pejorative) old people's home   [6] **parmi ces enfants, certains ne reviendront . . .**   [7] retirement home   [8] the day before   [9] bedside

Même entouré d'affection, un vieillard privé d'activité vieillit deux fois plus vite.

En ville, dans un appartement souvent très exigu, la femme travaillant à l'extérieur, cela devient de plus en plus difficile.

Alors, on amène la grand-mère à l'hôpital. Là, elle est transférée de service[10] en service car son cas—le plus souvent chronique—n'intéresse pas les spécialistes et ne justifie pas l'occupation d'un lit à 300 francs par jour. Finalement, elle échoue[11] en salle de médecine générale. Avant d'être «évacuée» vers une maison de retraite, un hospice ou, dans les grandes villes, un hôpital de la périphérie. Ainsi, depuis dix ans, à Paris, pour parer aux besoins les plus urgents, une demi-douzaine d'établissements ont été affectés à l'hébergement[12] des «chroniques». On les appelle, en langage officiel, des «hôpitaux de désencombrement».

Au printemps dernier, plusieurs spécialistes de la gérontologie (médecins, psychologues, sociologues) se sont réunis à Paris pour lancer un cri d'alarme: «Il n'y a actuellement en France que 60 000 lits pour 350 000 vieillards grabataires[13]. Si des mesures ne sont pas prises, ils empliront[14] bientôt tous les hôpitaux!»

Mais quelles mesures? D'abord, la construction de nombreux foyers-logements au cœur même des cités. Sans quitter leur quartier ni leur entourage, les vieillards y seraient entourés[15] d'un personnel médical et para-médical spécialisé. Ensuite, la

[10] ward [11] ends up [12] were turned into lodgings [13] bedridden [14] will fill up
[15] surrounded

formation d'animateurs pour lutter contre leur isolement et retarder le plus possible le moment où ils deviendront dépendants. Car, même entourée des meilleurs soins médicaux et de l'affection de sa famille, une grand-mère privée d'activité et de vacances vieillit deux fois plus vite.

D'après *LE POINT*

Grands-mères au pair

A 69 ans, elle vient de connaître ses premières vacances. Silhouette menue[1], pull collant[2] et talons[3] plats d'étudiante, Mme Simone B. a passé le mois de juillet dans une famille de cadres à Verrières-le-Buisson (Essonne). Comme «jeune fille au pair». Oubliant pour un mois le pavillon insalubre[4] de Courbevoie—où elle végète avec 1 117 francs par trimestre—et surtout son chagrin solitaire (ses six enfants ne viennent guère la voir et ne l'ont jamais emmenée[5] en vacances), elle a promené deux petites filles au bord d'un lac et réappris à jouer aux petits chevaux. Elle a découvert surtout «un peu de cette chaleur humaine qui lui manquait tant».

Depuis deux ans, huit cents plus de 65 ans l'ont redécouverte, comme elle. Grâce à l'opération «Grands-mères au pair» lancée en juin il y a deux ans, qui consiste à mettre en contact des familles avec des grands-mères ou des grands-pères isolés.

Deux mille autres candidats attendent leur tour. Mais, pour eux, les vacances au pair risquent de n'être qu'un espoir déçu de plus. Le gouvernement français a refusé la subvention qui aurait permis de continuer.

---

[1] small [2] tight [3] heels [4] unhealthy [5] taken

VARIATIONS LEXICALES

1. Complétez les phrases suivantes en utilisant le substantif approprié.

(un) entourage—(le) chevet—(le) revenu—(le) foyer—(la) périphérie—
(la) veille—(la) dépression—(un) encombrement

1. Il n'a pas pu partir la _____ mais seulement le lendemain.
2. Suite à l'_____ des rues, les gens préfèrent se déplacer à pied.
3. A combien s'élève le _____ par habitant et par an?
4. Quoi qu'on fasse, on subit toujours l'influence de son _____.
5. Voilà trois ans qu'elle a quitté le _____ conjugal.
6. J'aime la _____ de la ville parce qu'elle est pleine de parcs et d'arbres.

2. Complétez les phrases suivantes. Mettez les verbes à la forme et au temps voulus.

héberger—vieillir—témoigner—retarder—rejeter—amener—transférer—
rester prostré

1. Il importe de _____ la vieillesse par des programmes d'exercices physiques appropriés.
2. Il se sent _____ par tous.
3. Pendant toute la guerre, il a été _____ par des fermiers.
4. On a _____ mon père malade vers un autre hôpital mieux équipé pour ce genre de maladie.
5. Il a considérablement _____ en peu de temps.
6. Après la mort de son mari, cette femme est _____ pendant des semaines.

3. Relevez tous les mots du texte qui ont trait aux vieillards.

4. Racontez librement le texte au conditionnel (en 10–15 lignes) comme si vous doutiez de la vérité des faits. Vous pourriez commencer ainsi: «Le problème des vieillards serait tragique en France. On aurait découvert une clinique . . .»

5. Transformez les phrases suivantes, (a) comme si la possibilité n'était pas certaine (imparfait dans la subordonnée, conditionnel présent dans la principale) (b) comme si la possibilité ne s'était jamais réalisée (plus-que-parfait dans la subordonnée, conditionnel passé dans la principale).

MODELE   Si vous la mettez ici, elle est condamnée.
           a. Si vous la mettiez ici, elle serait condamnée.
           b. Si vous l'aviez mise ici, elle aurait été condamnée.

1. Si on ne prend pas des mesures, ils empliront bientôt tous les hôpitaux.
2. Si on amène la grand-mère ici, c'est qu'on ne peut pas faire autrement.

VLADIMIR.   C'est pour les reins[22]. (*Silence. Estragon regarde l'arbre avec attention.*)
      Qu'est-ce qu'on fait maintenant?
ESTRAGON.   On attend.
VLADIMIR.   Oui, mais en attendant.
ESTRAGON.   Si on se pendait[23]?

Godot ne viendra pas. Mais Estragon et Vladimir ne perdent pas espoir. Jusqu'à la fin de la
pièce, ils espéreront qu'il—Godot—viendra les «sauver».

D'après Samuel Beckett
EN ATTENDANT GODOT
(Ed. de Minuit)

VARIATIONS LEXICALES
1. Donnez le substantif apparenté aux adjectifs suivants.

MODELE   raide:
          la raideur

1. sale 2. beau 3. bon 4. fou 5. faible 6. possible 7. seul 8. gentil
9. saisonnier 10. douteux

2. Donnez le verbe apparenté aux adjectifs suivants.

MODELE   noir:
          noircir

1. raide 2. mou 3. blanc 4. chaud 5. ivre 6. brun 7. jaune
8. pâle 9. froid 10. faible

3. Chassez l'intrus de chaque série.

MODELE   *L'endroit* semble familier, mystérieux, calme, douteux, faible, beau.
          faible

1. *Ses poches* étaient pleines, bondées de saletés, trouées, froides.
2. *L'Anglais* était ivre, affolé, calmé, froid, câlin, archibondé.
3. *La situation* était désespérée, raide, grave, habituelle.
4. *Il s'est réveillé* en sursaut, faiblement, de mauvaise humeur, circulairement, en
   criant.

4. Trouvez dans le texte un synonyme du mot en italique.

MODELE   Il n'a pas dit *ferme* qu'il viendrait.
          *Il n'a pas dit qu'il viendrait **sûrement**.*

1. L'endroit me *semble* familier.
2. Il *est peut-être* mort.

[22] kidneys [23] how about hanging ourselves

3. On reviendra demain, a-t-il dit en *se mettant en colère*.
4. Son sac était *rempli* de toutes sortes de bouts de papier.
5. Il s'est réveillé *brusquement*, il avait fait un cauchemar.
6. Ça *sent mauvais* par ici!

5. Relevez toutes les expressions et les structures familières du texte. Donnez-leur un équivalent de la langue courante.

MODELE   le turbin:
           le travail

6. Résumez ce texte, oralement ou par écrit en une quinzaine de lignes. Montrez comment les deux personnages sont attachés l'un à l'autre alors qu'ils ont des personnalités très différentes.

GRAMMAIRE

LE SUBJONCTIF

A. FORMES

1. Le subjonctif présent

il faut que (qu')

AIMER		
j'	aim	*e*
tu		*es*
il		*e*
nous		*ions*
vous		*iez*
ils		*ent*

FINIR		
je	fin	*isse*
tu		*isses*
il		*isse*
nous		*issions*
vous		*issiez*
ils		*issent*

VENDRE		
je	vend	*e*
tu		*es*
il		*e*
nous		*ions*
vous		*iez*
ils		*ent*

2. Le subjonctif du verbe *être* et *avoir*

Il faut	que	je	**sois**	à l'heure.
		tu	**sois**	
	qu'	elle	**soit**	
	que	nous	**soyons**	
		vous	**soyez**	
	qu'	ils	**soient**	

Il est possible	que	j'	**aie**	de la chance.
		tu	**aies**	
	qu'	elle	**ait**	
	que	nous	**ayons**	
		vous	**ayez**	
	qu'	ils	**aient**	

3. Le subjonctif passé

On regrette beaucoup

que	j'	**aie**	parlé	que	je	**sois**	parti(e)
	tu	**aies**	répondu		tu	**sois**	revenu(e)
qu'	il	**ait**		qu'	il	**soit**	
que	nous	**ayons**	attendu	que	nous	**soyons**	reparti(e)s
	vous	**ayez**			vous	**soyez**	
qu'	ils	**aient**		qu'	ils	**soient**	

B. FORMES IRREGULIERES

La première colonne de verbes a un *radical différent* pour les trois personnes du singulier et la troisième personne du pluriel d'une part et les première et seconde personnes du pluriel d'autre part. Les verbes de la colonne de droite n'ont qu'*un seul radical* à toutes les personnes.

IL FAUT QUE	JE (J')	NOUS		JE (J')
aller	**aille**	**allions**	(s') asseoir	**m'asseye**
boire	**boive**	**buvions**	connaître	**connaisse**
devoir	**doive**	**devions**	craindre	**craigne**
mourir	**meure**	**mourions**	dire	**dise**
prendre	**prenne**	**prenions**	dormir	**dorme**
recevoir	**reçoive**	**recevions**	écrire	**écrive**
tenir	**tienne**	**tenions**	faire	**fasse**
valoir	**vaille**	**valions**	(se) plaire	**me plaise**
venir	**vienne**	**venions**	pleuvoir	il **pleuve**
vouloir	**veuille**	**voulions**	pouvoir	**puisse**
			savoir	**sache**

C. EMPLOI DU SUBJONCTIF DANS LES PROPOSITIONS SUBORDONNEES COMPLETIVES

Le subjonctif s'emploie après les verbes et les expressions verbales qui expriment un *désir*, un *ordre*, un *regret*, un *doute*. Remarquez que le sujet de la proposition subordonnée est toujours différent de celui de la proposition principale.

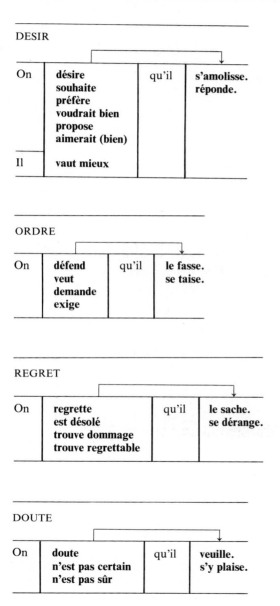

DESIR

| On | **désire**
souhaite
préfère
voudrait bien
propose
aimerait (bien) | **qu'il** | **s'amolisse.**
réponde. |
| Il | **vaut mieux** | | |

ORDRE

| On | **défend**
veut
demande
exige | **qu'il** | **le fasse.**
se taise. |

REGRET

| On | **regrette**
est désolé
trouve dommage
trouve regrettable | **qu'il** | **le sache.**
se dérange. |

DOUTE

| On | **doute**
n'est pas certain
n'est pas sûr | **qu'il** | **veuille.**
s'y plaise. |

Le subjonctif s'emploie aussi après des verbes et expressions verbales exprimant l'émotion : *crainte* et *peur*, par exemple. Le subjonctif est alors accompagné par **ne**. Ce **ne**, appelé *ne explétif*, n'a pas de sens négatif. Les Français le laissent souvent tomber dans la langue parlée.

POSITIF

Elle	**a peur** **craint** **appréhende**	que tu	(ne)	**sois** **viennes.** **partes.**	là.

NEGATIF

Elle	**a peur**	que tu	ne	**viennes** **partes**	pas.

Beaucoup d'expressions impersonnelles exprimant la *nécessité*, le *désir*, la *possibilité*, le *jugement* requièrent l'emploi du subjonctif.

Il	**faut** **vaut mieux** **est nécessaire**		qu'elle	y	aille.	
				le	fasse.	
					parte.	
	se peut **n'est pas sûr** **n'est pas certain**					
	est	**possible** **heureux** **juste**			soit	venue. partie. revenue.
	suffit					

D'autres verbes ou expressions (difficiles à classer) sont aussi suivis du subjonctif.

Je	**ne**	pense crois	**pas**		qu'il	**aille**	loin.
Je		m'attends		à ce		**vienne.**	
Il		semble				**sache**	ce qu'il veut.
On	**n'**	admet				**ait**	raison.
		Dis-lui				**vienne.**	

Remarquez que **je suis sûr que, il est certain que, je pense que, je crois que** (à la forme positive) sont suivis de l'indicatif. **Sembler** et **admettre** peuvent être suivis soit de l'indicatif soit du subjonctif, le choix dépend du locuteur. **Dire** suivi du subjonctif est une forme atténuée de **je veux, j'ordonne**.

D. EMPLOI DU SUBJONCTIF DANS UNE PROPOSITION PRINCIPALE

Les souhaits exprimés au moyen de **que (qu'), pourvu que (qu')** se mettent également ment au subjonctif. On peut supposer qu'un verbe comme **je veux que, je désire que** est sous-entendu.

Qu' **Pourvu qu'**	elle	**attende!** **écrive!** **finisse!**	
	ils	**restent**	privés!

VARIATIONS STRUCTURALES

1. Donnez le subjonctif des verbes suivants. Commencez par: *Il faut que (qu')*.

MODELE   On attend Godot.
*Il faut qu'on **attende** Godot.*

1. nous y allons   2. tu bois ça   3. elle vient encore   4. il pleut   5. elles veulent
6. vous vous retenez   7. nous lui écrivons   8. elle se plaît   9. tu le sais
10. je le reprends

2. Donnez le subjonctif des verbes suivants. Commencez par: *Je voudrais que (qu').*

MODELE Nous l'attendons.
Je voudrais que nous l'attendions.

1. tu le vends   2. il part   3. tu es là   4. vous le rendez   5. il le finit
6. il ne ment pas   7. elle en choisit une   8. ils le donnent   9. tu le prends
10. elles le reçoivent

3. Complétez les phrases suivantes au moyen de: *elle écrira* ou *elle écrive.*

MODELE On s'attend à ce qu'elle **écrive**.
*On est sûr qu'elle **écrira**.*

1. Je suis sûr qu'_____.
2. Je crains qu'_____.
3. Je me demande si _____.
4. Je voudrais qu'_____.
5. Je ne pense pas qu'_____.
6. Je doute qu'_____.
7. Elle m'a dit qu'_____.
8. Elle prétend qu'_____.
9. Je souhaite qu'_____.
10. Dis-lui qu'_____.

4. Répondez en vous aidant du modèle.

MODELE Je me demande si elle est venue.
Pourvu qu'elle soit venue!

Je me demande si (s') . . .

1. André l'a fait.   2. Monique est revenue.   3. Chantal l'a vendu.
4. Mes parents les ont pris.   5. On ne s'est pas trompé.   6. Il a attendu.
7. Il s'est fâché.   8. Ça en a valu la peine.   9. Il s'est dérangé pour elle.
10. Elle s'est gourée.

5. Complétez les phrases suivantes.

1. Il faut absolument que (qu') _____.
2. Elle voudrait bien que (qu') _____.
3. Je crois qu'il vaut mieux que (qu') _____.
4. Ils regrettent que (qu') _____.
5. Elles sont désolées que (qu') _____.

6. Complétez les phrases suivantes en vous aidant du modèle.

MODELE Il se peut qu'elle **vienne** demain.
*Il est certain qu'elle **viendra** demain.*

1. Je crois _____.
2. Il est possible _____.
3. Il semble _____.
4. On s'attend à ce _____.
5. Il vaut mieux _____.
6. On trouve regrettable _____.
7. Tu sais _____.
8. Je ne pense pas _____.
9. Dis-lui _____.
10. Il est sûr _____.

7. Mettez les verbes des phrases suivantes au subjonctif.

MODELE   On voudrait bien qu'ils (ne pas venir).
*On voudrait bien qu'ils ne **viennent** pas.*

1. Elle n'aime pas qu'on lui (dire) tu.
2. Je défends que vous lui (parler).
3. Je préfère que vous (ne pas se déranger).
4. Il suffit qu'il (s'amollir) un peu.
5. Il est possible que l'enfant (naître) ce soir.
6. On a exigé qu'il nous (suivre).
7. Je ne pense pas qu'il (falloir) le prendre au sérieux.
8. Il faut que vous (consentir) à l'aider.
9. Il semble qu'ils (avoir) des difficultés à passer la douane.
10. J'ai un peu peur qu'elle (ne) (avoir) un accident de voiture.

8. Mettez les verbes soit à l'indicatif soit au subjonctif.

MODELES   La météo prévoit qu'il (neiger) demain.
*La météo prévoit qu'il **neigera** demain.*

On appréhende que l'hiver (être) rude.
*On appréhende que l'hiver **soit** rude.*

1. Je demande qu'il (oublier) tout.
2. Je n'aime pas qu'on me (faire) attendre.
3. Il vaut mieux que vous le lui (dire) vous-même.
4. Il est certain que l'essence (augmenter) cette année.
5. Je pense qu'on (aller) sur Mars un jour.
6. Elle voudrait qu'on (aller) dîner au restaurant ce soir.
7. Je lui ai dit que je (ne pas pouvoir) ce soir.

E. LE SUBJONCTIF DANS LES PROPOSITIONS SUBORDONNEES

Le subjonctif s'emploie dans des subordonnées introduites par des conjonctions exprimant une *condition*, une *finalité* ou un sentiment de *crainte*. La conjonction **au cas où** exprimant la condition se construit avec le subjonctif ou le conditionnel.

Il a dit qu'on devait venir	**à condition** **pourvu**	qu'il	ne	**pleuve**	pas.	
	à moins		(ne)	**pleuve.**		
	pour **afin**	qu'il	ne	**soit**	pas	seul.
Ils l'ont appelé	**de peur** **de crainte**	qu'il	(ne)	**se sente**		trop seul.

N.B.: *Les **ne** entre parenthèses sont facultatifs. La langue parlée les laisse tomber le plus souvent.*

Le subjonctif est également employé dans des subordonnées introduites par des conjonctions de *concession*.

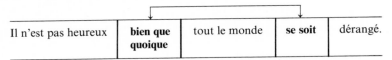

Il n'est pas heureux	**bien que** **quoique**	tout le monde	**se soit**	dérangé.

Le subjonctif s'utilise aussi dans des subordonnées introduites par certaines conjonctions de temps : **jusqu'à ce que**, **avant que**, **en attendant que**.

On reviendra chaque jour	**jusqu'à ce qu'** **en attendant qu'**	il		**vienne.**
On sera là	**avant qu'**		(ne)	

Enfin la conjonction **sans que** est aussi suivi du subjonctif.

Il	l'embrasse devant tout le monde jette le doute	**sans que**	ça	**puisse**	le gêner.

F. LE SUBJONCTIF DANS LES PROPOSITIONS RELATIVES

On emploie le plus souvent le subjonctif dans la subordonnée relative dont l'antécédent est constitué ou modifié par un adjectif superlatif tel que : **le plus beau**, **le moins grand**, etc., et des mots ayant une valeur superlative tels que **premier**, **dernier**, **unique**. Cette règle n'est pourtant pas absolue.

C'est	le	**seul** **meilleur** **plus cher**	ami	qu'	il	**ait.** **connaisse.**
	la	**première** **dernière**	pièce	que	nous	**ayons vue.**
	l'	**unique**				

Le subjonctif s'emploie aussi dans la subordonnée relative dont l'antécédent a un sens négatif et une valeur indéterminée : **pas un**, **personne**, **rien**.

Il	n'	y a	**personne**	que	je	**connaisse**	mieux	qu'elle.
			rien					que cette ville.

G. FRANÇAIS ECRIT

Alors que le français parlé manifeste une certaine tendance à laisser tomber le **ne** explétif, le français écrit l'emploie après les conjonctions **avant que**, **de peur que**, **de crainte que**, **à moins que** ou après les verbes **craindre**, **avoir peur** employés positivement.

Cette particule **ne** n'a pas le sens négatif.

Je partirai	**avant** **de peur** **de crainte** **à moins**	**qu'**	elle	**ne**	vienne.
Je crains **J'ai peur**					

VARIATIONS STRUCTURALES

1. Répondez en vous aidant du modèle.

MODELE   Tu prends quelque chose?
*A condition que toi aussi tu **prennes** quelque chose.*

1. Tu l'attends?   2. Tu t'y rendras?   3. Tu le suivras?   4. Tu seras là à 9 heures?   5. Tu lui parleras à la sortie?   6. Tu finis ce travail?   7. Tu y vas? 8. Tu lui diras ce que tu as rêvé?

2. Répondez en vous aidant du modèle.

MODELE   Qui le sait?
*Personne! **Il n'y en a pas un qui** le sache.*

1. Qui comprend ce Turc?   2. Qui peut suivre?   3. Qui le connaît? 4. Qui en vaut vraiment la peine?   5. Qui en a un?   6. Qui s'est trompé?

3. Répondez aux questions suivantes. Choisissez le verbe approprié (lire, écouter, entendre, voir, etc.).

MODELE   Du bon vin, n'est-ce pas?
*Le meilleur que j'**aie** jamais **bu**.*

1. Un excellent bifteck, n'est-ce pas?
2. Une belle chanson, n'est-ce pas?
3. Un roman passionnant, n'est-ce pas?
4. Un bon discours, n'est-ce pas?
5. Une excellente pièce de théâtre, n'est-ce pas?
6. Un très bon ami, n'est-ce pas?

4. Faites des phrases en employant ou le subjonctif ou l'indicatif après les conjonctions suivantes.

MODELE   afin que:
*On est venu plus tôt, **afin qu'**il **puisse** rencontrer son ami.*

1. pourvu que   2. avant que   3. dès que   4. pendant que   5. bien que
6. lorsque   7. jusqu'à ce que   8. en attendant que

5. Complétez les phrases suivantes. Faites attention au mode à employer, subjonctif ou indicatif.

MODELE   Elle attendra **jusqu'à ce que** tu **viennes.**
*Elle attendrait **si** elle **savait** que tu viendrais.*

1. Il viendra aussitôt qu'elle _____ .
2. Elle est heureuse depuis qu'elle _____ .
3. On écrira dès qu'elle _____ .
4. Elle est restée puisqu'elle _____ .
5. Il dormira avant que tu _____ .
6. On entrera bien que tu _____ .

6. Complétez les phrases suivantes librement.

1. Nous voulons bien venir à condition que _____ .
2. Je serai là à moins que _____ .
3. On restera au lit jusqu'à ce que _____ .
4. Il est arrivé sans que _____ .
5. Vous êtes parti lorsque _____ .

PROBLEMES D'AUJOURD'HUI ET DE DEMAIN

«Il faut bien qu'il y ait des riches pour dépenser[1] : sans quoi, comment les pauvres trouveraient-ils à gagner leur pain?» déclarait en 1896 M. de La Rochefoucauld, duc de Doudeauville, ambassadeur de France. Parmi les lecteurs du *Figaro* d'alors, bien peu sans doute voyaient dans cette audacieuse synthèse de la question sociale autre chose qu'un propos banal, une évidence qui valait à peine d'être relevée[2].

LA PETITE FETE

Près de quatre-vingts ans ont passé. On a fait du chemin[3] depuis, ou du moins on le croit. Car de nos jours, n'est-ce pas, la grande fortune se fait discrète, l'argent ne s'étale pas[4], il se cache[5] même, sauf pour quelques milliardaires-vedettes[6]. Si l'égalité demeure un mythe, du moins l'opulence des uns s'efforce-t-elle de ne pas trop insulter la misère des autres. La pudeur se conjugue ainsi avec la prudence puisque le fisc[7], partout, taxe la richesse sur ses signes extérieurs; et il faut être bien riche vraiment, aussi riche qu'Onassis ou Getty pour ne pas craindre la lumière des projecteurs.

«Nous disposons toujours au départ de quelques places en classe économique. Jamais en première . . .» confie l'hôtesse du Boeing-747 Paris-New York. Quel avantage y a-t-il à voyager en première? «On a un peu plus de place pour ses jambes, le champagne est offert, le repas est meilleur, on mange sur une nappe[8] avec de l'argenterie[9] et on peut aller prendre son café au bar.» C'est tout. La différence de prix? Presque du simple au double, 10 000 francs pour l'aller et le retour. Ce qui met le coût du repas servi à bord à 2 500 francs par personne environ, le repas le plus cher du monde. Et l'hôtesse imperturbable évoque les habitués de la ligne, ceux qui font le voyage deux fois par mois en moyenne: «Ils attendent désespérément la mise en service du Concorde pour pouvoir traverser l'Atlantique toutes les semaines. Il y a des dames qui se lamentent: elles trouvent que sept heures d'avion c'est bien long pour aller faire du shopping sur la Cinquième Avenue.»

Ces confidences, c'est un journaliste qui les recueillait[10] il y a quelques jours pour ses lecteurs. Elles ne l'étonnaient pas, ne le choquaient nullement, du moins à le

---

[1] spend   [2] was hardly worth mentioning   [3] we have made progress   [4] isn't displayed
[5] is hidden   [6] stars   [7] I.R.S.   [8] tablecloth   [9] silverware   [10] gathered

185

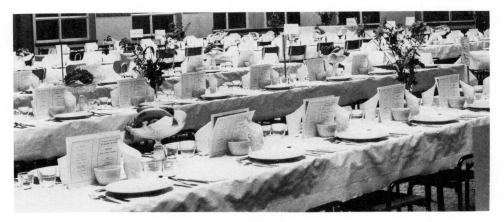

En première classe, le repas coûte 2 500 francs; le repas le plus cher du monde!

lire. Tout au plus[11] concluait-il: «Je pense qu'on choisit de voyager en première classe un peu comme on choisit son tailleur: moins pour son confort que pour son standing.» Puis, après cette petite enquête, il consacrait, comme à l'habitude, sa chronique à la relation de mondanités[12], de prodigieuses fêtes, un tourbillon[13] de réceptions fastueuses[14], de dîners de gala et de bals du siècle, mêlant, dans un étour- dissant[15] cocktail, les plus grands noms des affaires et du show-business, dans des demeures de rêve, au scintillement des plus beaux bijoux du monde.

Au cœur de la ronde, cette semaine, une généreuse Américaine, vice-présidente d'une grande galerie d'art new-yorkaise. Elle vient d'avoir une idée: la semaine dernière, elle a donné un chèque de 50 000 dollars (250 000 francs) au conservateur du château de Versailles. Une bonne idée, vraiment. Le conservateur «a suggéré de faire une petite fête pour marquer la remise de ce chèque. Simone a tout de suite accepté: elle a proposé que la fête se passe chez elle, à New York, en présence du Tout-Paris, du Tout New York, du Tout-Los Angelès, du Tout-Chicago et du Tout-Palm Beach. A ses frais[16], bien entendu. Simone est comme ça!

Pour les invités de sa petite fête, l'excellente dame a d'abord loué le dix-huitième étage de l'hôtel Saint Regis, «l'un des meilleurs palaces de New York». Champagne et fleurs dans chaque chambre. Puis elle a retenu mille couverts au restaurant Four Seasons, le Maxim's des New-Yorkais, avant d'emmener ses amis chez elle, à la galerie, pour une réception toute simple. «En aucun autre endroit de la terre, sauf peut-être à Beyrouth et à Rio, écrit le chroniqueur, pourtant blasé, je n'ai vu autant de rivières de diamants étalés sur aussi peu de mètres carrés de peau[17].» Au mur, le «biggest Cézanne in the world» (le plus grand Cézanne du monde), 1,50 mètre de haut, 4,50 mètres de large, à vendre 2 millions de dollars.

Une grande semaine française, en somme, avec la duchesse et le duc d'Orléans,

---

[11] at the most   [12] social events   [13] whirlwind   [14] magnificent and ostentatious   [15] staggering   [16] at her expense   [17] so few square meters of skin

Vous emploierez dans votre composition au moins *quatre* des expressions suivantes suivies du subjonctif:

il faut que, cela vaut la peine que, craindre que, bien que, imaginez que, le plus grand (beau . . .) que, on s'étonne de ce que.

Débat

7. Répondez aux questions ou commentez les affirmations suivantes. Donnez des exemples pour illustrer vos arguments.

1. Dans quel système, le communisme ou le capitalisme, y aurait-il le plus d'injustice sociale? Expliquez votre réponse.
2. Que peut-on faire pour les pays en voie de développement? Pensez-vous que l'individu soit complètement impuissant?
3. Pourquoi faudrait-il à tout prix essayer de faire des pays du tiers monde des imitations de nos pays, où seul le bien matériel compte? Pourquoi ne pas laisser ces pays conserver leurs valeurs traditionnelles?
4. Richesse égale soucis. Richesse—à condition d'avoir un minimum vital—et véritable bonheur sont en rapport inverse.

LISONS LE JOURNAL

Gavé[1] pour qu'il meure vivant

David P., vingt-sept ans, condamné à mort le 27 septembre pour le meurtre d'un policier—qu'il nie—doit être le premier Américain, et même être humain, à «bénéficier» de l'exécution par piqûre.

Loin de considérer cette première, dont il sera la vedette, comme un triomphe de la civilisation sur la barbarie guillotineuse ou électrocufiante[2], il est si fortement déprimé[3] qu'il a entamé il y a deux semaines une grève de la faim[4]. «Il souhaite mourir, mais comme il l'entend[5]», dit son avocat, Me[6] Edith R.

Le directeur de la prison d'Ellis, au Texas, est très mécontent. Un condamné à mort suicidaire, c'est pour lui tout à fait inconvenant[7]. «Il est de notre devoir», dit-il, «de le maintenir en vie jusqu'à son exécution.» Alors on le gave de force et il est question de l'hospitaliser. On ne voit ça qu'en Amérique? Allons donc[8]! . . . Il y a trente-trois ans, à Paris, Pierre L., suicidé, fut ressuscité lui aussi pour pouvoir être exécuté dans les formes[9].

D'après Ch. B., *Le Matin*

Les gardes côtiers

Les gardes côtiers ont récemment fait preuve de tout leur tact pour empêcher Mme D., 76 ans, d'entreprendre la traversée de l'océan atlantique dans un canot de cinq mètres de long. Ils ne disposent d'aucun moyen légal pour l'empêcher de se lancer[10] dans cette entreprise.

Familles noires pour bébés noirs

En Grande-Bretagne, comme dans tous les pays industrialisés, il y a plus de familles demandant à adopter des enfants que d'enfants à adopter. Du moins d'enfants blancs. Mais la communauté «de couleur» insiste de plus en plus pour que les enfants non blancs soient élevés au sein de[11] familles non blanches.

Le quotidien anglais *The Guardian* écrit ainsi: «La plupart des enfants de couleur adoptables étaient jusqu'ici de pères antillais[12] et de mères blanches. Mais depuis quelque temps, les adolescentes noires enceintes demandent que leur enfant illégitime soit élevé dans une famille de couleur . . . La naissance d'une petite bourgeoisie noire facilitera d'ailleurs ce système».

Adoption Resource Exchange, un organisme spécialisé de Londres, s'adresse maintenant de préférence aux principaux journaux publiés pour la communauté de couleur en Grande-Bretagne.

Le Monde

La «permanence»[13]

L'Elysée n'est jamais vide. La nuit, le dimanche et les jours de fête, chacun des membres du cabinet est contraint[14] d'assurer, à tour de rôle, la permanence. Le tour de garde revient en moyenne une fois toutes les trois semaines. Le travail du «permanencier» est astreignant[15]; mais simple: il ne doit pas quitter le petit appartement installé au premier étage. Il reçoit toutes les dépêches[16], recueille toutes les informations et peut toujours joindre le Président, auquel[17] il téléphone dans les cas graves[18].

---

[1] force-fed [2] made-up words: which has to do with guillotine and electrocution
[3] depressed [4] started a hunger strike
[5] the way he wants to [6] **Me = Maître:** title for a lawyer [7] annoying, a nuisance
[8] not really [9] in due form [10] from starting

[11] in the bosom of [12] from the West Indies (former British colony) [13] on-duty hours
[14] obliged [15] ties one down [16] dispatches
[17] to whom [18] in case of emergency

194

L'appartement de permanence (une entrée, un petit salon, une chambre) ressemblait un peu à une salle de garde. Il vient d'être entièrement refait[19], sur les instructions personnelles du Président, en style Napoléon III . . . L'élément essentiel reste le téléphone: sur un secrétaire et sous le portrait d'une jolie dame, il y a deux appareils. L'un est le grand standard habituel. L'autre est un appareil tout simple, gris, marqué d'une étiquette[20]: «téléphone discret». C'est sur cette ligne qu'on peut joindre le Président n'importe où et à tout moment[21].

D'après Josette Alia, *Le Nouvel Observateur*

Thérapeutique de bureau

Voici, selon le *Statesman Weekly*, de Calcutta, la journée harassante[22] d'un employé de bureau: «Chaque matin, il fait les courses de la famille. Il est censé arriver au bureau à 9h30, mais il commence rarement à travailler avant 10 heures, à cause des difficultés de transport et du marché . . . Jusqu'à 13 heures, il gratte du papier[23] ou observe un «karmabirati» (grève du stylo) voté par le syndicat pour

obtenir des indemnités exceptionnelles. Puis il s'arrête une heure pour le déjeuner. De 14 à 15 heures il fait un petit somme[24], à son bureau, bien entendu. Le docteur a dit que c'était bon pour la digestion. De 15 à 17 heures, il participe à une réunion au bureau ou organise ses collègues pour des «brihattarsangram» (luttes élargies).

De 17 à 19 heures, et parfois jusqu'à 20 heures, il fait des heures supplémentaires. Sinon, il se joint à des manifestations de gauche. Ce qui veut dire qu'il fait de 7 à 8 km à pied par jour. Et le docteur dit que c'est très bon pour la santé après les longues heures de travail sédentaire au bureau.

Le Monde

Automation

New Kent, Virginie—Le bureau des statistiques des autorités municipales avait loué une nouvelle machine électronique. Cet ordinateur pouvait remplacer quatre personnes. Mais il semble maintenant qu'on ait dû engager six personnes pour commander la machine.

[19] redecorated [20] tag [21] anywhere and at any time [22] exhausting [23] (colloquial) he writes, scribbles [24] nap

SECTION
8

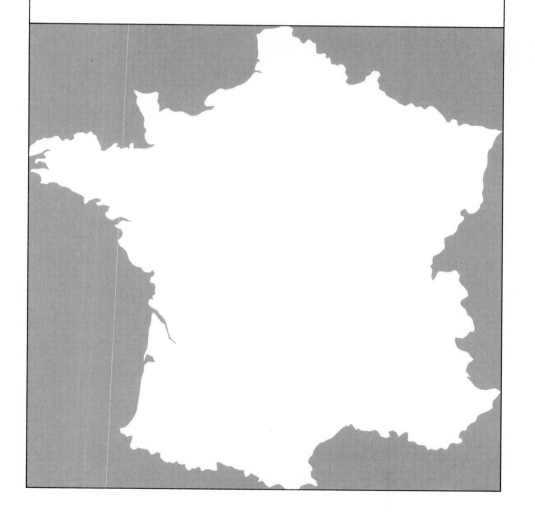

LECTURE

Dans la pièce Don Juan, Molière nous montre un personnage qui selon ses propres mots
«vole perpétuellement de victoire en victoire» et qui «se sent un cœur à aimer toute la terre».
Mais parfois ce menteur rusé a aussi des soucis plus terre à terre[1], tel que celui de voir
M. Dimanche, tailleur de profession, venir lui réclamer de l'argent. Mais pour cet escroc,
il n'y a pas de problèmes insurmontables.

CONTENT DE VOUS VOIR, M. DIMANCHE

DON JUAN.   Ah! Monsieur Dimanche, approchez. Que je suis ravi[2] de vous voir, et
que j'en veux à mes gens de ne pas vous faire entrer tout de suite. J'avais donné
ordre qu'on ne laisse entrer personne; mais cet ordre n'est pas pour vous, et
vous êtes en droit de ne jamais trouver la porte fermée chez moi.

M. DIMANCHE.   Monsieur, je vous suis très reconnaissant[3].

DON JUAN (*parlant à ses laquais*[4]).   Parbleu! coquins[5], je vous apprendrai à laisser
M. Dimanche dans une antichambre[6].

M. DIMANCHE.   Monsieur, cela n'est rien.

DON JUAN (*à M. Dimanche*).   Comment! vous dire que je ne suis pas là, à M. Dimanche, au meilleur de mes amis!

M. DIMANCHE.   Monsieur, je suis votre serviteur. J'étais venu . . .

DON JUAN.   Allons, vite, un siège[7] pour M. Dimanche.

M. DIMANCHE.   Monsieur, je suis bien comme cela.

DON JUAN.   Point, point[8], je veux que vous soyez assis près de moi.

M. DIMANCHE.   Cela n'est pas nécessaire.

DON JUAN.   Otez ce pliant[9], et apportez un fauteuil*.

M. DIMANCHE.   Monsieur, vous vous moquez, et . . .

DON JUAN.   Non, non, je sais ce que je vous dois, et je ne veux pas qu'il y ait une
différence entre nous deux.

M. DIMANCHE.   Monsieur . . .

DON JUAN.   Allons, asseyez-vous.

M. DIMANCHE.   Ce n'est pas nécessaire, Monsieur, et je n'ai qu'un mot à vous dire.
J'étais . . .

DON JUAN.   Mettez-vous là, vous dis-je.

M. DIMANCHE.   Non, Monsieur, je suis bien. Je viens pour . . .

DON JUAN.   Je ne vous écoute pas si vous n'êtes pas assis.

M. DIMANCHE.   Monsieur, je fais ce que vous voulez. Je . . .

DON JUAN.   Parbleu! Monsieur Dimanche, vous vous portez bien?

* Au XVIIᵉ siècle, le pliant était réservé à la bourgeoisie et le fauteuil à la noblesse.

[1] prosaic   [2] **que** = **comme** archaic: I'm delighted   [3] grateful   [4] (archaic) servants   [5] rascals
[6] waiting room   [7] seat   [8] (archaic) no, no   [9] take away this folding chair

M. DIMANCHE.   Oui, Monsieur, pour vous rendre service. Je suis venu . . .

DON JUAN.   Vous avez une santé admirable, des lèvres[10] fraîches, un teint vermeil[11] et des yeux vifs.

M. DIMANCHE.   Je voudrais bien . . .

DON JUAN.   Comment se porte Mme Dimanche, votre épouse?

M. DIMANCHE.   Fort bien, Monsieur, Dieu merci.

DON JUAN. C'est une brave femme.

M. DIMANCHE.   Elle est votre servante, Monsieur. Je venais . . .

DON JUAN.   Et votre petite fille Claudine, comment se porte-t-elle?

M. DIMANCHE.   Le mieux du monde.

DON JUAN.   La jolie petite fille que c'est! je l'aime de tout mon cœur.

M. DIMANCHE.   C'est trop d'honneur que vous lui faites. Monsieur, je vous . . .

DON JUAN.   Et le petit Colin, fait-il toujours autant de bruit avec son tambour[12]?

M. DIMANCHE.   Toujours autant, Monsieur. Je . . .

DON JUAN.   Et votre petit chien Brusquet? gronde-t-il[13] toujours aussi fort, et mord-il[14] toujours bien aux jambes les gens qui vont chez vous?

M. DIMANCHE.   Plus que jamais, Monsieur, et nous ne saurions l'en empêcher.

DON JUAN.   Ne vous étonnez pas si je m'informe des nouvelles de toute la famille, car j'y prends beaucoup d'intérêt.

M. DIMANCHE.   Nous vous sommes, Monsieur, infiniment obligés. Je . . .

[10] lips   [11] rosy complexion   [12] drum   [13] growl   [14] bite

DON JUAN (*lui tendant la main*). Donnez-moi la main, Monsieur Dimanche.*
Etes-vous bien un de mes amis?

M. DIMANCHE. Monsieur, je suis votre serviteur.

DON JUAN. Parbleu! je suis à vous de tout mon cœur.

M. DIMANCHE. Vous m'honorez trop. Je . . .

DON JUAN. Il n'y a rien que je ne ferais pour vous.

M. DIMANCHE. Monsieur, vous avez trop de bonté pour moi.

DON JUAN. Et cela sans intérêt, je vous prie de le croire.

M. DIMANCHE. Je n'ai point mérité cette grâce, assurément. Mais Monsieur . . .

DON JUAN. Oh ça! Monsieur Dimanche, sans façon[15], voulez-vous souper avec moi?

M. DIMANCHE. Non, Monsieur, il faut que je retourne tout de suite. Je . . .

DON JUAN (*se levant*). Allons, vite un flambeau[16] pour conduire M. Dimanche, et
que quatre ou cinq de mes gens prennent des mousquetons pour l'escorter†.

M. DIMANCHE (*se levant de même*). Monsieur, ce n'est pas nécessaire, et je m'en irai
bien tout seul. Mais . . .

(*Sganarelle‡ ôte vite les sièges*)

DON JUAN. Comment! Je veux qu'on vous escorte et je m'intéresse trop à votre
personne. Je suis votre serviteur, et de plus votre débiteur[17].

M. DIMANCHE. Ah! Monsieur . . .

DON JUAN. C'est une chose que je ne cache pas, et je le dis à tout le monde.

M. DIMANCHE. Si . . .

DON JUAN. Voulez-vous que je vous reconduise?

M. DIMANCHE. Ah! Monsieur, vous vous moquez! Monsieur . . .

DON JUAN. Embrassez-moi** donc, s'il vous plaît. Je vous prie encore une fois
d'être persuadé que je suis tout à vous, et qu'il n'y a rien au monde que je ne
ferais pour vous. (*Il sort*).

D'après Molière
DON JUAN Acte IV scène 3

VARIATIONS LEXICALES
1. Complétez les phrases suivantes en utilisant le mot approprié.

(la) pièce—(la) santé—(la) lèvre—(la) grâce—(un) escroc—(le) pliant—
(le) teint—(le) flambeau—(le) tambour—(le) débiteur

1. Qu'est-ce que vous pensez de la dernière _____ de cet auteur?
2. Son séjour en Suisse lui a fait du bien: elle a un beau _____ .
3. Les mannequins défilaient avec _____ et élégance.

* La poignée de main est rare au XVIIᵉ siècle. Elle est donc un geste d'amitié profonde.
† Les rues de Paris étaient alors peu sûres.
‡ Le valet de Don Juan.
** Cela ne se fait qu'entre égaux.

[15] informally [16] torch [17] debtor

4. Prenez les _____ parce qu'il n'y a pas de bancs dans le parc.
5. Ils sont partis sans _____ ni trompettes.
6. Il a une _____ de fer, il n'est jamais malade.
7. Interpol est parvenu à arrêter ce dangereux _____ .

2. Complétez les phrases suivantes en utilisant le verbe approprié.

être ravi—gronder—mériter—escorter—conduire—se porter—mordre—
ôter—embrasser—s'empêcher

1. Je peux te _____ chez toi si tu veux.
2. Le président était _____ d'au moins cinq gardes du corps.
3. Il est en prison. En fait, il l'a bien _____ .
4. Nous _____ de la revoir après tant d'années.
5. On _____ ses chaussures avant d'entrer dans une mosquée.
6. Nous n'avons pas pu _____ de rire en voyant ça.
7. Le chien m'a _____ à la jambe gauche.

3. Chassez l'intrus de chaque série.

MODELE   un serviteur, une bonne, une servante, un serveur, un laquais, un ami
         un ami

1. gronder, la colère, grogner, le bruit, menacer, escorter
2. les yeux, le tailleur, les oreilles, les lèvres, la bouche, le cœur
3. la ruse, l'escroc, malhonnête, le coquin, le danger, le flambeau
4. reconduire, mériter, accompagner, escorter, ramener
5. la santé, le teint, la maladie, la convalescence, guérir, la bonté
6. embrasser, aimer, les joues, le baiser, se moquer, le cœur

4. Trouvez le mot juste. Aidez-vous du texte.

MODELE   quelqu'un qui sert dans un café ou un restaurant:
         un serveur, une serveuse

1. quelqu'un qui ne dit pas la vérité
2. quelqu'un qui doit de l'argent à quelqu'un
3. quelqu'un qui fait des vêtements sur mesure pour hommes et pour femmes
4. un appareil d'éclairage portatif (porté à des cérémonies, des fêtes)
5. la nuance ou l'aspect de la couleur du visage
6. être très content, enchanté, comblé
7. venir près de quelqu'un

5. Relisez le texte, puis répondez aux questions suivantes.

1. Pourquoi Don Juan commence-t-il par s'excuser?
2. Qu'est-ce qui prouve qu'il est fâché contre ses laquais?

3. Pourquoi veut-il que M. Dimanche s'assoie sur un fauteuil?
4. De quels membres de la famille de M. Dimanche s'informe-t-il successivement?
5. Quels compliments fait-il à M. Dimanche?
6. Pourquoi Don Juan veut-il que M. Dimanche lui donne la main?
7. De quel mot Don Juan profite-t-il pour mettre M. Dimanche poliment à la porte?
8. Pourquoi veut-il faire escorter M. Dimanche?
9. Comment se termine la scène?

6. Résumez l'extrait de la scène, oralement ou par écrit en une quinzaine de lignes, et dites comment Don Juan rend la situation comique.

GRAMMAIRE

LES PRONOMS PERSONNELS

A. FORMES

On peut distinguer en français deux sortes de pronoms, conjoints et disjoints : les *pronoms conjoints* sont ceux qui forment un tout avec le verbe ; ils se placent avant ou après celui-ci.

Il se demande si elle viendra.
Elle le voit.
Jean **lui** dira **d'y** venir.
On lui en parlera.
Sophie **l'y** invitera.
Nous nous promenons.

Voici un tableau des pronoms conjoints.

SINGULIER			PLURIEL			SINGULIER ET PLURIEL
SUJET	C.O.D.*	C.O.I.*	SUJET	C.O.D.	C.O.I.	FORMES REFLECHIES
je, j'	me, m'		nous	nous		
tu	te, t'		vous	vous		
il	le, l'		ils			
elle	la, l'	lui	elles	les	leur	se, s'
on	le, l'					

Comparez les phrases suivantes.

Je prends	**le train.**		Je	**le**	prends.
Vous parlerez	**à Pierre.**		Vous	**lui**	parlerez.
Elle a emprunté	**ce livre.**		Elle	**l'**	a emprunté.
Elles donnent des idées	**à Pierre et Jean.**		Elles	**leur**	donnent des idées.

* C.O.D. = complément d'objet direct ; C.O.I. = complément d'objet indirect.

Remarquez que **me**, **te**, **se**, **lui**, **nous**, **vous** remplacent toujours des êtres animés, tandis que **le**, **la** et **les** peuvent remplacer un nom de personne, d'objet ou de concept. **Le** peut aussi bien remplacer toute une proposition, ou même une phrase :

Il est venu réclamer son argent.   Je **le** savais.

Le cas de *en* et *y*

Comparez ces exemples.

Je	lui	donnerai	**de**	l'argent.
			des	nouvelles.
		ai donné	**une**	idée.
			trop d'	idées.
		ne peux l'empêcher	**de**	mordre les gens.

Je	lui	**en**	donnerai. ai donné. ai trop donné.
	ne peux l'		empêcher.
J'	**en**		veux à mes gens.

Je	dois	penser	**à**	ma dette.
		répondre		sa visite.
		songer		ce qu'il dit.
Ça	doit	être se trouver	**dans** **sur**	l'antichambre. le fauteuil.

Je	dois		**y**	penser.
				répondre.
				songer.
Ça	doit			être.
		s'		trouver.
Il				a des gens.

Remarquez que **en** peut remplacer un complément introduit par les prépositions **de**, **des**, **d'**, un nom de nombre ou un adverbe de quantité, tandis que **y** remplacera un complément introduit par les prépositions **sur**, **dans** et surtout **à**.

Y et **en** peuvent aussi remplacer un membre de phrase ou même une proposition.

Je n'étais pas sûre *de ce qu'il disait.* ⇒ Je n'**en** étais pas sûre.
Il viendra bien un jour *au point de vue que je défends.* ⇒ Il **y** viendra bien un jour.

Enfin le français possède une série d'expressions comportant **en** ou **y**; ces pronoms n'ont plus de valeur exacte, précise en français moderne.

J'**en** veux à mes gens. (**en** vouloir à quelqu'un)
J'**en** ai assez. (**en** avoir assez)
J'**en** ai marre. (familier: **en** avoir marre)
Il s'**en** va. (s'**en** aller)
Il **y** a tout ce qu'on veut ici. (il **y** a)

Les *pronoms disjoints* forment la deuxième série. Ces pronoms sont séparés du verbe par une pause, ou par un terme (par exemple une préposition).

Elle viendra avec **moi**.
C'est pour *toi* que je l'ai apporté.
Ce sont des menteurs, **eux**.
Chacun en a pris un avec **soi**.

SINGULIER	PLURIEL	FORME REFLECHIE
à (avec, pour, etc.) moi	à (avec, pour, etc.) nous	
à (avec, pour, etc.) toi	à (avec, pour, etc.) vous	
à (avec, pour, etc.) lui elle	à (avec, pour, etc.) eux elles	à (avec, pour, etc.) soi

B. EMPLOI DES PRONOMS CONJOINTS
Les pronoms personnels se mettent devant le verbe conjugué.

Elle		**m'** **les** **nous**	informera		demain.
		leur	demandera		
	ne	**m'** **t'**	a	pas jamais	informé(e).
		lui			demandé.

S'il y a deux pronoms troisième personne, le pronom complément d'objet direct précède le pronom complément d'objet indirect.

		1	**2**			
Elle	ne	**le** **la** **les**	**lui** **leur**	apprendra	pas	demain.
				a pas appris.		

Par contre, le pronom indirect première ou seconde personne se placent avant les pronoms **le, la, les**.

Elle	va	peut-être	**vous** **nous** **me** **te**	**le** **la** **les**	rapporter.

Elle	ne	**vous** **te**	**les** **l'**	a	peut-être	pas	donné(s). rapporté(s).

Les pronoms **en, y** occupent toujours la seconde place après un autre pronom. S'ils se suivent, **y** se place devant **en** comme dans l'expression **il y en a** : il **n'y en** a plus.

		1	**2**		
Je	ne	**t'** **vous** **lui** **leur**	**en**	informerai	pas.
				ai pas réclamé.	

		1	**2**		
On	ne	s'	y	rendra intéresse	pas.
		les		emmènera	
				a pas emmenés.	

S'il y a un infinitif dans la phrase, les pronoms qui se rapportent à l'infinitif se placent devant l'infinitif. Le pronom réfléchi doit représenter le même objet ou la même personne que le sujet de la phrase.

Elle	pourra	quand même sans doute		**lui** **l'en**	rendre service. empêcher.
	essaiera		de ne pas	**s'y** **vous le**	rendre.

C. EMPLOI DES PRONOMS PERSONNELS DISJOINTS ET TONIQUES

Les pronoms toniques portent l'accent d'intensité. Les pronoms disjoints sont en général toniques.

Les pronoms toniques peuvent se placer soit en début soit en fin de phrase.

(Moi),	je	n'		ai	rien	dit, pris,	**(moi)!**
(A eux),		ne	**(leur)**				**(à eux)!**
(Elles),			**(les)**		pas	vues, prises,	**(elles)!**

Dans la langue familière on trouve aussi des exemples comme: Madame Durand, *elle*, *elle* est brave. (Le premier **elle** est un pronom disjoint.)

Les pronoms toniques s'emploient aussi dans les phrases elliptiques.

Je	pars. quitte. m'en vais.	**Moi** **Lui** **Elle**	**non!** **aussi!**

Ils peuvent également représenter le deuxième terme de la comparaison.

1				**2**	
Il	est	beaucoup plus	grand	que	moi. toi.
				qu'	elle. eux.

Ces pronoms s'emploient également après une préposition.

On	ira	avec pour sans malgré	lui. elle. eux. toi.
	pense	à	
	n'est bien que	chez	soi.

*N.B.: Pour la préposition **à**, le complément d'objet indirect (C.O.I.) précède normalement le verbe (conjoint): **je leur demande, je me demande** sauf dans le cas des verbes **penser à, croire à, tenir à, songer à** et des verbes pronominaux:*

> *Je pense à elle.*
> *Je tiens à elle.*
> *Je m'intéresse à eux.*

Ces pronoms s'emploient aussi après la préposition **à** si l'on veut insister sur une opposition.

Je	le	donnerai	à	lui vous toi eux	mais	pas	à	elle. eux. lui. vous.

D. LES PRONOMS ET LA FORME IMPERATIVE

Les pronoms suivent la forme positive de l'impératif mais ils se mettent devant la forme négative de l'impératif. Remarquez également non seulement la différence des formes (**moi**, forme tonique) mais aussi l'ordre des pronoms.

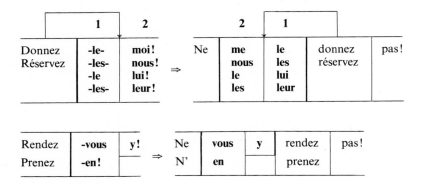

	1	2		2	1		
Donnez Réservez	-le- -les- -le -les-	moi! nous! lui! leur!	⇒ Ne	me nous le les	le les lui leur	donnez réservez	pas!

| Rendez Prenez | -vous -en! | y! | ⇒ Ne N' | vous en | y | rendez prenez | pas! |

Les verbes réfléchis ont les pronoms **moi**, **toi** à la forme positive de l'impératif et **me (m')**, **te (t')** à la forme négative.

Embrasse-	**moi!**	Ne	**m'**	embrasse	pas!
Assieds-	**toi!**		**t'**	assieds	

Si le pronom **moi** est suivi de **en**, il se contracte en **m'(en)**. Remarquez qu'à la forme positive il faut mentionner les articles ou pronoms indéfinis tels que **un(e)**, **deux**, **pas mal**, **beaucoup**, etc. A la forme négative de l'impératif ces mots ne sont pas mentionnés.

Réserve Apporte	**m'**	en	**un!** **deux!** **beaucoup!**	⇒	Ne	**m'**	en	réserve apporte	pas!

VARIATIONS STRUCTURALES

1. Répondez en vous aidant du modèle.

MODELES   Je ne parlerai pas *à Nicole*.
           *Si, il faut **lui** parler.*

           Je ne montrerai pas *cette photo*.
           *Si, il faut **la** montrer.*

1. Je n'apporterai pas *ce fauteuil*.
2. Je n'appellerai pas *les Durand*.
3. Je n'écouterai plus *ces histoires*.
4. Je ne rendrai pas service *aux voisins*.
5. Je n'offrirai rien *aux enfants*.
6. Je ne tendrai pas *la main*.
7. Je ne répondrai pas *à mes parents*.
8. Je ne rendrai pas visite *à Sabine*.

2. Répondez aux questions en vous aidant du modèle.

MODELES   Tu as *les lettres*?
           *Non, je ne **les** ai pas.*

           Tu as encore *les nouvelles*?
           *Non je n'**en** ai pas.*

1. Tu trouves encore *des fautes*?
2. Tu trouves *la solution*?
3. Tu sais *ce qu'il fait*?
4. Tu invites encore *ces gens-là*?
5. Tu fais toujours *du bruit*?
6. Tu fais encore *du piano*?
7. Tu reconduis *Monsieur*?
8. Tu réclames encore *ton argent*?

3. Répondez aux questions en vous aidant du modèle.

MODELE   Je lui montre sa chambre?
           C'est ça, montrez-la-lui.

1. Je lui offre mon tambour?
2. Je leur réclame mon argent?

3. Je le fais entrer dans mon bureau?
4. Je lui parle d'amour?
5. Je lui dis que vous êtes sortie?
6. Je leur enlève leurs sièges?
7. Je lui envoie vos livres?
8. Je leur raconte ce que vous m'avez dit?

4. Répondez négativement aux questions et remplacez les expressions en italique par un pronom.

MODELE   Ils vous diront *la vérité*?
*Ils ne me **la** diront pas, j'en suis sûr!*

1. Ils vous apprendront *ce jeu*?
2. Il vous racontera *l'histoire*?
3. Ils vous réserveront *un siège*?
4. Ils vous rendront *ce qu'ils ont pris*?
5. Ils vous cacheront *la vérité*?
6. Ils vous vendront *cette voiture*?
7. Ils vous prêteront *le livre*?
8. Ils vous diront *ce que c'est*?

5. Répondez aux questions en utilisant *y* ou *en*.

MODELES   Vous n'allez plus à Paris?
*Si, j'**y** vais encore.*
Vous n'avez plus d'argent?
*Si, j'**en** ai encore.*

1. Vous ne restez plus à la campagne?
2. Vous ne vous intéressez plus au cinéma?
3. Vous ne prenez plus de cette sauce?
4. Vous ne faites plus de mathématiques?
5. Vous ne pensez plus à cet échec?
6. Vous ne parlez plus de vacances?

6. Remplacez tous les substantifs par des pronoms.

MODELE   Donne-moi de l'argent!
*Oui, donne-m'**en**!*

1. Allons à Paris!
2. Passe-moi du pain!
3. Ecris-moi ton adresse!
4. Téléphone-moi la nouvelle rapidement!
5. Prête-moi ta voiture!
6. Donne-moi quelques tickets!

7. Vous intervenez entre deux personnes. Aidez-vous du modèle.

MODELE   Donnez-moi ce document!
          Non, ne le lui donne pas!

1. Vendez-moi cette photo!   5. Conduis-moi chez lui!
2. Donnez-moi la main!   6. Informez-moi des nouvelles!
3. Rendez-moi mon argent!   7. Apportez-moi un siège!
4. Prêtez-moi cette revue!   8. Réservez-moi une place!

8. Remplacez les pronoms en italique par des substantifs ou membres de phrases.

MODELE   J'*en* suis ravi.
          Je suis ravi **que vous veniez**.

2. J'*y* prends de l'intérêt!
3. N'essayez pas de l'*en* empêcher!
4. Il veut qu'on l'escorte partout.
5. Prenez-*en*!
6. Elle l'a persuadé d'*y* assister.
7. On *le leur* a promis.
8. On *leur* a demandé de ne pas s'*en* occuper.

9. Voici dix phrases tirées du texte. Relisez le texte et trouvez ce qui remplace les pronoms en italique.

MODELES   Je n'*en* peux plus.
          (**en** *ne se réfère à rien; c'est une expression idiomatique:* **n'en plus pouvoir**)
          Il *en* apporte deux.
          Il apporte **deux sièges**.

1. J'*en* veux à mes gens de ne pas vous faire entrer.
2. Je l'aime de tout mon cœur.
3. Nous ne saurons l'*en* empêcher.
4. Don Juan *lui* tend la main.
5. Et cela sans intérêt, je vous prie de *le* croire.
6. Ce n'est pas nécessaire, je m'*en* irai bien tout seul.
7. C'est une chose que je ne cache pas, et je *le* dis à tout le monde.

10. Mettez les phrases suivantes à la forme négative.

MODELE   Venez me voir!
          Ne venez pas me voir!

1. Otez ce fauteuil!   5. Cachez-lui la vérité!
2. Approchez-vous de moi!   6. Dites-le-lui!
3. Donnez-m'en encore!   7. Reconduisez-le à la porte!
4. Embrasse-moi!   8. Allez-y!

LES PRONOMS RELATIFS

Qui s'emploie comme sujet (masculin, féminin, singulier et pluriel) de la subordonnée tant pour des personnes que pour des choses.

Que, qu' s'emploie comme complément d'object direct du verbe de la subordonnée.

Ces gens	**qui**	viennent	sont mes amis.
	que	tu as rencontrés	

qui = sujet
que = complément d'objet direct

Qui peut également s'employer seul dans des expressions figées. Il a alors le sens de **celui qui**.

Celui qui		
Qui	vivra,	verra!

Avec les verbes dont un complément peut être précédé de la préposition **de**, on emploie **dont** lorsque le complément de ce verbe est l'antécédent.

verbe + **de**

C'est une chose	**dont**	je	suis persuadé.
			me moque.
			parle volontiers.

= c'est une **chose**: je suis persuadé **de cette chose**.
je me moque **de cette chose**.
je parle volontiers **de cette chose**.

Remarquez que le français conserve l'article après **dont**.

nom + **de**

Voilà	la maison	**dont**	**le**	propriétaire	est	Don Juan.
	le serviteur			maître		

Avec tous les verbes dont un complément est introduit par une préposition telle que **à**, **avec**, **pour**, **sur**, etc. on emploie comme pronom relatif cette préposition + **qui** lorsque l'antécédent indique une personne.

C'est la personne	**à**	**qui**	j'	ai rendu service.
	avec		je	suis revenue.
	pour			prends tant d'intérêt.
	sur			peux compter.
	chez			vous conduis.

rendre service **à**; revenir **avec**; prendre de l'intérêt **pour**; compter **sur**; conduire **chez**

De la même façon, on emploiera la préposition + **lequel, laquelle, lesquelles** lorsque l'antécédent est un objet ou un concept.

C'est le fauteuil	**dans**	**lequel**	j'	aime lire.
	pour			ai payé si cher.
	sur			étais assis.
C'est une idée	**pour**	**laquelle**	je	me bats.

lire **dans**; payer **pour**; être assis **sur**; se battre **pour**

Si le verbe de la subordonnée se construit avec la préposition **à**, on obtient (suivant le genre et le nombre de l'antécédent) les pronoms relatifs: **auquel, auxquels, à laquelle, auxquelles**.

C'est	un livre	**auquel**	je	m'intéresse.
Ce sont	des livres	**auxquels**		
C'est	une idée	**à laquelle**		travaille.
Ce sont	des idées	**auxquelles**		

s'intéresser **à**

Si on n'a pas d'antécédent précis (ou s'il est sous-entendu) on utilise le pronom relatif **ce qui** (sujet), **ce que** (**ce qu'**) (complément d'objet direct), **ce dont** (complément d'objet avec préposition **de**). Ces pronoms peuvent se trouver en tête de phrase ou après un verbe.

Je fais	**ce qui**	m'intéresse.
		m'amuse.
		me plaît.

sujet sans antécédent mentionné ou intentionnellement vague

Je fais	tout	**ce que**	je	veux.
		ce dont	j' je	ai envie. rêve.

C.O.D. sans antécédent précis; complément introduit par la préposition **de** dont l'antécédent est vague

Tout	**ce qui**		me plaît, m'intéresse,	je	**le**	fais.
	ce que	je	veux,			
	ce dont		rêve,			

Lorsque le verbe est intransitif (**s'intéresser à quelque chose, travailler sur quelque chose**, etc.) et que l'antécédent n'est pas précis, on emploie comme pronom relatif la préposition + **quoi**.

Je	ne	sais	pas	**à**	**quoi**	il	s'intéresse.
				sur			travaille.

Les pronoms interrogatifs peuvent également être employés comme pronoms relatifs.

On	se demande	**où** **quand** **comment** **pourquoi**		elle le fera.
		avec **chez**	**qui**	
		avec **dans**	**quoi**	

VARIATIONS STRUCTURALES
1. Complétez les phrases suivantes à l'aide de *qui* ou *que*.

MODELE   Il a des soucis _____ je n'ai pas.
*Il a des soucis **que** je n'ai pas.*

1. Vous êtes mon ami: c'est une chose _____ je ne cache pas.
2. Tu connais les gens _____ te saluent?
3. C'est un chien _____ mord tout le monde.

4. Tu inviteras tous les gens _____ te connaissent?
5. La jolie petite fille _____ voilà!
6. C'est le bon sens _____ doit vous guider.

2. Complétez les phrases suivantes par *qui*, *que* ou *dont*.

MODELE   C'est une histoire _____ je ne me souviens pas du tout.
          *C'est une histoire **dont** je ne me souviens pas du tout.*

1. Voilà les renseignements _____ tu m'as demandés.
2. Ce sont les gens _____ je veux te parler.
3. C'est un garçon _____ il faut plutôt se méfier.
4. C'est une histoire _____ il se moque éperdument.
5. Il n'y a rien _____ je ne ferais pour vous!
6. Avoir toujours raison: voilà ce _____ il est persuadé.

3. Complétez les phrases suivantes à l'aide d'une forme de *lequel*.

MODELE   Les nouvelles au sujet _____ j'ai appelé sont fausses.
          *Les nouvelles au sujet **desquelles** j'ai appelé sont fausses.*

1. Le tailleur à _____ je dois de l'argent est venu me le réclamer.
2. La nouvelle à _____ je me réfère n'est pas publique.
3. Le souper à _____ vous étiez invité n'aura pas lieu.
4. Les amis sur _____ il comptait ont disparu.
5. L'usine pour _____ il travaillait a fait faillite.
6. La raison pour _____ il s'est fait renvoyer n'est pas bien claire.

4. Répondez que vous ne savez rien.

MODELE   Chez qui va-t-elle habiter?
          *Je ne sais vraiment pas **chez qui** (elle va habiter).*

1. De quoi va-t-elle s'étonner?
2. A qui va-t-elle le rendre?
3. Dans quoi va-t-elle le mettre?
4. Où va-t-il souper?
5. Pourquoi va-t-elle l'en empêcher?
6. Comment va-t-elle le lui donner?

5. Complétez les phrases suivantes à l'aide de *ce qui* ou *ce que* (*ce qu'*).

MODELE   **Ce qui** *me gêne le plus c'est qu'on ne la reverra plus.*
          *C'est tout **ce que** je voulais savoir.*

1. Tout _____ je lui souhaite, c'est une bonne santé.
2. Voici _____ je voudrais lui dire.
3. Il ne dira jamais _____ il pense.

4. C'est _____ reste à prouver.
5. _____ est dommage, c'est qu'il n'écoute jamais.
6. _____ est bien, c'est que c'est gratuit.

6. Complétez les phrases suivantes librement.

MODELE *Ce qui m'intéresse, **c'est sa façon de parler**.*

1. Ce qui m'importe, c'est _____.
2. Ce que je crois, c'est _____.
3. Ce dont je suis persuadé, c'est _____.
4. Ce dont je me moque, c'est _____.
5. Ce à quoi je m'intéresse, c'est _____.
6. Ce qui me plaît chez lui, c'est _____.

7. Répondez aux questions en vous aidant du modèle.

MODELE Tu t'intéresses à son avenir?
        *Oui, c'est ce **à quoi** je m'intéresse le plus.*

1. Tu crois à l'amour?   4. Tu t'étonnes de la nouvelle?
2. Tu réfléchis à ton avenir?   5. Tu te moques de son ignorance?
3. Tu comptes sur sa bonté?   6. Tu as peur qu'elle vienne?

PROBLEMES
D'AUJOURD'HUI
ET DE DEMAIN

LA VIE COMMENCE DES LA CONCEPTION

Les premières manifestations de vie de l'embryon humain, leur importance ont été étudiées, le lundi 1er octobre, à l'Académie des Sciences Morales et Politiques à Paris, dans une communication[1] présentée par le docteur Jérôme Lejeune, professeur de génétique fondamentale à l'hôpital Necker-Enfants malades de Paris.

Sans jamais prononcer le mot avortement ou prendre ouvertement parti[2] pour ou contre sa légalisation, M. Lejeune, dont le nom est cependant associé à la lutte contre les interruptions de grossesse, a parlé avec passion des enfants à venir.

Pour le professeur Lejeune, rappelons-le, l'être humain existe dès la rencontre du spermatozoïde et de l'ovule, c'est-à-dire dès l'œuf. «Le début de l'être remonte[3] très exactement à la fécondation, et toute l'existence, des premières divisions à l'extrême vieillesse, n'est que l'amplification du thème principal. Le minuscule embryon au sixième ou septième jour de sa vie, avec tout juste un millimètre et demi de grandeur, est déjà capable de présider à son propre destin. C'est lui et lui seul qui, par un message chimique incite le corps jaune de l'ovaire à fonctionner et suspend les règles[4] de sa mère. Il oblige donc celle-ci à lui conserver sa protection, car déjà il fait d'elle ce qu'il veut», a notamment déclaré le professeur Lejeune.

Puis l'orateur poursuit: à trois semaines, le cœur bat, à un mois l'embryon mesure 4,5 millimètres. Il a des ébauches[5] de membres, de tête, de cerveau[6]. A soixante jours, il tiendrait replié[7] dans un œuf, mais «tout est constitué: vous pouvez lire dans les lignes de sa main». «L'incroyable Tom Pouce[8], l'homme moins grand que le pouce, existe réellement; non point celui de la légende, mais celui que chacun de nous a été», ajoute le professeur Lejeune.

«Si c'est sur l'avenir qu'un fœtus est jugé, souligne[9] le professeur Lejeune, l'homme est bien déjà là, et qui, déjà, s'éveille. (. . .) Prétendre que le sommeil de l'existence obscure n'est pas celui de l'homme, ajoute le savant[10], est une erreur de méthode. Car si tous les raisonnements ne peuvent émouvoir, si toute la biologie moderne paraît insuffisante, si même on récusait[11] atomes et molécules, même si

---

[1] paper   [2] openly taking a stand   [3] goes back   [4] menstruation   [5] beginnings   [6] brain
[7] curled up   [8] thumb   [9] emphasizes   [10] scholar   [11] challenged

Etre ou ne pas être?

tout cela ne pouvait nous convaincre, un seul fait le pourrait : attendez quelque temps. Celui que vous preniez pour un fruit informe[12] vous dira bientôt qu'il était et devient, tout comme vous, un homme.»

En concluant, le professeur Lejeune estime que le médecin, l'historien des enfants, ne peut trancher[13] seul la question de l'interruption de la vie de l'être humain à ses débuts. Il faut s'élever, au-delà du médical, jusqu'au domaine moral et même politique.

D'après *LE MONDE*

[12] shapeless   [13] settle, decide

VARIATIONS LEXICALES

1. Complétez les phrases suivantes en utilisant le verbe approprié.

rappeler—battre—récuser—convaincre—remonter—souligner—émouvoir—
estimer

1. C'est un homme qu'un rien _____ .
2. Il faudra essayer de _____ les autorités qu'elles doivent prendre des mesures.
3. Puis-je vous _____ votre promesse?
4. Son équipe s'est fait _____ par quatre à zéro.
5. Il est descendu vers midi et il est _____ vers minuit.
6. Est-ce que le conférencier a suffisamment _____ ce point important?

2. Relevez tous les mots du texte qui peuvent remplacer le verbe *dire*.

MODELE   L'orateur *dit* . . .
          L'orateur **poursuit** . . .

3. Donnez le mot apparenté aux mots suivants.

MODELE   la lutte:
         lutter, le lutteur

1. la grossesse   2. humain   3. la poursuite   4. conclure   5. le rappel
6. le juge   7. vieillir   8. une abréviation   9. le soulagement   10. le soin

4. Complétez les expressions suivantes en vous servant des mots de la colonne de droite.

1. _____ une communication   a. *présider*
2. _____ le mot avortement   b. *prononcer*
3. _____ pour ou contre quelqu'un   c. *remonter*
4. _____ à Adam et Eve   d. *tenir*
5. _____ à son destin   e. *prendre parti*
6. _____ quelqu'un à travailler   f. *présenter*
7. _____ dans un œuf   g. *inciter*
8. _____ quelqu'un sur ses actes   h. *juger*

5. Avec quels mots du texte les mots suivants ont-ils un rapport?

1. une conférence   2. attendre un bébé   3. avec enthousiasme
4. le commencement   5. l'avenir   6. encourager   7. continuer (de la voix)
8. sortir du sommeil   9. refuser d'accepter   10. décider

6. Remplacez de façon libre les pronoms personnels en italique par un substantif, une expression ou une proposition.

MODELE   Il vous *le* dira.
         *Il vous dira **qu'il deviendra un homme***.

1. C'est à *lui* que nous nous sommes adressés.
2. On *l'*a obligé à lui conserver sa protection.
3. On *l'y* a associé.
4. Pour *lui*, rappelons-*le*, l'être humain existe dès la rencontre du spermatozoïde et de l'œuf.
5. Il pourrait *y* tenir replié.
6. Sans jamais *le* prononcer ouvertement, il a pris position.
7. Il *en* a fait ce qu'il voulait.

7. Relisez le texte, puis répondez aux questions suivantes.

1. Où, quand et par qui la communication a-t-elle été présentée?
2. Les opinions du professeur sont-elles connues? Quelles sont-elles?
3. Quels stades de la vie de l'embryon le professeur a-t-il examinés?
4. Qu'est-ce qui est caractéristique de chaque stade?

5. Qu'est-ce qui est une erreur de méthode? Expliquez.
6. Est-ce que le médecin peut trancher seul cette question délicate de l'interruption de grossesse?

Composition écrite

8. Faites une rédaction d'une vingtaine de lignes sur le sujet suivant:

« Y a-t-il des inconvénients à avorter »? (aspects physiques, aspects psychologiques, aspects moraux) « Qui en fin de compte devrait avoir le pouvoir de décision? le législateur? le médecin? la femme seule? la mère et le père? »

Essayez de donner des exemples concrets. Vous emploierez dans votre composition le vocabulaire suivant:

ouvertement, prendre parti, être capable de, interrompre, une grossesse, c'est (lui) qui, trancher la question

Débat

9. Répondez aux questions suivantes et donnez des exemples:

1. Que pensez-vous de la législation actuelle sur l'avortement dans votre pays? dans votre état? est-elle adaptée selon vous?
2. Ne faudrait-il pas plus d'informations sur les contraceptifs?
3. Quelle est votre attitude personnelle? Etes-vous en désaccord sur ce point avec votre famille? votre entourage? Expliquez.

LA NEUVIEME SYMPHONIE

Un médecin anglo-saxon à l'âge de la retraite, M.G.M. a annoncé hier qu'il avait pratiqué un certain nombre d'actes d'euthanasie sur des malades incurables et que ces faits s'étaient étalés sur une période de plusieurs années. Il lui était impossible d'avancer[1] des chiffres concernant le nombre d'interventions[2]; il a ajouté que ces actes sont des expériences extrêmement traumatisantes et que l'esprit a tendance à les reléguer dans l'oubli. Mais il a insisté sur le fait que ces actes n'avaient été commis qu'à l'initiative du malade.

C'est un fait connu qu'un certain nombre de médecins ont pratiqué l'euthanasie illégalement, mais la confession publique du docteur qui reconnaît l'avoir pratiquée sur un laps de temps assez long, va certainement raviver la controverse autour de ce délicat problème: oui ou non doit-on légaliser l'euthanasie. Ce médecin raconte qu'il a vu pratiquer l'euthanasie pour la première fois tout au début de sa carrière de médecin. « J'étais jeune et naïf et je pensais que l'euthanasie était légale puisque je la voyais pratiquer par des médecins d'une probité impeccable. Plus tard je me suis

---

[1] to put forward   [2] (surgical) operations

rendu compte qu'il n'en était pas ainsi». Il insiste sur le fait que ces docteurs basaient leur décision sur trois critères—critères qu'il a adoptés lui-même par la suite.

«Le diagnostic devait être établi par plus de deux médecins; le malade devait se trouver dans un état désespéré et avoir réagi négativement aux traitements prescrits pendant une longue période; les malades eux-mêmes devaient prendre l'initiative.»

Le docteur M. a répété à plusieurs reprises que l'initiative devait venir du malade, non des parents ou de la famille: «Je n'ai jamais prêté la moindre[3] attention aux demandes de la famille», a-t-il précisé. «J'ai toujours refusé de discuter de cette matière avec eux. Seule la décision du malade importait puisqu'il s'agissait d'un acte personnel. C'étaient toujours des gens courageux qui prenaient cette décision. A l'heure fixée, je devais prendre une tasse de thé ou de café avec eux. On bavarderait peut-être une heure et puis ils me diraient: Maintenant donnez-moi l'injection!

Evidemment certains diront que j'ai commis des meurtres. Je ne me sens pas coupable[4] cependant parce que je suis convaincu que j'ai soulagé ces personnes de leurs souffrances.»

Le docteur, un sexagénaire, a ajouté que pas mal de médecins pratiquent l'euthanasie. Celle-ci se fait habituellement de deux façons: ou bien on ne donne pas les médicaments qui autrement prolongeraient la vie ou on administre de puissantes doses à ceux qui souffrent terriblement. Il trouvait qu'il était cruel de maintenir en vie des gens qui sont réduits à une vie purement végétative et qui ne peuvent plus la supporter. «Je crois», ajoutait-il, «que l'euthanasie est le point final idéal à toutes sortes de maladies incurables. Bien sûr, c'était illégal mais c'était un acte de pitié envers ces pauvres gens. Cela leur épargnait[5] des semaines, des mois de soucis, de souffrances, et même de terrifiantes angoisses.

«Prenons le cas de cette dame d'une quarantaine d'années. Elle n'avait plus que quelques semaines à vivre et elle avait déjà besoin de grandes doses de calmants, plusieurs fois par jour.

---

[3] never paid the slightest   [4] guilty   [5] saved

«Elle avait rédigé son testament, mis de l'ordre dans sa maison et invité ses amis pendant qu'elle se portait encore relativement bien. Elle voulait à tout prix que ceux-ci se souviennent d'elle comme d'une personne en bonne santé.

«A sa demande, on la fait passer dans la chambre voisine. Elle serre ma main tandis qu'elle écoute le deuxième mouvement de la neuvième symphonie de Beethoven. Alors, je lui glisse l'aiguille[6] dans l'une des grosses veines et lui injecte une forte dose du produit approprié.

«Elle s'endort très vite et meurt moins d'une heure après. Ses derniers mots sont chuchotés[7], mais clairs: « Merci beaucoup. Je vous remercie de tout cœur, docteur.»»

Dans un autre cas, un médecin jovial blague[8] avec le malade pendant qu'il injecte dans la veine une énorme dose d'évipan. Le malade s'endort en l'espace d'une minute et il meurt en moins d'une heure ou deux.

L'Ordre des médecins se refuse à tout commentaire sur les confessions du docteur. Le porte-parole[9] a conclu: «Notre politique officielle est de condamner l'euthanasie.»

VARIATIONS LEXICALES
1. Complétez les phrases suivantes en utilisant le verbe approprié.

soulager—chuchoter—blaguer—glisser—serrer—rédiger—bavarder—
reléguer—épargner—injecter

1. Elle vous écrase presque la main quand elle vous la _____.
2. Comme elle n'avait plus de voix, elle était obligée de _____.
3. La vieille dame _____ sur une peau de banane que deux garçons avaient placée là intentionnellement.
4. Ce médicament a fortement _____ les douleurs.
5. Elle est toujours de bonne humeur et elle _____ sans arrêt.
6. On tend à _____ dans l'inconscient tout ce qui est désagréable.
7. Ne pourrais-tu pas _____ une lettre pour moi?

2. Répondez par *vrai* ou *faux* et rectifiez les fausses affirmations.

1. Une maladie incurable est une maladie de la peau.
2. Une expérience traumatisante est une expérience dont on garde longtemps un souvenir déplaisant.
3. On utilise une aiguille pour coudre, pour tricoter et aussi pour donner des injections.
4. Dans les artères le sang est rouge, mais dans les veines il est bleu-verdâtre.
5. Une chose est impeccable lorsqu'elle est bien faite, parfaite.
6. Lorsqu'on en est réduit à une vie purement végétative, on ne peut plus rien faire.
7. Chuchoter, c'est parler très fort.

[6] needle   [7] whispered   [8] (colloquial) jokes   [9] spokesman

3. Donnez le substantif apparenté aux mots suivants.

MODELE   illégal :
          illégalité (*f.*)

1. légalement 2. réagir 3. intervenir 4. rédiger 5. souffrir 6. décider
7. habituellement 8. soulager 9. commenter 10. communiquer

4. Remplacez les mots, les expressions ou les propositions en italique par des pronoms personnels.

1. J'étais jeune et naïf et je pensais *que l'euthanasie était légale.*
2. Ce médecin raconte qu'il a vu souvent pratiquer *l'euthanasie.*
3. Il a annoncé qu'il a pratiqué autrefois *beaucoup d'actes illégaux.*
4. Il prétend que l'esprit a tendance à reléguer *ces actes dans l'oubli.*
5. J'ai toujours refusé de discuter *de cette matière* avec eux.
6. Ils me demandaient alors de leur donner *l'injection.*
7. Certains diront que j'ai commis *des meurtres.*
8. Cela épargnerait *des souffrances aux malades.*

5. Relevez les pronoms relatifs du texte et dites ce qu'ils remplacent.

MODELE   de puissantes doses à ceux *qui* souffrent terriblement.
          qui : *antécédent* : *ceux*

6. Relisez le texte, puis répondez aux questions suivantes.

1. Quand le médecin a-t-il annoncé qu'il avait pratiqué l'euthanasie? Combien de fois? Pour quelles raisons?
2. Dans quelles conditions l'a-t-il toujours pratiquée?
3. Quelles seront les conséquences de la confession publique?
4. Quand a-t-il vu pratiquer l'euthanasie pour la première fois? Par qui?
5. Quels étaient les critères adoptés?
6. De qui l'initiative devait-elle venir? Pourquoi?
7. Quelles étaient les circonstances entourant ces actes d'euthanasie?
8. Pourquoi pourrait-il y avoir une certaine cruauté à ne pas terminer une vie humaine?
9. Racontez le cas de la dame.
10. Quels ont été les commentaires de l'Ordre des médecins?

Composition écrite
7. Faites une rédaction d'une vingtaine de lignes sur le sujet suivant:

« Y a-t-il des dangers à légaliser l'euthanasie? Peut-on rapprocher le problème de l'euthanasie de celui de l'avortement? comment et pourquoi »?

Donnez des exemples de ce que vous avancez. Vous emploierez dans votre composition au moins *six* des expressions ou mots suivants ou leurs dérivés:

c'est un fait connu que (+ indicatif), *pratiquer illégalement, se rendre compte, prendre l'initiative, à plusieurs reprises, prêter attention à, puisque, il s'agit de* . . . (que + subjonctif), *être convaincu que* (+ indicatif), *maintenir en vie, une angoisse, se porter* (*bien* ou *mal*).

Débat

8. Répondez aux questions suivantes et donnez des exemples de ce que vous avancez:

1. Etes-vous pour ou contre l'euthanasie? Si vous êtes pour, dites dans quelles conditions.
2. Croyez-vous que la religion doive vous guider dans votre attitude? S'il y a des étudiants de religions différentes, expliquez la position de votre religion.
3. Si l'un de vos parents souffrait d'une maladie incurable, demanderiez-vous au médecin d'écourter sa vie? Pourquoi (pas)?

LISONS LE JOURNAL

Les confitures rajeunissent

Découverte en Normandie, dans un livre très ancien, la recette de confiture de carottes, dite «confiture de pauvres». Très économique, ce qui est sympathique[1], elle peut passer pour[2] de la confiture d'oranges, ce qui est inattendu, et elle est fort bonne, ce qui demeure l'essentiel.

Pour un kilo de carottes, il faut un kilo de sucre et quatre citrons. Epluchez[3] les carottes avec soin. Ne pas les laver, mais les essuyer. Les détailler en fines rondelles[4], ainsi que les citrons. Dans un grand récipient, disposez une couche[5] de carottes, une couche de citron, une couche de sucre et recommencez jusqu'à épuisement des ingrédients[6]. Laissez macérer toute une nuit. Le lendemain, cuire pendant une bonne heure et demie à découvert[7]. Passez le tout à la moulinette[8]. Mettre en pots immédiatement.

L'Express

Des refuges pour femmes battues

Melle T., qui a déjà une certaine expérience d'animatrice dans un foyer d'accueil[9] pour femmes en difficultés a été choisie pour résoudre le problème que pose le drame des femmes battues.

Issues de milieux souvent très modestes où la violence et l'alcoolisme ont un caractère héréditaire et par conséquent «admis», ces femmes, pour la plupart sans emploi ni diplômes, hésitent à provoquer une rupture. Les coups[10] ou la misère: tel est le choix difficile devant lequel elles se trouvent placées.

Une des premières victimes à laquelle Melle T. a eu affaire, à Lyon, a refusé pendant quinze jours de quitter le foyer où elle avait été accueillie, interdisant à ses enfants de se rendre à l'école de peur que son mari ne retrouve leur trace. Lorsqu'il y est finalement parvenu, elle l'a suivi sans un mot. «Ce sont souvent celles qui sont les plus terrorisées qui opposent le moins de résistance», explique Melle T. Par crainte des représailles[11], mais aussi parce que le désir et la haine sont des sentiments proches.

Un effort doit être fait pour informer les femmes isolées de leurs droits, les aider à trouver un emploi, voire les encourager à acquérir une formation professionnelle.

La municipalité sait que cette prise en charge[12] collective est une solution difficile, en tous cas coûteuse, mais aussi efficace. Le réseau[13] qu'elle tente de mettre sur pied[14] ne sera pas réservé aux victimes de violences domestiques, mais aux femmes seules avec enfants, aux femmes célibataires et à toutes personnes en détresse. La première femme battue, reçue par Melle T. depuis sa nomination était . . . un homme, le visage griffé[15] jusqu'au sang, que son épouse accusait, à tort, disait-il, de boire plus que de raison.

D'après Bertrand Le Gendre, *Le Monde*

Nous avons un pape communiste!

Au bar de l'Edelweiss, à Paris, la clientèle des habitués[16] s'interrogeait davantage sur les rigueurs naissantes de l'automne[17] que sur l'élection du nouveau pape. Arrachés à leurs tartines[18], les «petits déjeuners»[19] hésitaient à répondre à des questions qu'ils ne s'étaient pas posées: «Polonais? ça n'a pas d'importance, pourquoi toujours des Italiens . . .». «Je ne suis pas d'accord, un pape de l'Est, cela a un sens politique.» . . .

Trois cols blancs[20] prennent part à la «réflexion». «Avec un Noir, ça n'aurait pas été

---

[1] nice, agreeable   [2] tastes like   [3] peel   [4] cut them in thin slices   [5] layer   [6] until everything is used up   [7] without lid   [8] food grinder   [9] (here) home where women can find refuge, shelter   [10] being beaten

[11] punishment   [12] assuming of responsibility   [13] network   [14] to get started   [15] scratched   [16] regular customers   [17] beginnings of a severe fall   [18] interrupted at breakfast; **tartine**: slice of bread   [19] the customers eating breakfast   [20] white-collar workers

possible, un Polonais, ça peut passer». Deux filles en bout de zinc[21] trouvent que Karol Wojtyla—elles prononcent autrement—est un crack[22]: «Il parle six langues. Il a plus l'air d'un pape que le précédent.» Au fond du bar, pas rasé, pas frais, un ouvrier boit «son jus»[23]. Demandez-lui justement, c'est un Polonais: «Un pape de Cracovie? Je ne savais pas. J'ai travaillé toute la nuit.»

Polonais, jeune, polyglotte, sportif, érudit[24], etc., on croyait avoir tout entendu et tout lu sur le nouveau chef de l'Eglise catholique.

«Nous avons un pape communiste», s'exlame un titi[25] au coin de la rue. On allait oublier l'essentiel !

Le Monde

La galanterie ne paie plus

Sous le titre «Un cheikh-hand trop vigoureux», le quotidien de Dakar, *Le Soleil*, raconte l'anecdote suivante:

La courtoisie doit parfois être accompagnée du sens de l'humour. C'est ce que le Cheikh M. a appris à ses dépens[26], après avoir été obligé de payer 350 livres d'amende.

«Il y a quelques jours, le digne Cheikh, qui voyageait dans un autobus en direction de Haïfa, se leva très courtoisement pour offrir son siège à une jeune femme. Ce n'est que lorsque l'autobus arriva à destination, que le Cheikh se rendit compte que «la jeune femme» n'était qu'un adolescent à cheveux longs, à la mode hippie. Furieux d'avoir fait le voyage debout pour permettre à un garçon «qui aurait pu être son fils» de voyager assis, le Cheikh flanqua au jeune homme une gifle[27] magistrale[28]. Le jeune homme y perdit une dent et porta plainte.

Le Monde

---

[21] (colloquial) counter [zɛ̃g]   [22] (colloquial) expert   [23] (colloquial) black coffee   [24] scholar   [25] clever street urchin   [26] at his expense   [27] (colloquial) gave him a slap   [28] masterful

SECTION
9

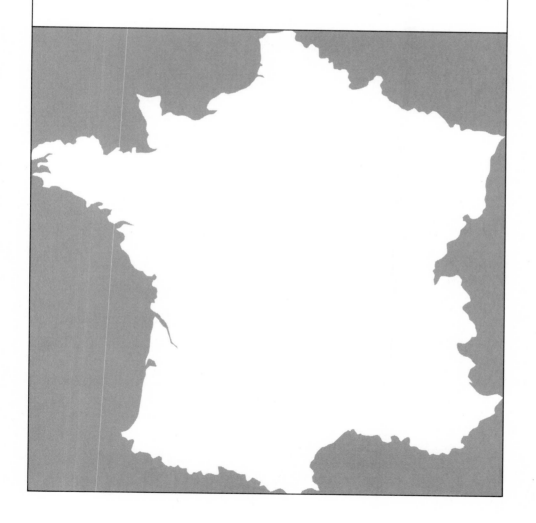

LECTURE

LA VISITE MATINALE

La scène se passe dans un salon bourgeois. Il est tôt, 8 heures du matin à peu près. Un jeune homme, Christian, a sonné et la bonne l'a fait entrer. Comme il insiste pour voir Monsieur Barnier, la bonne va le chercher.

Christian va s'asseoir sur le fauteuil. La porte s'ouvre brusquement, M. Barnier apparaît en robe de chambre[1], mal réveillé, de mauvaise humeur et inquiet. Christian se relève brusquement.

BARNIER.   Que se passe-t-il? Une catastrophe?

CHRISTIAN.   Oh non! Monsieur.

BARNIER.   Alors, pourquoi venez-vous me déranger[2] à huit heures du matin à mon domicile personnel?

CHRISTIAN.   Pour une raison majeure, Monsieur.

BARNIER.   Ça ne pouvait pas attendre jusqu'à cet après-midi?

CHRISTIAN.   Non, Monsieur.

BARNIER (*fait signe à Christian de s'asseoir; il s'assoit lui-même*).   Alors allez-y, je vous écoute.

CHRISTIAN (*toujours assis sur le bord du fauteuil*).   Monsieur Barnier, je sais que vous êtes un homme de cœur[3] et lorsque vous connaîtrez les raisons qui m'ont poussé à venir jusqu'ici . . .

BARNIER.   Allons, dépêchez-vous, venons-en au fait[4]. Qu'est-ce qu'il y a qui ne va pas?

CHRISTIAN.   Tout va très bien, Monsieur.

BARNIER.   Alors qu'est-ce que vous faites là?

CHRISTIAN.   Je suis venu vous demander une augmentation.

BARNIER (*surpris*).   Quoi!

CHRISTIAN.   Je sais que mes appointements[5] actuels sont déjà très honorables, mais étant donné . . .

BARNIER.   Vous vous fichez de moi[6]?

CHRISTIAN (*se lève*).   Monsieur, je ne me le permettrais pas!

BARNIER.   Alors vous avez le culot[7] de venir me réveiller chez moi à huit heures du matin pour me demander une augmentation!

CHRISTIAN.   Lorsque vous saurez . . .

BARNIER.   Mais je ne veux pas le savoir!

CHRISTIAN.   Ma vie en dépend, Monsieur Barnier.

BARNIER.   Je m'en moque pas mal[8]! Enfin est-ce que vous vous rendez compte? Si tous mes employés venaient ici pour me raconter leur vie!

---

[1] dressing gown, bathrobe   [2] disturb   [3] man with feeling   [4] let's get to the point   [5] salary
[6] (colloquial) are you making fun of me   [7] (colloquial) you have the nerve   [8] I couldn't care less

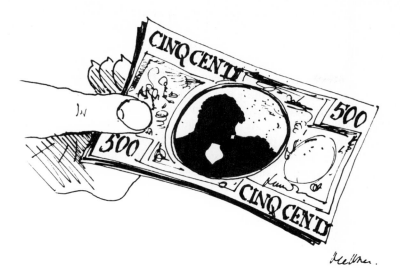

CHRISTIAN (*tristement*).   Monsieur Barnier, vous me faites énormément de peine[9]!
Me traiter d'employé moi qui me considérais jusqu'à ce jour comme votre
homme de confiance.

BARNIER.   C'est justement ce qui m'étonne et je ne comprends pas comment un
garçon comme vous puisse faire une chose pareille. Vous mériteriez que je vous
flanque à la porte[10] immédiatement. Vous êtes complètement fou?!

CHRISTIAN.   L'amour fait souvent faire des folies!

BARNIER (*suffoqué*).   L'amour?

CHRISTIAN.   Oui, Monsieur, je suis amoureux.

BARNIER.   Et qu'est-ce que vous voulez que ça me fasse[11]?

CHRISTIAN (*dans un enthousiasme persuasif*).   C'est une adorable jeune fille que je
dois demander ce matin même en mariage. C'est pourquoi je précipite les choses
car il m'est absolument impossible de demander sa main si ma situation
financière ne me permet pas de lui assurer le train de vie[12] auquel ses parents
l'ont habituée.

BARNIER.   Vos histoires de cœur ne m'intéressent pas.

CHRISTIAN.   Les histoires de cœur sont souvent liées à des histoires d'argent.

BARNIER.   Alors?

CHRISTIAN.   Alors, l'argent, c'est vous, Monsieur Barnier, c'est pourquoi . . .

BARNIER.   Bon, eh bien, finissons-en! (*Il va s'asseoir et se verse une tasse de thé.*) . . .
Combien gagnez-vous actuellement?

CHRISTIAN.   Cent dix mille francs* par mois . . . plus les avantages sociaux[13].

BARNIER (*avale une tasse de thé*).   Et combien voudriez-vous obtenir?

* anciens francs (soit un centième du franc actuel)

[9] hurt me terribly   [10] (colloquial) I kick you out   [11] so what   [12] kind of life   [13] social benefits

CHRISTIAN. Cinq cent mille . . . plus les avantages sociaux. (*M. Barnier avale de travers*[14] *et est pris d'une quinte de toux*[15]. *Christian lui tape dans le dos.*) Cinq cent mille anciens bien sûr! . . . Faites un effort, Monsieur Barnier, pour comprendre mon raisonnement. Comme j'ai déjà eu l'honneur de vous en informer, je dois faire ce matin même une demande en mariage, et comme je vous l'expliquais, c'est une jeune fille habituée à vivre dans un milieu aisé[16]. Jusqu'à présent mes besoins de célibataire n'étaient pas très importants et je ne me suis jamais permis de revendiquer[17] la moindre augmentation. Mais aujourd'hui ce n'est plus à l'homme d'affaires que je prends la liberté de m'adresser; c'est à l'homme de cœur, qui peut édifier ou ruiner à sa guise le bonheur d'un jeune foyer[18].

BARNIER. L'homme de cœur! . . . N'exagérons rien!

CHRISTIAN. Si, si, Monsieur. Je vous connais!

BARNIER. Mon bon cœur n'ira pas jusqu'à vous donner cinq cent mille francs par mois!

CHRISTIAN. La vie est difficile pour un jeune couple, c'est ce que me disait il y a peu de temps encore Monsieur Muller.

BARNIER. Monsieur Muller?

CHRISTIAN. Oui, le grand patron des savons Novy, notre plus gros concurrent[19] que j'entretenais[20] de mes projets.

BARNIER. Où l'avez-vous connu?

CHRISTIAN. C'est lui qui a tenu à[21] me rencontrer, il est un peu inquiet de la concurrence que nous lui faisons et m'a demandé combien je gagnais par mois. C'est un homme très compréhensif[22]. Il m'a fait miroiter[23] que . . .

BARNIER. Oui, je connais les méthodes de Muller! . . . Mais s'il croit me faire peur, vous pouvez lui dire de ma part qu'il se met le doigt dans l'œil[24].

D'après Claude Magnier
OSCAR Acte I scène 1

Finalement Christian obtiendra les 500 000 francs demandés ainsi que la main de la jeune fille qu'il aime. Après pas mal de quiproquos[25], il s'avère[26] que cette jeune fille est non pas la fille de Barnier que les spectateurs ont vue pendant toute la pièce mais une autre fille qu'il avait eue avec une servante avant son mariage. Tout est bien qui finit bien.

VARIATIONS LEXICALES

1. Complétez les phrases suivantes en utilisant le verbe approprié.

réveiller—faire signe—décupler—verser—revendiquer—entretenir—avaler—partager

1. Puis-je encore vous _____ une tasse de café?
2. Les ouvriers _____ une augmentation de salaire.

[14] swallows the wrong way [15] has a fit of coughing [16] well-to-do [17] to claim [18] family
[19] competitor [20] to whom I was talking about [21] he was the one who was anxious
[22] understanding [23] gave me to understand [24] (colloquial) he's kidding himself
[25] misunderstandings [26] it turns out

3. Depuis la guerre le coût de la vie a au moins _____ .
4. Il est généreux: il _____ tout ce qu'il a avec les autres.
5. J'étais furieux parce qu'il m'a _____ à 5 h et demie du matin.
6. L'agent de police m'a _____ de m'arrêter.

> 2. Cherchez des phrases moins familières, moins directes, plus polies.

> MODELE   On l'a flanqué à la porte.
> *On l'a **mis à la porte**. On l'a **renvoyé**. On l'a **licencié**.*

1. Vous en avez du culot!
2. Vous vous fichez de moi!
3. Vous vous mettez le doigt dans l'œil!
4. Mais vous êtes complètement fou!

> 3. Complétez les phrases suivantes en utilisant le mot approprié. Faites les accords nécessaires.

> inquiet—suffoqué—florissant—surpris—amoureux—compréhensif—
> persuasif—fameux—ironique—moindre

1. C'est ici que Napoléon a perdu cette _____ bataille.
2. Il arrive à être très _____ quand il parle.
3. Il avait une affaire _____ mais il ne l'a pas surveillée d'assez près.
4. Vous n'arriverez jamais. Vous ne faites pas le _____ effort.
5. J'ai la chance d'avoir un patron très _____ .
6. Elle était _____ de me voir à la cuisine, parce qu'elle ne m'avait pas entendue venir.

> 4. Complétez les phrases suivantes. Aidez-vous du texte.

> MODELE   Eh bien! je n'ai plus besoin de vous, je vous _____ à la porte.
> *Eh bien! je n'ai plus besoin de vous, je vous **flanque** à la porte.*

1. Voilà un quart d'heure que vous avez tourné autour du pot. Venez-en au _____ !
2. Vous avez osé faire cela?! Eh bien, vous en avez du _____ !
3. Si vous ne travaillez pas mieux, je vais vous _____ à la porte.
4. Dis, jeune homme, de qui est-ce que tu te _____ ?
5. Qu'est-ce que vous voulez que ça me _____ ?!
6. Vous vous trompez! Vous vous mettez le doigt dans _____ .

> 5. Résumez cet extrait oralement ou écrivez un dialogue d'une bonne vingtaine de répliques sur le même sujet, en réutilisant les mêmes idées.

> 6. Relisez le texte, puis répondez aux questions suivantes.

1. Décrivez l'endroit, l'heure de la visite ainsi que les personnages.
2. Comment M. Barnier est-il habillé?

3. Pourquoi craint-il une catastrophe?
4. Pourquoi M. Barnier s'impatiente-t-il?
5. Quel est le but de la visite de Christian?
6. Pourquoi M. Barnier est-il en colère quand il apprend le but de la visite de Christian?
7. Comment peut-on appliquer « L'amour fait souvent faire des folies » à Christian?
8. Qui est la fiancée de Christian?
9. Pourquoi M. Barnier avale-t-il de travers?
10. Qui est Monsieur Muller? Pourquoi Christian mentionne-t-il son nom?

GRAMMAIRE

L'INTERROGATION DIRECTE

L'interrogation directe se marque par le ton (intonation montante). C'est l'une des formes les plus employées dans la langue parlée.

Ça va Ça ne peut pas attendre C'est une catastrophe L'amour Vous vous fichez de moi	**?**

L'interrogation se marque également en plaçant devant la phrase énonciative **est-ce que**. Cette solution est aussi très courante dans la langue parlée.

Est-ce que	vous vous rendez compte? vous croyez me faire peur? les employés viennent me déranger à 8 h. du matin?

L'interrogation directe se marque aussi en plaçant le pronom sujet après le verbe. Quand le sujet est un substantif ou un nom propre, on garde le substantif ou le nom propre en tête de phrase, le pronom personnel de rappel se plaçant toujours après le verbe. Cette façon de marquer l'interrogation se rencontre surtout dans la langue écrite.

Remarquez l'insertion du **t** entre les deux voyelles, pour raisons euphoniques.

		1		2	
	Etes	-	**vous**	fou?	
	Dois	-	**je**	vous le demander?	
Vous	intéressez	-	**vous**	aux histoires de cœur?	
	Viendra-	t	-il	demander sa main?	

Monsieur		a-	t-	il	bien dormi?
L'amour		fait	-	il	faire des folies?
Cette jeune fille	y	est	-	elle	habituée?

235

LES MOTS INTERROGATIFS

1. Pronoms interrogatifs

Qui, **qui est-ce qui** se réfèrent à des personnes (sujet).

Qu'est-ce qui se réfère à des objets ou des concepts dont la fonction est sujet.

SUJET = PERSONNES

Qui		vous	a	fait	ça?
	est-ce qui			dit proposé traité comme	

SUJET = CHOSES OU CONCEPTS

Qu'	est-ce qui	ne va pas vous prend t'intéresse	ici?

    Qui, **qui est-ce que** se réfèrent à des personnes (complément d'objet direct).

    Que, **qu'est-ce que** se réfèrent à des choses ou concepts (complément d'objet direct).

COMPLEMENT D'OBJET DIRECT (C.O.D.) = PERSONNES

Qui		as-	tu		réveillé?
	est-ce que			as	rencontré? dérangé?

COMPLEMENT D'OBJET DIRECT (C.O.D.) = CHOSES OU CONCEPTS

Que		fais- décides- demandes-	tu		pour ça?
Qu'	est-ce que			fais décides demandes	

    Après la préposition, **qui** se réfère à une personne et **quoi** à une chose ou à un concept.

PREPOSITION + PERSONNES

Avec Pour Chez	qui	es-tu venu? me prends-tu? te précipites-tu?	avec pour chez	Henri un idiot elle

PREPOSITION + CHOSES OU CONCEPTS

A	quoi		êtes-	vous	habitué?	au	luxe
De		vous me	étonnez- traitez-	vous?		de de	rien tout

2. Adjectifs interrogatifs

Alors que les pronoms interrogatifs introduisent un élément nouveau; les adjectifs interrogatifs se réfèrent à un élément déjà mentionné, avec lequel ils s'accordent en genre et nombre.

SINGULIER

De	quel (*m.*)	patron mariage	s'agit-il?
	quelle (*f.*)	augmentation jeune fille	

PLURIEL

Quels (*m.*)	produits avantages	demande-t-il? veut-il?
Quelles (*f.*)	affaires méthodes	choisis-tu? emploies-tu?

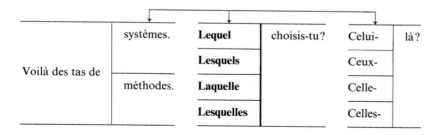

Voilà des tas de	systèmes.	**Lequel** **Lesquels**	choisis-tu?	Celui- Ceux-	là?
	méthodes.	**Laquelle** **Lesquelles**		Celle- Celles-	

3. Adverbes interrogatifs

Avec les adverbes interrogatifs on a aussi les trois possibilités de questions.

Remarquez que dans la langue parlée on déplace souvent l'adjectif, le pronom ou l'adverbe interrogatifs à la fin de la phrase (3).

1

Combien	gagnez-vous?		Quand	Claudette	revient-elle?
Où	l'avez-vous connu?		Combien		gagne-t-elle?
Comment	peut-il faire ça?		Où		peut-elle faire ça?
Pourquoi	précipitez-vous les choses?		Pourquoi		précipite-elle les choses?

2

Combien	est-ce que	vous gagnez?
Où		vous l'avez connu?
Comment		vous pouvez faire ça?
Pourquoi		vous précipitez les choses?

3

Tu	veux	lequel? laquelle?	Vous gagnez	combien	actuellement?
	y vas	avec qui? par où?	Tu as vu	quoi	au cinéma?
			Il se mêle	de quoi	celui-là?

VARIATIONS STRUCTURALES

1. Mettez les phrases suivantes à la forme interrogative. Faites toutes les transformations possibles.

MODELE   Pierre est fou.
Pierre est fou? (intonation montante)
Est-ce que Pierre est fou?
Pierre est-il fou?

1. Marie a beaucoup d'argent.
2. Il va démissioner.
3. Je pourrais lui en parler.
4. Tu sais où il habite.
5. Il lui a tapé dans le dos.
6. Vous vous fichez de moi!
7. Je suis amoureux.
8. Il m'a flanqué à la porte.
9. On a sonné.
10. Jean saurait le faire.

2. Complétez les phrases suivantes à l'aide de pronoms interrogatifs. Donnez toutes les solutions possibles.

MODELE   a-t-il vu?
Qui a-t-il vu?
Qu'a-t-il vu?

1. _____ est-il arrivé?   5. _____ il revendique?
2. _____ vous cherchez?   6. _____ sais-tu de tout cela?
3. _____ il vous a fait?   7. _____ entendez-vous par là?
4. _____ s'est-il passé?   8. _____ dites-vous de cela?

   3. Posez la même question d'une façon un peu différente.

MODÈLE   Avec qui Gaston parle-t-il?
            Avec qui est-ce que Gaston parle?
            Gaston parle avec qui?

1. Que veux-tu?
2. Pour qui la demandes-tu?
3. Où l'as-tu connu?
4. Comment l'as-tu rencontré?
5. A quoi penses-tu?
6. Que racontes-tu là?
7. Que me voulez-vous?
8. A qui a-t-il demandé une augmentation?
9. De quoi me traitez-vous?
10. De qui vous moquez-vous?

   4. Formez la question qui porte sur les mots en italique.

MODELE   Il a parlé *à Marie.*
            A qui a-t-il parlé?
            A qui est-ce qu'il a parlé?
            Il a parlé à qui?

1. Il l'a traité *d'employé!*
2. Il est amoureux de *cette fille!*
3. Ses parents l'ont habituée *à ce train de vie!*
4. *Vos histoires d'argent* ne l'intéressent pas!
5. Ce qui m'étonne, c'est *qu'on ne l'ait pas encore flanqué à la porte!*
6. J'insiste *parce que je suis pressé!*
7. C'est *pour cette raison* qu'elle est venue.
8. Je l'ai rencontrée *chez une amie.*

   5. Complétez les phrases suivantes en vous aidant du modèle.

MODELES   _____ sujet avez-vous parlé?
            De quel sujet avez-vous parlé?
            _____ folie avez-vous faite?
            Quelle folie avez-vous faite?

1. _____ mariage avez-vous assisté?
2. _____ firme travaillez-vous?
3. _____ histoires vous a-t-il raconté?
4. _____ situation s'est-il mis?
5. _____ train de vie est-elle habituée?
6. _____ fauteuil veut-il?
7. _____ chemin êtes-vous passé?
8. _____ raison l'a-t-il fait?

6. Complétez les phrases suivantes qui commenceraient ainsi :

MODELE   Comment _____ ?
*Comment **a-t-il finalement obtenu son augmentation?***

1. Par où _____ ? 2. Quand _____ ? 3. Comment _____ ?
4. Combien _____ ? 5. A quelle heure _____ ? 6. Avec qui _____ ?
7. Qui est-ce que _____ ? 8. Avec quoi _____ ? 9. Sur quoi Jean _____ ?
10. Qu'est-ce que _____ ?

7. Donnez une tournure plus familière à ces questions.
MODELES   Avec qui y vas-tu?
Tu y vas avec qui?

Qu'est-ce que c'est que ça?
C'est quoi ça?

1. Pourquoi me dérangez-vous?
2. A quelle heure arrive-t-il?
3. Comment s'est-il réveillé?
4. Avec qui est-elle partie?
5. Sur qui compte-t-il?
6. Sur quoi est-ce que tu vas t'asseoir?
7. Qu'est-il allé chercher?
8. A quoi est-ce lié?
9. A quelle heure ça commence-t-il?
10. Comment l'as-tu connue?

LE STYLE INDIRECT

Le style indirect rapporte un discours (questions, affirmations, négations, désirs, ordres, etc.); il est introduit par des verbes tels que: **rapporter**, **annoncer**, **(se) demander**, **dire**, **croire**, **penser**, etc.

LE STYLE DIRECT	LE STYLE INDIRECT			
Combien gagnez-vous? Qu'est-ce que tu fais?	Je	me	demande	combien vous gagnez. ce que tu fais.
Il a gagné. ⇒				s'il a gagné.
N'exagérons rien!		te	répète	de ne rien exagérer.

Le discours rapporté dépend d'un verbe principal, qui peut être soit au présent, soit à un temps du passé.

Si le verbe principal est au présent, les temps du verbe de la subordonnée ne changent pas par rapport au discours direct.

LE STYLE DIRECT

LE STYLE INDIRECT

«Il	tient	à me voir»,	je	crois.		Je	crois	**qu'**	il	tient	à me voir.
	tiendra			pense.	⇒		pense			tiendra	
	a tenu									a tenu	
	tenait									tenait	

Si le verbe principal est à un temps du passé, le verbe de la subordonnée se met à l'imparfait (présent au style direct), au conditionnel (futur au style direct) ou au plus-que-parfait (passé composé, imparfait au style direct).

Elle	**tient**	à me voir.		On	**m'a**	**dit**		qu'elle	**tenait**	à me voir.
	tiendra		⇒		**fait**	**comprendre**			**tiendrait**	
	a tenu								**avait tenu**	
	tenait									

Si le verbe principal exige le subjonctif, le verbe de la subordonnée se met au subjonctif présent (simultanéité, postériorité) ou au subjonctif passé (antériorité).

Elle	tient tiendra	à me voir.		Je	doute	**qu'**	elle	tienne	à me voir.
	a tenu tenait		⇒		ne pense pas			ait tenu	

L'impératif du style direct est remplacé au style indirect par l'infinitif ou par le subjonctif, selon la construction demandée par le verbe principal: dans la phrase «Il a demandé que je parte», **demander** a une nuance de désir ou de volonté.

Dépêchez-vous! Dites-le-lui de ma part! Venez-en au fait!		Il	m'a	dit demandé	de	me dépêcher. le lui dire de sa part.
					d'	en venir au fait.
	⇒		a demandé		que	me **dépêche**. le lui **dise** de sa part.
					j'	en **vienne** au fait.

PROBLEMES DE PRONOMS
PERSONNELS ET D'ADJECTIFS POSSESSIFS

Les pronoms personnels et les adjectifs possessifs varient au style indirect suivant la personne à qui l'on s'adresse et suivant la personne dont on rapporte le discours.

STYLE DIRECT   STYLE INDIRECT

Je	**te**	suis.		Je	**t'**	ai	dit	que	je	**te**	suivais.
				Tu	**m'**	as			tu	**me**	
				Il	**lui**	a		qu'	il	**le**	suivait.
					leur					**les**	
Vous	**vous**	trompez.	⇒	Je	**leur**	ai			ils	**se**	trompaient.
					lui				il	**se**	trompait.
					vous			que	vous	**vous**	trompiez.

C'est	**ma**	voiture.	⇒	**Il**	m'	a	dit	que	c'était	**sa**	voiture.
				Tu		as				**ta**	

Dans le style indirect les expressions de temps changent par rapport à celles du style direct.

Il	part	**aujourd'hui, lundi.**		On m'a dit qu'	il	partait	**ce jour-là, ce lundi-là.**
		demain.					**le lendemain.**
		après-demain.	⇒				**le surlendemain.**
		dans 3 jours.					**3 jours après.**
		le mois prochain.					**le mois suivant.**

Il	est	parti	**hier.**		On m'a dit qu'	il	était	parti	**la veille.**
			avant-hier.	⇒					**l'avant-veille.**
			il y a 2 jours.						**2 jours après.**

VARIATIONS STRUCTURALES

1. Faites précéder ces phrases de *Je me demande*. Faites les changements nécessaires.

MODELE Qui est venu?
Je me demande qui est venu.

1. Quelles raisons vous y ont poussé?
2. Qui t'a dit ça?
3. Tu connais ses méthodes?
4. Il va l'épouser?
5. Combien veut-il obtenir?
6. Qu'est-ce que vous voulez, au juste?
7. Qu'est-ce qui ne va pas?
8. Pourquoi précipitez-vous les choses?

2. Faites précéder ces phrases de *Je me suis toujours demandé*. Faites les changements nécessaires.

MODELE Qui est venu?
Je me suis toujours demandé qui était venu.

3. Conversation à trois. L'un d'entre vous est un peu sourd. Vous lui répétez ce que la première personne a dit. (N'oubliez pas que C tutoie B).

MODELE *A. Qu'est-ce qui ne va pas?*
B. Qu'est-ce qu'il a dit?
C. Il t'a demandé ce qui n'allait pas.

1. Quelle heure est-il?
2. Asseyez-vous!
3. Ça ne peut pas attendre?
4. N'y allez pas!
5. C'est à toi?
6. La bonne vous a fait entrer?
7. C'est votre fauteuil?
8. A qui vous adresserez-vous?

4. Complétez les phrases suivantes qui commenceraient ainsi:

MODELE La veille, il s'était demandé pourquoi _____ .
*La veille, il s'était demandé pourquoi **son patron l'avait traité de cette façon**.*

1. Le lendemain, on a dit que _____ .
2. Une semaine après, il a rapporté que _____ .
3. Le mois suivant, on a pensé que _____ .
4. L'avant-veille, on a annoncé que _____ .
5. Le surlendemain, elle a cru que _____ .
6. Ce jour-là, ils avaient voulu faire croire que _____ .

5. Mettez au style indirect. Commencez les phrases par : « La radio annonce . . . »

1. Les employés ont revendiqué la journée de travail de 7 heures.
2. Un avion s'est perdu dans le brouillard. Il n'y a aucune nouvelle des passagers.
3. L'augmentation qui a été demandée ne pourra être accordée.
4. Les raisons qui l'ont poussé à le faire ne sont pas sincères.
5. Les ouvriers voudraient obtenir plus d'avantages sociaux.
6. La France a vendu des avions à l'Espagne, pour faire peur aux Etats-Unis.

6. Mettez au style indirect. Commencez les phrases par: « La radio a annoncé . . . »

7. Complétez les phrases suivantes. Vous parlez d'événements qui ont eu lieu il y a deux mois.

1. Je voudrais savoir si _____.
2. On nous a dit que _____.
3. On avait pensé que _____.
4. On croyait que _____.
5. Pierre m'a annoncé que _____.
6. Christine avait répondu que _____.

8. Mettez le texte suivant au style direct.

MODELE   Anne a dit qu'elle viendrait.
         Anne a dit : « Je viendrai. »

Anne m'a dit qu'elle viendrait me voir le mois prochain, et que nous irions ensemble en voyage. Elle a aussi ajouté qu'elle n'avait pas encore choisi l'endroit et que nous pourrions en parler plus tard. J'ai pensé alors qu'il me fallait trouver de l'argent, si je voulais partir avec elle.

Elle m'écrit que le lendemain de son arrivée, elle ira au concert, elle me demande de l'accompagner. Elle me demande aussi si je connais un hôtel bon marché où elle pourrait loger.

Elle m'a demandé de venir à 7 heures précises ce jour-là, et d'apporter mes livres et ses livres. Elle a ajouté que Pierre nous rejoindrait plus tard pour travailler, et qu'ensuite nous pourrions tous aller à la soirée qu'Anne allait organiser.

9. Mettez ces phrases tirées du texte au style indirect.

MODELES   Pourquoi venez-vous si tôt ?
          M. Barnier demande à Christian pourquoi il vient si tôt.

          « Je viens vous demander une augmentation. »
          Christian répond qu'il vient lui demander une augmentation.

M. BARNIER.   Qu'est-ce qui ne va pas ?
CHRISTIAN.   Tout va très bien. Merci.
M. BARNIER.   Qu'est-ce que vous faites là alors ?
CHRISTIAN.   Je suis venu vous demander une augmentation.

M. BARNIER.   Vous vous moquez de moi? Vous venez me demander une augmentation à 8h du matin!

CHRISTIAN.   Mais ma vie en dépend. Je suis amoureux, et l'amour fait faire des folies.

M. BARNIER.   Qu'est-ce que vous voulez que ça me fasse?

CHRISTIAN.   Monsieur Muller est plus compréhensif que vous.

M. BARNIER.   Vous connaissez Monsieur Muller?

CHRISTIAN.   Oh oui! Il m'a proposé de travailler pour lui.

PROBLEMES D'AUJOURD'HUI ET DE DEMAIN

LA MODE FEMININE

Si nos arrière-grand-mères revenaient sur terre, elles seraient bien étonnées de voir la façon dont leurs arrière-petites-filles s'habillent ainsi que la vitesse à laquelle se démode le style de leurs vêtements. Il est probable qu'elles hocheraient la tête[1] en signe d'incompréhension en murmurant «Comment est-ce possible!? Mais qu'est-ce qui leur prend[2]?»

Quant à leurs arrière-petits-fils, elles constateraient avec plaisir que leurs habits sont moins marqués par l'extravagance. Bien sûr, l'exception confirme la règle mais dans l'ensemble, les vêtements essentiels—le pantalon, le veston, l'imperméable et le pardessus[3]—n'ont subi que de très légères modifications. Bien sûr, suivant les années, les jambes du pantalon se rallongent ou se raccourcissent, s'élargissent ou se rétrécissent[4] mais ces changements mineurs n'affectent pas leur allure générale[5]. En fait, il faut même être un observateur attentif pour s'en apercevoir. Quant à la chemise, elle a subi très peu de modifications au cours des dernières décades. Seule la cravate fait exception jusqu'à un certain point. Il semble que l'inspiration des créateurs se soit concentrée sur sa couleur et sa forme puisqu'elle constitue le seul brin de poésie[6] dans un ensemble plutôt neutre et sobre.

On ne peut pas en dire autant de la mode féminine. Un beau jour, Yves Saint-Laurent et quelques-uns de ses archiprêtres de la mode décident que pour «être dans le vent[7]» il faut porter la mini-jupe et voilà que leur décision fait loi. Docilement les jeunes filles—et pas mal de jeunes dames—approuvent et se précipitent au magasin pour acheter la minuscule pièce d'étoffe[8] à des prix plutôt exorbitants; si elles n'ont pas les moyens de se procurer cette nouveauté, elles s'arment de ciseaux[9], de fils et d'aiguilles[10] et se mettent patiemment à raccourcir et à changer le style de quelques-unes de leurs jupes. Quant à la mini-jupe, au moment où nous écrivons ces lignes, voilà longtemps qu'elle a été supplantée[11] par la maxi, qui elle aussi a dû céder la place[12] à la midi. En fait, les caprices de la mode se succèdent à une telle allure[13] qu'il n'est pas facile d'en suivre la cadence.[14] Toutefois, malheur à celles qui ne se sont pas aperçues que la mode a changé ou qui n'ont pu se procurer les nouveautés pour des raisons budgétaires. On les regarde avec un petit sourire condescendant tout empreint de pitié: les malheureuses!

---

[1] would shake their heads   [2] what's the matter with them   [3] overcoat   [4] get narrower
[5] general appearance   [6] bit of folly   [7] to be "with it", to be "in"   [8] material   [9] scissors
[10] needles   [11] replaced   [12] give way   [13] speed   [14] rhythm

246

Pour beaucoup d'hommes—et de femmes aussi sans doute—ces changements rapides s'expliquent difficilement. Pourquoi trouve-t-on chez tant de jeunes personnes cet engouement[15] un peu naïf pour la nouvelle mode? Pourquoi cette docilité à acheter et à porter des vêtements qui ne mettent pas toujours en valeur les lignes harmonieuses du corps? Combien de jeunes filles se sont obstinées à porter la mini-jupe—elles provoquaient le rire sur leur passage—alors qu'elles auraient gagné en grâce et en élégance à porter une jupe plus longue!

Les jeunes filles manqueraient-elles davantage de personnalité et de caractère comme certains adversaires du féminisme l'ont suggéré? Seraient-elles davantage animées de l'instinct grégaire? Braves moutons suivraient-elles servilement les premiers? Ou se laissent-elles mener par le bout du nez[16] par de grandes puissances industrielles qui exploitent habilement leur vanité? Ou par tempérament sont-elles plus sensibles à la variété et à la couleur que ces changements introduisent dans notre vie quotidienne terne et monotone? Ou, comme d'autres moins courtois l'ont prétendu, est-il difficile à la femme de distinguer l'essentiel de l'accessoire? C'est ce qui expliquerait pourquoi elle attache tant d'importance aux apparences.

Aucune raison avancée ci-dessus ne semble expliquer ce phénomène moderne de façon satisfaisante. Aussi, la parole reste-t-elle aux lecteurs tant féminins que masculins. Le problème est complexe: il vaut la peine d'être examiné de plus près.

VARIATIONS LEXICALES

1. Complétez les phrases suivantes en utilisant le substantif approprié.

(un) imperméable—(le) pardessus—(le) corps—(un) engouement—
(la) cadence—(la) grâce—(la) cravate—(le) fil—(la) pièce

1. Vous feriez bien de mettre votre _____. Il fait froid le matin.
2. L'_____ pour sa nouvelle pièce n'a pas duré longtemps.
3. Regarde ce ciel gris! Il vaudrait mieux prendre un _____ ou un parapluie.
4. Tiens! Où est-ce que j'en étais? J'ai perdu le _____ de mes idées!
5. Elle a dû abandonner parce qu'elle ne pouvait plus suivre la _____.
6. Qu'est-ce qu'il lui a pris de se promener dans la rue avec seulement une _____ pour tout vêtement?

2. Donnez le contraire des expressions suivantes.

MODELES   haïr:
          aimer

          la sobriété:
          l'extravagance

1. se rétrécir   2. vivant   3. essentiel   4. la certitude   5. s'allonger
6. (les changements) mineurs   7. ça me plaît   8. désapprouver

---

[15] craze   [16] let themselves be led around by their nose

Mini, maxi ou midi?

3. Donnez le verbe apparenté aux substantifs suivants.

MODELE   Leur *décision* fait loi :
            décider

1. un *hochement* de la tête   2. le *raccourcissement* de la pièce de théâtre
3. un *élargissement* de la route   4. la *succession* du roi   5. l'*animation* du bal
6. le *murmure* de la foule   7. le *rétrécissement* du pantalon
8. l'*approbation* du public   9. une *suggestion* sans intérêt
10. l'*étonnement* de nos grands-mères

4. Complétez les phrases suivantes en utilisant l'adjectif approprié. Faites les accords nécessaires.

exorbitant—empreint—courtois—condescendant—extravagant—grégaire—
servile

1. Sa figure était _____ de bonté.
2. Quand elle passe, elle me regarde d'un air _____. Elle est très fière d'elle-même.
3. Les taxis coûtent très cher. Qui peut encore payer des prix aussi _____?

4. Elle était habillée d'une façon tellement _____!
5. Je n'aime pas ce type: il manque de personnalité et est trop _____.
6. L'esprit _____ est plus répandu qu'on ne veut le croire.

5. Mettez les phrases suivantes à la forme interrogative. Donnez toutes les solutions possibles.

> MODELE   Elles se laissent mener par le bout du nez.
> *Elles se laissent mener par le bout du nez?* (intonation)
> *Est-ce qu'elles se laissent mener par le bout du nez?*
> *Se laissent-elles mener par le bout du nez?*

1. Les jeunes filles manqueraient davantage de personnalité.
2. C'est possible.
3. On les regarde avec un sourire condescendant.
4. Nos grands-mères seraient bien étonnées de nous voir habillées ainsi.
5. Elles auraient gagné en grâce et en élégance à porter des blue-jeans.
6. On ne peut en dire autant de la mode masculine.

6. Relevez toutes les phrases du texte qui comportent un adverbe interrogatif et posez la question d'une autre façon.

> MODELE   *D'où* vient cette mode?
> *D'où est-ce que cette mode vient?*
> *Cette mode vient d'où?*
> *Cette mode, d'où vient-elle?*

7. Mettez les phrases suivantes au style indirect. Commencez par: «Ma grand-mère m'a demandé . . .»

> MODELE   Pourquoi fais-tu ça?
> *Ma grand-mère m'a demandé pourquoi je faisais ça.*

1. Comment est-ce possible?
2. Qu'est-ce qui te prend?
3. Les filles manquent-elles de personnalité?
4. Est-ce qu'elles se sont laissées mener par le bout du nez?
5. Pourquoi s'obstinent-elles à porter des mini-jupes?
6. Seraient-elles plus sensibles à la couleur que nous?
7. Comment a-t-elle les moyens de se procurer de nouveaux vêtements chaque saison?

8. Relisez le texte, puis répondez aux questions suivantes.

1. Si nos grands-mères revenaient, comment réagiraient-elles à la vue de nos vêtements?
2. Qu'est-ce qui caractérise les habits masculins?

3. Quelles modifications ont-ils subies?
4. Qu'est-ce qui prouve que les «archiprêtres» de la mode sont tout-puissants?
5. Qu'est-ce qui se passe lorsque la mode change?
6. Comment peut-on expliquer l'engouement des jeunes à suivre la mode?

Composition écrite

9. Ecrivez une vingtaine de lignes sur le sujet suivant:

«La mode, est-ce une question économique ou esthétique»?

– qu'est-ce que la mode? (domaines des vêtements, cheveux . . .)
– question économique (faire acheter le plus possible, faire fonctionner les industries, faire travailler des gens)
– question esthétique (forme d'art comme une autre, besoin de changement, couleurs, formes, besoin de se sentir beau/belle, forme de compétition)

Vous emploierez dans votre composition au moins *six* des expressions ou mots suivants ou leurs dérivés:

l'extravagance, se démoder, raccourcir/rallonger, il semble que (+subjonctif), *être dans le vent, mettre en valeur, s'obstiner à, (se laisser) mener par le bout du nez, suivre la mode, prétendre que* (+indicatif), *l'essentiel, l'élégance, servilement, l'instinct grégaire.*

Débat

10. Répondez aux questions suivantes en donnant des exemples:

1. Pensez-vous que les arguments invoqués dans le texte étudié soient valables?
2. Pensez-vous qu'on doive exiger des jeunes qu'ils suivent la mode? Et vous, suivez-vous la mode?
3. Que pensez-vous de cette mode des blue-jeans?
4. Pensez-vous que la mode soit aussi importante pour les hommes que pour les femmes? Pourquoi (pas)?

CHAQUE PRISONNIER A LA CLE DE SA CELLULE

Les carreaux[1] jaunes, noirs et rouges que l'on aperçoit à travers les arbres pourraient être l'entrée d'un motel ou d'un restaurant.

Ce n'est pas le cas cependant. C'est l'entrée de Long Lartin, la prison de l'avenir en Angleterre.

---

[1] tiles

Le prisonnier aurait la clé de sa cellule et pourrait se faire du thé . . .

Elle est située dans une splendide vallée du Worcestershire. Grâce à une clôture[2] métallique, à des projecteurs et à un ensemble de gadgets électroniques, il est impossible à un prisonnier de s'évader[3]. A noter cependant qu'il y a peu de temps deux condamnés parvinrent[4] presque à s'échapper en employant la bonne vieille méthode de la scie[5]. Ils réussirent à[6] scier les barreaux de la fenêtre de leur cellule mais ils se firent arrêter au moment où ils essayaient de franchir[7] la clôture.

Lorsqu'un prisonnier arrive, on lui assigne[8] tout de suite une cellule—et une clé qui en permet l'accès. Il garde celle-ci pendant toute la durée de son séjour, de sorte qu'il peut la fermer à clé lorsqu'il s'en va.

Long Lartin fut bâti à la suite des suggestions du Professeur Radzinowicz, le président du Comité chargé d'examiner la sécurité des prisonniers condamnés à de longues peines. L'homme qui convertit en réalité le rêve du professeur est Monsieur Perrie, un Ecossais de 55 ans qui gouverne Long Lartin avec humour et compréhension. «Le périmètre est si sûr que je puis permettre aux hommes un maximum de liberté, et ceux-ci semblent l'apprécier.»

Dans chaque cellule, fonctionne un système de communication et si un homme est malade et a besoin d'aide, il suffit qu'il appelle le service central.

[2] fence [3] escape [4] managed [5] saw [6] managed [7] cross [8] is given

Les hommes peuvent se faire du thé quand ils le désirent. Ils se procurent le thé de leur choix, tandis que le sucre et le lait leur sont fournis par la prison ainsi que l'eau bouillante[9].

Chaque détenu[10] travaille à Long Lartin et gagne de l'argent. Le salaire maximum s'élève à une livre et demie par heure.

Il y a une section professionnelle où les détenus peuvent apprendre un métier tel que celui de tisserand, de menuisier, de plombier ou tailleur[11].

Toute la prison est contrôlée électroniquement et à chaque porte, il y a un parlophone. Les officiers déclinent leur identité[12] et la porte s'ouvre. Il est impossible d'y accéder autrement.

Chaque mètre carré du pourtour[13] est surveillé par des caméras de télévision.

Le football est le sport par excellence de la région et l'équipe des détenus joue dans la division locale. Tous les matches ont lieu à l'intérieur du périmètre de la prison, bien que les prisonniers s'appellent eux-mêmes «Les Nomades».

«En ce qui me concerne», dit le Directeur, «ils sont tous égaux. Ils vont seuls où ils doivent aller. S'ils ne se conduisent pas comme il faut, ils sont punis ou ils perdent des privilèges. Mais ils le savent et parfois une semaine s'écoule[14] sans qu'il n'y ait la moindre violation du règlement."

Comme je partais, on amena quatre hommes qui avaient séjourné dans des prisons classiques. On leur montra les cellules inondées de[15] lumière, bien aérées, donnant sur les terrains de football. On remit une clé à chacun. Je demandai à l'un d'eux ce qu'il en pensait. «C'est tout bonnement[16] incroyable, bégaya-t-il[17], tout ému. Je peux prendre une douche[18] quand je veux. Même à minuit. Je dois rêver . . . c'est pas possible.»

---

[9] boiling [10] prisoner [11] weaver, carpenter, plumber, tailor [12] state their identity [13] square meter of the periphery [14] can go by [15] flooded with [16] simply [17] stammered [18] shower

VARIATIONS LEXICALES

1. Complétez les phrases suivantes en utilisant le substantif approprié.

(la) cellule—(la) durée—(la) scie—(la) clôture—(la) lumière—(un) ensemble—(le) menuisier—(le) carreau—(le) détenu—(le) séjour

1. Tout étudiant d'université devrait aussi avoir un diplôme, tel que celui de _____, de plombier, etc.
2. L'étudiant a été renvoyé pour une _____ indéterminée.
3. J'ai fait placer des _____ sur les murs de ma salle de bain.
4. C'est avec une _____ qu'il a coupé le bois.
5. Combien de temps votre _____ à la montagne a-t-il duré?
6. Est-ce que vous aimez bien cet _____ architectural?
7. Je vais mettre une _____ autour de ma propriété.

2. Chassez l'intrus de chaque série.

MODELE　une clôture—des barreaux—une vallée—une cellule—un gardien
　　　　　une vallée

1. un détenu—la prison—la condamnation—la liberté—arrêter—le lait
2. scier—couper—casser—diviser—séparer—accéder
3. le tisserand—le menuisier—le plombier—le tailleur—le musée
4. franchir—s'évader—s'échapper—arrêter—amener—bégayer

3. Trouvez un synonyme du mot ou de l'expression en italique.

MODELE　pour ma part:
　　　　　en ce qui me concerne

1. il s'est *évadé*　2. il a été *libéré*　3. *donner ses nom et prénom*
4. *réussir à* s'évader　5. tout *simplement*　6. *tout de suite*
7. *tenter* de franchir la grille　8. *un détenu*　9. être condamné *à vie*
10. une semaine *se passe*

4. Formez une question qui porterait sur le mot ou l'expression en italique.

MODELE　La prison est contrôlée *électroniquement*.
　　　　　Comment la prison est-elle contrôlée?
　　　　　Comment est-ce que la prison est contrôlée?

1. *Des prisonniers* travaillent à Long Lartin.
2. Le salaire minimum s'élève à *une livre et demie*.
3. La prison *de Long Lartin* se situe dans la vallée du Worcestershire.
4. Ils ont scié *les barreaux*.
5. On se croirait *à l'entrée d'un restaurant*.

6. *Le football* est le sport par excellence.
7. Chaque mètre carré est surveillé *par des caméras*.

5. Mettez les verbes entre parenthèses aux temps et mode voulus. Donnez toutes les solutions possibles.

MODELES   Il arrive qu'un prisonnier (faire) un faux pas.
*Il arrive qu'un prisonnier **fasse** un faux pas.*   (subjonctif)

On a prétendu qu'on ne (pouvoir) pas en sortir facilement.
*On a prétendu qu'on ne **pouvait** pas en sortir facilement.*

1. Il est impossible qu'un prisonnier (s'évader).
2. On a dit que la prison (ne pas ressembler) à une prison, mais plutôt à un motel.
3. Le journal a annoncé qu'on (aller) bâtir Long Lartin à la suite des suggestions du Professeur Dupont.
4. Il s'est demandé pourquoi les prisonniers (ne pas chercher) à s'enfuir.
5. Il a raconté que comme il (sortir), on (amener) deux prisonniers qui (venir) de prisons classiques.
6. On s'est dit qu'il (valoir) mieux tout contrôler électroniquement.

6. Remplacez les pronoms personnels en italique par une expression et placez-la correctement.

MODELE   *Ils* travaillent dur, mais ils n'*en* gagnent pas beaucoup.
Les prisonniers *travaillent dur, mais ils ne gagnent pas beaucoup* **d'argent**.

1. *Ils* ont chacun une clé qui leur *en* permet l'accès.
2. On *lui* a tout de suite assigné une cellule et donné une clé.
3. *Il* peut *la* fermer à clé lorsqu'il s'en va.
4. *Ils y* parviendront peut-être un jour. Qui sait?
5. Ils peuvent s'*en* faire dès qu'ils *le* désirent.
6. Il y a une section professionnelle où *ils* peuvent *en* apprendre *un*.
7. Il est impossible d'*y* accéder autrement.
8. On *en* a fait venir quatre, à qui j'ai demandé ce qu'ils *en* pensaient.

7. Relisez le texte, puis répondez aux questions suivantes.

1. De quelle prison parle-t-on? Où se trouve-t-elle?
2. En quoi diffère-t-elle des autres prisons?
3. Pourquoi est-il pratiquement impossible de s'échapper de cette prison?
4. Que fait-on lorsqu'un prisonnier arrive?
5. Qui a conçu le projet de cette prison? Qui l'a bâtie?
6. Quels métiers peut-on y apprendre?
7. Quel sport y pratique-t-on?
8. Comment punit-on les infractions contre le règlement?
9. Sur quelle scène le texte finit-il?

Composition écrite

8. Composez en une vingtaine de lignes une rédaction dans laquelle vous décrirez une prison dont vous avez entendu parler (que vous auriez visitée, ou au sujet de laquelle vous auriez lu).

- décrivez les bâtiments, les cours
- dites comment elle est gardée
- comment traite-t-on les prisonniers? que font-ils? travaillent-ils? peuvent-ils étudier?
- pensez-vous que ces prisonniers se réintègreront facilement à la vie «normale»? pourquoi (pas)?

Vous emploierez dans votre composition au moins *cinq* des expressions ou mots suivants ou leurs dérivés:

une cellule, parvenir à, fermer à clé, tandis que, un(e) détenu(e), apprendre un métier, décliner son identité, en ce qui (me) concerne, bien que, sans que, surveiller, s'écouler.

Débat

9. Commentez les affirmations suivantes et donnez des exemples.

1. Beaucoup de nos prisons sont vétustes, inhumaines. Parfois dans les jardins zoologiques, on traite les animaux avec plus d'affection. Aussi les prisons sont-elles souvent des écoles du vice. Elles préparent donc très mal les prisonniers à leur retour à la vie réelle. Alors . . .
2. Même les prisons modernes comme celle décrite ici ne changeront pas la mentalité des détenus. Il y aura toujours autant de crimes. Aussi faudrait-il plutôt supprimer les prisons. On pourrait les remplacer par . . .

LA COLONIE[1] SCANDALEUSE

En Suisse, des éducateurs voulaient faire une expérience avec des enfants. Il y eut de l'imprévu[2] . . . .

Nous étions bien étonnés de voir des enfants de 5 à 10 ans fumer des cigarettes, dit un des habitants d'Evolène, un petit village du Valais suisse. Il y avait là, cet été, une colonie pas tout à fait comme les autres, une colonie «expérimentale».

Autour du chalet du XVe siècle, où elle était installée, on pouvait apercevoir des enfants qui se promenaient nus[3]. Un touriste d'Evolène, les trouvant sales, avait averti le service d'hygiène. Un après-midi, ils jouèrent au mariage. Pour les habitants du Valais, traditionnellement catholiques, de mœurs[4] volontiers puritaines, tout était louche[5] dans cette colonie.

---

[1] summer camp   [2] unexpected   [3] nude   [4] ways of living   [5] suspicious

Une mère venue rendre visite à ses enfants, repartit furieuse. «Ils étaient mal soignés»[6]. Non seulement elle décida de ramener ses deux petites filles avec elle, mais elle porta plainte[7]. Ce fut le scandale. Dans la région, puis à Genève. «C'est une colonie infernale», disaient les uns, «dirigée par des êtres dangereux, monstrueux, des psychanalystes», disaient les autres. L'événement prenait une importance démesurée. On arrêta précipitamment l'expérience à la mi-août, quinze jours plus tôt que prévu[8].

En apparence, pourtant, les moniteurs qui encadraient les vingt-trois enfants, n'avaient rien d'inquiétant. C'étaient des psychologues ou éducateurs de formation, sous la direction d'un Suisse de 30 ans, professeur de psychologie à l'université de Montréal, M. Pierre Gagnebin.

Il explique: «Je me suis intéressé au mouvement des «free-schools», qui se développe actuellement en Amérique du Nord. J'ai eu, moi aussi, envie de tenter une expérience d'éducation hors du[9] système scolaire, qui rendrait[10] aux enfants leur liberté.»

Cette liberté était totale à Evolène. Une pancarte[11] avait été accrochée[12] à la porte d'entrée: «A l'enfant, victime de la société des adultes.» Les adultes et les enfants préparaient ensemble les repas à heure fixe. Mais venait manger qui voulait. Chacun se levait, se couchait quand il en avait envie[13].

«Au début, raconte une éducatrice, les enfants étaient enchantés[14] qu'on ne les oblige pas à aller au lit. Ils se couchaient tard, se levaient tôt. Mais au bout d'un certain temps, d'eux-mêmes, ils se mirent à dormir autant que n'importe quel[15] enfant de leur âge. Plusieurs faisaient la sieste[16] dans la journée.» De même, certains

---

[6] badly taken care of   [7] lodged a complaint   [8] earlier than expected   [9] outside of   [10] would give back   [11] sign   [12] hung   [13] felt like it   [14] were delighted   [15] as much as any other
[16] napped

enfants se lavaient, contrairement à d'autres qui ne touchaient jamais un savon. Une seule obligation, pourtant, à laquelle tout le monde devait se soumettre : participer à la réunion qui se tenait tous les jours, en fin d'après-midi. Là, chacun pouvait s'exprimer, et ensemble, enfants et éducateurs «parlaient de leurs problèmes».

JAMAIS D'ORDRE

«Les premiers jours, raconte M. Gagnebin, il s'agissait toujours des relations à l'intérieur du groupe, du genre «les garçons embêtent[17] les filles». Instinctivement, les enfants faisaient appel à notre autorité, à notre arbitrage. Nous n'intervenions pas. Progressivement, ils se sont mis à prendre des initiatives, à nous contester, à proposer des excursions . . .»

Les éducateurs ne donnaient jamais d'ordre, n'organisaient pas d'activités. Ils suivaient ou aidaient les enfants, si ceux-ci le leur demandaient. Un jour, les plus grands leur ont pris des cigarettes pour les fumer. Personne n'est intervenu. Au bout de quelques jours, tout le monde s'était lassé de[18] ce nouveau jeu. «Ils avaient, sans doute, voulu transgresser un interdit», constate un moniteur. Car rien n'était laissé au hasard. Les moniteurs étaient là pour mener à bien[19] une «expérience pédagogique» et en tirer des leçons théoriques. Avec beaucoup de sérieux, ils prenaient des notes, réalisaient des «interviews d'enfants», étudiaient les «migrations de dortoir». Sans cesse, ils observaient l'évolution du groupe, des enfants, de l'expérience elle-même.

Certains parents affirment qu'ils étaient prêts à poursuivre l'expérience. D'autres n'ont pas du tout apprécié de voir leurs enfants servir de cobayes[20] à de jeunes psychologues. Pourtant, en toute bonne foi, ceux-ci affirment : «Les familles étaient prévenues[21] que leur enfant participerait à une expérience.»

L'éducation est-elle un happening?

D'après Jacqueline Linarès
L'EXPRESS

VARIATIONS LEXICALES
1. Complétez les expressions suivantes en vous servant du texte.

MODELE _____ un interdit:
   ***transgresser** un interdit*

1. _____ de cobaye
2. _____ à une expérience
3. _____ les autorités
4. _____ à quelqu'un
5. _____ plainte
6. _____ une expérience
7. _____ la sieste

a. *porter*
b. *avertir*
c. *participer*
d. *faire*
e. *tenter*
f. *rendre service*
g. *servir*

[17] (colloquial) bother   [18] was tired of   [19] carry out   [20] guinea pigs   [21] were warned

2. Imaginez cinq phrases auxquelles on devra répondre par *vrai* ou *faux*. Aidez-vous du texte.

MODELE   *La mère des deux petites filles était tellement enchantée par tout ce qu'elle voyait, qu'elle a remercié Mr. Gagnebin. (faux)*

3. Relevez tous les mots clés sur lesquels l'article est basé et résumez-le.

4. Complétez les phrases suivantes en utilisant le verbe approprié.

se lasser—apercevoir—encadrer—affirmer—embêter—prévenir— transgresser—contester—intervenir

1. C'est dommage que vous ne m'ayez pas _____ plus tôt.
2. De nos jours tout le monde veut _____, surtout les jeunes.
3. Les garçons _____ souvent les filles, c'est rarement l'inverse.
4. Je ne désire pas _____ dans leur dispute.
5. Les enfants sont bien _____ dans cette école.
6. Tous les deux _____ qu'ils ont raison.
7. Après une heure, elles _____ de ce jeu.

5. Mettez le texte suivant au style direct. Faites attention aux temps des verbes et aussi à certains pronoms et adverbes.

MODELE   Il a dit que les éducateurs voulaient faire une expérience.
Il a dit: «Les éducateurs veulent faire une expérience».

Un journal rapporte ce qu'un habitant d'Evolène, M. B., a vu: Il disait qu'ils étaient bien étonnés là-bas de voir des enfants fumer; que les instructeurs appelaient ça une colonie expérimentale, mais qu'il ne fallait pas les écouter.

Il se demandait si les enfants dormaient, et s'ils mangeaient chaque jour à leur faim. Il disait qu'il l'ignorait.

Il ajoutait aussi qu'ils étaient sales, parce que probablement ils ne s'étaient jamais lavés.

Il avait aussi remarqué qu'il n'y avait jamais d'activité, que les moniteurs se contentaient de prendre des notes. M. B. a ajouté que décidément non, si ses propres enfants avaient été là, il les aurait tout de suite retirés et qu'il aurait porté plainte.

Il disait que c'était une colonie infernale dirigée par des psychanalystes ou quelque chose comme ça, et qu'on ne devrait pas permettre ça.

Pour conclure il a dit qu'un jour il les avait vus jouer au mariage et que le lendemain ils se promenaient tous nus dans la colonie. M. B. a ajouté qu'il ne comprenait vraiment pas la mentalité actuelle et il a conseillé aux parents de ne plus envoyer leurs enfants en colonie et surtout de ne pas faire confiance aux psychanalystes.

6. Complétez les phrases suivantes. Attention aux mode et temps à employer.

MODELES Les hommes se font du thé quand ils le (désirer).
*Les hommes se font du thé quand ils le **désirent**.*

Si ils ne se conduisaient pas comme il faut, ils (être puni).
*S'ils ne se conduisaient pas comme il faut, ils **seraient punis**.*

1. Si nos arrière-grand-mères (revenir) sur terre, elles seraient bien étonnées de voir la façon dont nous nous habillons.
2. Il semble que l'inspiration des créateurs (se concentrer) sur la forme et la couleur.
3. Lorsqu'un prisonnier (arriver), on lui assigne une cellule.
4. Il suffit que vous (appeler) le service central.
5. Tous les matches ont lieu dans la prison, bien que les prisonniers (s'appeler) eux-mêmes «Les Nomades».
6. Les enfants (faire) toujours appel à notre autorité; puis un jour ils se sont mis à prendre des initiatives.
7. La liberté (être) totale à Evolène. Une pancarte était accrochée à la porte d'entrée: «A l'enfant, victime de la société».

7. Relisez le texte, puis répondez aux questions suivantes.

1. Où a eu lieu cette expérience?
2. Pourquoi les gens étaient-ils étonnés?
3. Pourquoi la maman était-elle furieuse?
4. Que savez-vous des éducateurs?
5. Quel slogan figurait sur la pancarte? Quel en est le sens?
6. Quel était l'horaire dans le camp?
7. Quel genre de problèmes y avait-il?
8. Comment les éducateurs se comportaient-ils?
9. Quelles ont été les réactions des parents?

Composition écrite
8. Ecrivez un dialogue d'une trentaine de lignes environ qui pourrait avoir lieu entre un éducateur de la «colonie scandaleuse», une mère ou un père d'enfant et un habitant du Valais.

- l'éducateur: moniteur ou psychologue, de formation, compétent, mouvement des «free schools», rendre leur liberté aux enfants, les enfants réagissent bien, parlent de leurs problèmes, prennent des initiatives, contestent . . .
- la mère ou le père: enfants mal soignés, ne mangent pas assez, pas de jeux éducatifs, moniteurs ne font rien . . .
- l'habitant du Valais: enfants de cinq ans fument, se promènent nus, sont sales, moniteurs psychanalystes dangereux . . .

Débat

9. Commentez les affirmations suivantes et donnez des exemples.

1. Pour les jeunes enfants, la punition corporelle est la seule vraie punition. C'est pourquoi—et cela contrairement aux idées très répandues—il vaut mieux donner une fessée que d'essayer de convaincre l'enfant qu'il a fait quelque chose de mal.

2. Les plus mauvais éducateurs sont souvent ceux qui ont beaucoup trop de connaissances théoriques. Les autres sont fréquemment de bons éducateurs parce qu'ils élèvent leurs enfants intuitivement. Nos relations personnelles sont souvent plus du type intuitif, inconscient que du type intellectuel ou rationnel.

3. Une libre éducation ne consiste pas toujours à laisser faire les jeunes. Au contraire, les jeunes demandent qu'on les guide, et qu'on—les parents, les éducateurs—fasse preuve d'autorité, sans toutefois leur montrer qu'on impose ses idées.

LISONS LE JOURNAL

Paris–Versailles en courant

Paris–Versailles en courant, en marchant ou en trottinant, est devenu, pour la troisième fois, l'une des grandes fêtes du sport amateur. Dix mille personnes y ont participé, des hommes, jeunes et vieux, mais aussi beaucoup de femmes et d'enfants—malgré les réelles difficultés du parcours[1]—et sa longueur (16,5 km). Remarqué dans le flot[2] des coureurs: un handicapé des jambes dans son fauteuil roulant.

Créé en 1975 par la ville de Versailles, ce cross multiforme avait alors rassemblé trois mille participants, ce qui n'était déjà pas mal. Cette année, ce sont dix mille concurrents[3] qui se sont inscrits. Jusqu'au dernier moment, la liste s'est allongée et mille retardataires[4] ont pu s'inscrire samedi près de la tour Eiffel où les départs devaient être donnés à partir de 15 heures.

Dix mille coureurs répartis en[5] trois catégories: l'élite, c'est-à-dire les intouchables, les seuls à pouvoir courir 16,5 km en une heure ou moins; les «challenge», qui regroupaient les clubs (250 pour environ 3 000 personnes) et les autres, les individuels anonymes. Temps du vainqueur: 52 minutes et 52 secondes pour Dominique C. Mais que les autres se rassurent[6]: Paris–Versailles en 1 h 15 ou 1 h 20, ce n'est déjà pas mal . . .

D'après Al. V., *Le Monde*

Les détenues[7] pourront garder leurs enfants près d'elles plus longtemps

Actuellement[8] les femmes sont autorisées à garder leurs enfants avec elles en prison jusqu'à ce qu'ils atteignent l'âge de dix-huit mois. Ensuite ils leur sont automatiquement retirés. «J'ai fait une exception l'année der-

nière pour que Martine W. puisse passer les fêtes de Noël avec son bébé», a précisé M. Peyrefitte, ministre de la justice. «Mais de tels cas ne pouvaient pas se reproduire. Après avoir consulté des psychiatres, des psychologues et des pédiatres[9], il nous est apparu que l'inconvénient du maintien de l'enfant dans l'univers carcéral[10] était souvent moins grave que la séparation de l'enfant d'avec sa mère».

«Le nouveau système ne sera pas impératif, il tiendra compte de la situation pénale de la mère, de son désir de garder son enfant. Son défenseur sera consulté. Puis une commission composée d'un pédiatre, d'un psychologue et d'une assistante sociale[11] prendra la décision. Chaque cas sera étudié séparément; aucun âge limite ne sera fixé à l'avance pour le retrait de l'enfant».

Sur les neuf cent soixante-dix femmes actuellement incarcérées, onze ont leurs enfants avec elles. L'exiguïté des locaux[12] et des cours[13] de promenade ne permet guère d'étendre ce chiffre. Mais «il est évident» a conclu le ministre, «que le corollaire[14] de cette réforme à propos des enfants sera l'institution d'une crèche et un réaménagement[15] des locaux».

Le Monde

L'homme qui voulait être sage-femme[16]

«Norman I. est un infirmier[17] diplômé de vingt-huit ans», rapporte le *Times*. «Il y a dix ans qu'il exerce ce métier et, maintenant, il veut devenir sage-femme. Malheureusement, il vient de découvrir que c'est très exactement «la» profession qu'il ne peut pas exercer. Il y a des hommes accoucheurs[18], infirmiers, médecins généralistes, gynécologues . . . mais il n'y a pas d'hommes sages-femmes.

«Les membres du collège royal des sages-femmes ont envoyé un rapport au comité

---

[1] route [2] stream [3] competitors
[4] late-comers [5] divided into [6] should not feel unhappy [7] female prisoners [8] at the present time

[9] pediatricians [10] world of the prison
[11] social worker [12] small size of the rooms
[13] courtyards [14] result [15] readjustment
[16] midwife [17] nurse [18] who help deliver babies

262

d'études pour la loi sur la non-discrimination des sexes. Elles assurent que les femmes sages-femmes apportent une aide psychologique essentielle aux femmes enceintes et que la plupart des gens refuseraient que cette aide soit donnée par un homme.»

«M. I. est indigné : il souligne qu'il a lui-même exercé sa profession d'infirmier dans des services de femmes sans aucun problème. Il ajoute qu'étant homme et père de trois enfants, il est plus équilibré qu'une femme et qu'il se sent tout à fait capable d'être psychologiquement utile à une femme enceinte».

Le Monde

The «Paris Metro»

«*The Paris Metro*», bimensuel en langue anglaise publié à Paris depuis plus de deux ans

devra renoncer à paraître s'il ne trouve pas un minimum de 250 000 francs avant le 18 octobre.

Le journal *Paris Metro* a été lancé[19] en mars 1976 par un groupe de journalistes anglo-saxons, en majorité américains, et a été soutenu[20] depuis le début par des investisseurs privés, travaillant pour la plupart dans la publication.

Le Monde

L'eau vint à manquer

Dans une petite commune l'eau vint à manquer. Avec une baguette de sourcier[21], on alla à la recherche d'une nouvelle source. Rapidement la baguette indiqua qu'on se trouvait en présence d'eau. On commença à creuser. Le résultat fut immédiat : on troua[22] la conduite d'eau principale.

[19] launched   [20] supported   [21] divining rod
[22] pierced a hole (in)

SECTION 10

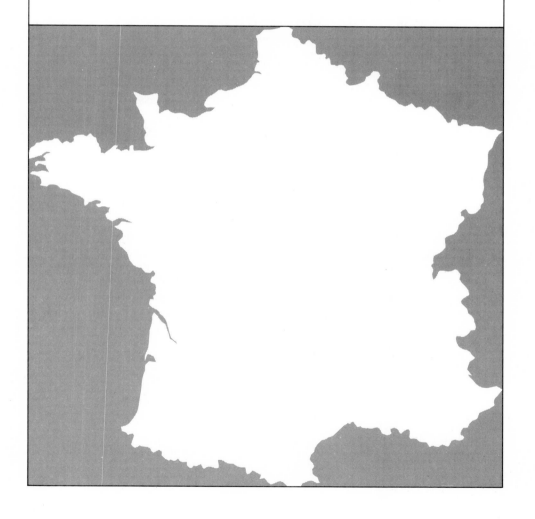

LECTURE

C'est l'heure du thé. Les invités, réunis au salon, parlent de «l'amour», ce vieux sujet. Tout à coup quelqu'un aperçoit au loin une masse grise et confuse. C'est l'île de la Corse[1] qu'on voit à l'horizon. Un vieux monsieur se lève alors et se met à raconter : c'est là-bas, en Corse, dans cette île sauvage, qu'il a rencontré l'exemple le plus invraisemblable d'un amour heureux et constant.

LE BONHEUR

Autour de la chaumière[2], quelques vignes, un petit jardin, de quoi vivre enfin, une fortune pour ce pays pauvre.

La femme qui me reçut était vieille, sévère et propre, par exception. L'homme, assis sur une chaise de paille, se leva pour me saluer, puis se rassit sans dire un mot. Sa compagne me dit :

—Excusez-le ; il est sourd[3] maintenant. Il a quatre-vingt-deux ans.

Elle parlait le français de France. Je fus surpris. Je lui demandai :

—Vous n'êtes pas de Corse ?

Elle répondit :

—Non, nous sommes des continentaux. Mais voilà cinquante ans que nous habitons ici.

Une sensation d'angoisse et de peur me saisit à la pensée de ces cinquante années passées dans ce trou sombre, si loin des villes où vivent les hommes. Un vieux berger[4] rentra, et l'on se mit à manger le seul plat[5] du dîner, une soupe épaisse de pommes de terre, de lard et de choux[6]. Le court repas fini, j'allai m'asseoir devant la porte, le cœur serré[7] par cette détresse qui prend parfois les voyageurs en certains soirs tristes, en certains lieux désolés. Il semble que tout soit près de finir, l'existence et l'univers. On perçoit[8] brusquement l'affreuse misère de la vie, l'isolement de tous, le néant[9] de tout, et la noire solitude du cœur qui se berce[10] et se trompe lui-même par des rêves jusqu'à la mort.

La vieille femme me rejoignit[11] et, torturée par cette curiosité qui vit toujours au fond des âmes les plus résignées :

—Alors vous venez de France ? dit-elle.

—Oui, je voyage pour mon plaisir.

—Vous êtes de Paris, peut-être ?

—Non, je suis de Nancy[12].

Il me sembla qu'une émotion extraordinaire l'agitait. Comment ai-je vu ou plutôt senti cela, je n'en sais rien.

[1] Corsica [2] thatched cottage [3] deaf [4] shepherd [5] dish [6] cabbage [7] with a heavy heart
[8] you feel [9] emptiness [10] that indulges in dreams [11] came to meet me [12] city east of Paris

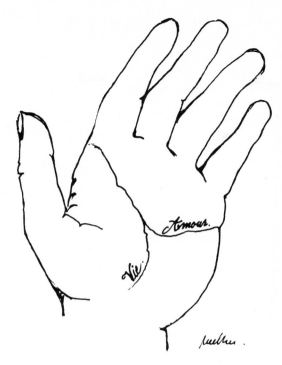

Elle répéta d'une voix lente :
—Vous êtes de Nancy ?
L'homme parut dans la porte, impassible[13] comme sont les sourds.
Elle reprit :
—Ça ne fait rien. Il n'entend pas.
Puis, au bout de quelques secondes :
—Alors vous connaissez du monde à Nancy ?
—Mais oui, presque tout le monde.
—La famille de Sainte-Allaize ?
—Oui, très bien ; c'étaient des amis de mon père.
—Comment vous appelez-vous ?
Je dis mon nom. Elle me regarda fixement :
—Oui, oui, je me rappelle bien. Et les Brisemare, qu'est-ce qu'ils sont devenus[14] ?
—Tous sont morts.
—Ah ! Et les Sirmont, vous les connaissiez ?
Oui, le dernier est général.
Alors elle dit, frémissante d'émotion[15] et d'angoisse :
—Oui, Henri de Sirmont. Je le sais bien. C'est mon frère.

---

[13] impassive   [14] what happened to them   [15] quivering with emotion

Et je levai les yeux vers elle, effaré[16] de surprise. Et tout d'un coup le souvenir me revint.

Cela avait fait, jadis[17], un gros scandale dans la noble Lorraine. Une jeune fille, belle et riche, Suzanne de Sirmont, avait été enlevée par un sous-officier de hussards du régiment que commandait son père. C'était un beau garçon, fils de paysans, ce soldat qui avait séduit[18] la fille de son colonel. Elle l'avait vu, remarqué, aimé. Mais comment lui avait-elle parlé, comment avaient-ils pu se voir, s'entendre? Comment avait-elle osé lui faire comprendre qu'elle l'aimait? Cela, on ne le sut jamais.

On n'avait rien deviné[19], rien pressenti. Un soir, comme le soldat venait de finir son temps, il disparut avec elle. On les chercha, on ne les retrouva pas. On n'eut jamais aucune nouvelle et on la considérait comme morte.

Et je la retrouvais ainsi dans ce sinistre vallon[20].

Alors je repris à mon tour:

—Oui, je me rappelle bien. Vous êtes mademoiselle Suzanne.

Elle fit «oui», de la tête. Des larmes tombaient de ses yeux. Alors, me montrant d'un regard le vieillard immobile sur le seuil[21], elle me dit:

—C'est lui.

Et je compris qu'elle l'aimait toujours, qu'elle le voyait encore avec ses yeux séduits.

Je demandai:

—Avez-vous été heureuse au moins?

Elle répondit, avec une voix qui venait du cœur:

—Oh! oui, très heureuse. Il m'a rendue très heureuse. Je n'ai jamais rien regretté.

Je la contemplais, triste, surpris, émerveillé par la puissance de l'amour! Cette fille riche avait suivi cet homme, ce paysan. Elle était devenue elle-même une paysanne. Elle s'était faite à sa vie sans charmes, sans luxe, sans délicatesse d'aucune sorte, elle s'était pliée à[22] ses habitudes simples. Et elle l'aimait encore.

Elle avait abandonné la vie, toute jeune, et le monde, et ceux qui l'avaient élevée, aimée. Elle était venue, seule avec lui, en ce sauvage ravin[23]. Et il avait été tout pour elle, tout ce qu'on désire, tout ce dont on rêve, tout ce qu'on attend sans cesse, tout ce qu'on espère sans fin. Il avait rempli de bonheur son existence, d'un bout à l'autre.

Elle n'aurait pas pu être plus heureuse.

Le conteur se tait. Une femme dit alors: «Elle avait un idéal trop facile, des besoins trop primitifs. Ça ne pouvait être qu'une sotte.»

Et quelqu'un répond: «Qu'importe[24], elle a été heureuse.»

D'après Guy de Maupassant
LE BONHEUR

---

[16] astonished   [17] long ago   [18] seduced   [19] nobody ever guessed   [20] valley   [21] doorstep
[22] had adjusted herself to   [23] ravine   [24] that doesn't matter

VARIATIONS LEXICALES

1. Trouvez dans le texte un synonyme de l'expression en italique.

1. Il s'est levé sans *prononcer* un mot.
2. *A l'idée de* ces cinquante années *écoulées* dans ce trou perdu, je me sens triste.
3. On *a commencé à* manger le seul plat du dîner.
4. Il *tremblait* d'émotion.
5. Cela avait fait *autrefois* un énorme scandale en Lorraine.
6. Il avait l'habitude de s'asseoir sur *le pas de la porte*.

2. Relevez tous les mots du texte qui ont trait aux sentiments.

MODELE *angoisse, peur*

3. Quelle différence voyez-vous entre :

MODELES   soudain et tout à coup :
        pas de différence
        rêve et cauchemar :
        un cauchemar est un mauvais rêve

1. sourd et aveugle?   2. peur et angoisse?   3. se rappeler et se souvenir?
4. maison et chaumière?   5. étonné et émerveillé?   6. bonheur et joie?
7. vallée et vallon?   8. ville et village?

4. Donnez le substantif apparenté aux verbes suivants.

MODELE   élever :
       élevage

1. abandonner   2. sentir   3. exister   4. espérer   5. émouvoir   6. surprendre
7. enlever   8. connaître

5. Complétez les phrases suivantes.

MODELE   Quelqu'un qui n'entend pas est _____.
       *Quelqu'un qui n'entend pas est **sourd**.*

1. Rester _____ c'est ne montrer aucune réaction, aucune émotion devant un spectacle, par exemple.
2. Quelqu'un qui garde un troupeau de moutons est un _____.
3. Une petite vallée s'appelle aussi un _____.
4. Un spectacle, un endroit triste, sombre, peut aussi être _____ .
5. Prendre, suivre les habitudes de quelqu'un, c'est aussi se _____ à ses habitudes.
6. Rencontrer quelqu'un à un endroit précis, c'est le _____.

6. Complétez les phrases suivantes à l'aide d'un article, si nécessaire.

MODELE   Une sensation de _____ angoisse me prit à _____ pensée de ces cinquante années passées ici.

*Une sensation **d'**angoisse me prit à **la** pensée de ces cinquante années passées ici.*

1. _____ Corse est une île française.
2. On se mit à manger _____ seul plat _____ dîner.
3. Son père est _____ général.
4. Cela avait fait _____ scandale dans _____ noble Lorraine.
5. Une sensation de _____ angoisse et de _____ peur me saisit.
6. Je la regardais effaré de _____ surprise.
7. Vous ne seriez pas de _____ Corse, par _____ hasard?
8. Elle parlait encore _____ français de _____ France.
9. Il parut à la porte, impassible, comme le sont _____ sourds.

7. Relisez le texte, puis répondez aux questions suivantes.

1. Où se passe la scène? Décrivez l'endroit où habite le vieux couple.
2. Pourquoi le vieil homme reste-t-il impassible?
3. Pourquoi le narrateur est-il saisi par «l'angoisse et la peur»?
4. Quels mots et expressions montrent la simplicité de la vie que mène le vieux couple?
5. A quoi voit-on que la femme est émue lorsque le narrateur mentionne la ville de Nancy?
6. Quelle est l'histoire de ce vieux couple?

8. Relevez les mots clés du texte et employez-les dans votre résumé oral ou écrit (une quinzaine de lignes). Dites en quoi consiste ce bonheur simple.

GRAMMAIRE

LES ADJECTIFS INDEFINIS

A. FORMES

SINGULIER	PLURIEL
(ne) . . . aucun(e) . . . (ne)	
un(e) certain(e)	certain(e)s
chaque	
quelque	quelques
n'importe quel(le)	n'importe quel(le)s
même	mêmes
tout(e) (le, la)	tous (toutes) les

Le **ne** entre parenthèses est fréquemment omis dans la langue parlée.

B. EMPLOI

Ne . . . aucun(e) s'emploie uniquement au singulier. Dans la langue écrite et soutenue, le **ne** est toujours mentionné. Dans la langue parlée, on le laisse fréquemment tomber.

On	**n'**	a	**aucun**	espoir.

LANGUE PARLEE

Il		a	**aucune**	nouvelle d'eux. amie.

Aucun	ami	ne	viendra plus.
Aucune	amie		

Chaque ne s'emploie aussi qu'au singulier.

Chaque	soir jour fois	il s'asseyait devant sa chaumière.

Certain s'accorde en genre et en nombre avec le nom auquel il est apposé. Remarquez qu'au singulier **certain(e)** est précédé d'un article.

SINGULIER

Elle	y	habitait	depuis	**un**	**certain**	temps.
	lui	parlait	d'			Brisemare.

un certain temps = temps assez long
un certain Brismare = qu'on ne connaît pas bien

PLURIEL

Certains	soirs, jours,	la peur le saisissait.
Elle a déjà pris	**certaines**	habitudes. manies.

Quelque au singulier signifie **un peu de, assez de**; au pluriel **quelques** a la valeur quantitative de **plusieurs**, un **petit nombre**.

SINGULIER

Elle avait eu	**quelque**	difficulté	à s'habituer.
		espoir.	

PLURIEL

Il possédait	**quelques**	vignes.
Au bout de		secondes, elle avait répondu.
Les		francs qu'il me restait, je les ai perdus.

Notez que **quelque** (invariable) peut aussi jouer le rôle d'un adverbe. Cet emploi n'est pas fréquent dans la langue parlée: Ils vivaient là depuis **quelque** cinquante années.

N'importe quel(le) est fréquent dans la langue parlée. Il s'accorde en genre et en nombre avec le substantif auquel il est apposé.

Imaginez	**n'importe**	**quel**	rêve! pays!
		quels	rêves! pays!
On accepterait		**quelle**	idée! solution!
		quelles	idées! solutions!

Même s'accorde avec le substantif qu'il accompagne. Il peut précéder ou suivre le substantif, mais change alors de sens.

Ils	habitaient	le	**même**	village.
		la		chaumière.
	avaient	les	**mêmes**	sensations d'angoisse. habitudes.

= identique, semblable (*the same*)

Autour de la	chaumière	**même**	il y avait quelques vignes.
Ils habitaient le	village	**même.**	

= précisément (*itself*)

Tout s'accorde avec le substantif qu'il accompagne. Il peut être suivi directement d'un substantif, ou d'un déterminant (article, adjectifs possessif ou démonstratif).

Tout		souvenir	la faisait frémir.
		homme voyageur	en a fait l'expérience.
Toute		femme	

Tout	le	village	le savait!
Toute	une	vie année	dans ce trou lugubre!

Il	connaît	**tous**	les ces	lieux. villages.
	a deviné	**toutes**	ses	pensées. angoisses.

VARIATIONS STRUCTURALES

1. Répondez en vous aidant du modèle.

MODELE Je connais quelques auteurs.
Moi, je connais chaque auteur.
Moi, je connais tous les auteurs.

Je connais quelques

1. titres de ses livres   2. chaumières dans ce village   3. bergers dans ce pays
4. produits utilisés   5. membres de sa famille   6. paysans ici
7. maisons de ce quartier   8. problèmes   9. personnes ici   10. familles

2. Placez la forme convenable de *tout* devant les substantifs suivants.

MODELES _____ le livre; _____ les chemins; _____ la maison
tout *le livre* ; **tous** *les chemins* ; **toute** *la maison*

1. la famille   2. les amis   3. l'existence   4. les vignes   5. le luxe
6. les habitudes   7. l'amour   8. le bonheur   9. les émotions   10. les vieillards

3. Complétez les phrases suivantes au moyen d'une forme de *tout*.

MODELE On a chanté _____ les chansons qu'on connaissait.
*On a chanté **toutes** les chansons qu'on connaissait.*

1. Il possède _____ ce pays.
2. Il aime _____ les sensations.
3. Il connaît _____ les vieux bergers.
4. Il le traite de _____ les noms.
5. Il y a passé _____ son existence.
6. Il a fait _____ ces métiers.
7. Il a _____ les charmes.
8. Il mange _____ sortes de légumes.

4. Faites des phrases qui commenceraient par les expressions suivantes.

MODÈLE   Eux-mêmes _____ .
Eux-mêmes ne voulaient plus en parler.

1. Chaque _____   2. Tous les _____   3. N'importe quelle _____
4. Aucun _____   5. Toute la _____   6. Quelques _____
7. Toutes les _____   8. Les mêmes _____

5. Complétez les phrases suivantes au moyen d'un adjectif indéfini. Il y a parfois plusieurs solutions.

MODÈLE   _____ années, ils ont à peine de quoi vivre.
Certaines années, ils ont à peine de quoi vivre.

1. Il n'avait que _____ vignes.
2. Ils (n')avaient _____ curiosité.
3. C'étaient les _____ types.
4. Vous êtes de Nancy _____?
5. J'ai _____ produits, mais pas tous.
6. Je peux vous citer _____ nom à Nancy.
7. La _____ émotion la saisit.
8. Un _____ M. Dupont vous a demandé.
9. _____ homme se berce de rêves.
10. Elle (n')a aimé _____ homme.

LES PRONOMS INDEFINIS

A. FORMES

SINGULIER	PLURIEL
(ne) aucun (ne)	
	certains—certaines
chacun	
quelque chose	
n'importe qui / quoi	
n'importe lequel / laquelle	n'importe lesquel(le)s

4. Complétez les phrases suivantes à l'aide de *ce que* ou *ce dont*.

MODELES   *C'est tout **ce dont** elle m'a parlé.*
           ***Ce qu'**elle aimait en lui, on ne le saura jamais.*

1. Il m'a rendu tout _____ je lui ai donné.
2. C'est tout _____ je rêve.
3. C'est aussi _____ j'attends le plus d'elle.
4. Paysanne, c'est _____ elle est devenue finalement.
5. C'est _____ nous avons mangé à dîner.
6. Voilà tout _____ elle se souvenait après cinquante ans.

5. Remplacez le *on* dans les phrases suivantes par un équivalent.

MODELE   *On* n'y parle pas le français de France.
          ***Les gens** n'y parlent pas le français de France.*
          ***Personne** (n') y parle le français de France.*

1. On n'avait rien pressenti, rien deviné.
2. On la considérait comme morte.
3. On ne le sut jamais.
4. Il avait été tout pour elle, tout ce qu'on désire, ce qu'on attend.
5. On l'a appelé au téléphone.
6. On perçoit soudain l'affreuse misère de la vie.

LE PASSE SIMPLE

A. FORMES

-er			-ir			-re		
je	lev-	**ai**	je	fin-	**is**	je	vend-	**is**
tu		**as**	tu			tu		
il		**a**	il		**it**	il		**it**
nous	aim-	**âmes**	nous	rempl-	**îmes**	nous	répond-	**îmes**
vous		**âtes**	vous		**îtes**	vous		**îtes**
ils		**èrent**	ils		**irent**	ils		**irent**

Formes irrégulières

avoir	**il eut**	falloir	**il fallut**	recevoir	**il reçut**		
s'asseoir	**s'assit**	mettre	**mit**	rejoindre	**rejoignit**		
boire	**but**	mourir	**mourut**	rire	**rit**		
connaître	**connut**	naître	**naquit**	savoir	**sut**		
courir	**courut**	ouvrir	**ouvrit**	sentir	**sentit**		
croire	**crut**	paraître	**parut**	tenir	**tint**		
devoir	**dut**	plaire	**plut**	venir	**vint**		
être	**fut**	pouvoir	**put**	voir	**vit**		
faire	**fit**	prendre	**prit**	vouloir	**voulut**		

B. EMPLOI

Le passé simple correspond à peu près au passé composé. Le passé simple *ne* s'emploie *plus du tout* dans la langue parlée. Même en français écrit, on le rencontre de moins en moins. Toutefois vous pourrez trouver encore les troisièmes personnes du singulier et du pluriel et la première personne du singulier.

Le passé simple exprime un fait (souvent court, limité dans le temps) qui se situe à un moment précis du passé.

Je	**levai**	les yeux vers elle.
Le souvenir me	**revint**	tout à coup.
Je	**compris**	qu'elle l'aimait encore.

VARIATIONS STRUCTURALES

1. Relevez tous les passés simples du texte et donnez l'infinitif des verbes.

MODELE   Je levai les yeux:
   lever

2. Donnez l'infinitif des verbes suivants.
1. elle crut   2. elle rit   3. elle prit   4. elle put   5. elle fit   6. elle eut
7. elle mourut   8. elle sut   9. elle dut   10. elle reçut

3. Donnez l'infinitif des verbes suivants.
1. Ils firent de tout.   6. Ils ouvrirent la porte.
2. Ils partirent seuls.   7. Ils surent tout.
3. Ils purent venir.   8. Ils eurent de tout.
4. Ils rirent beaucoup.   9. Ils se plurent.
5. Ils finirent à temps.   10. Ils revinrent seuls.

4. Mettez les phrases suivantes au passé composé.

MODELE   Ils écrivirent une lettre.
         *Ils **ont** **écrit** une lettre.*

1. Ils envoyèrent la lettre.
2. Ils la vendirent.
3. Ils chantèrent faux.
4. Ils se turent complètement.
5. Il lui plut.
6. Ils s'aimèrent avec passion.
7. Ils les reçurent.
8. Ils durent revenir.
9. Ils firent tout ce qu'ils pouvaient.
10. Il n'obtint rien.

PROBLEMES D'AUJOURD'HUI ET DE DEMAIN

LA JEUNESSE TELLE QUE SES AINES LA VOIENT

Comment, aujourd'hui en France, les hommes et les femmes qui ont le double de leur âge voient-ils, jugent-ils, les garçons et les filles de vingt ans?

LES JEUNES N'ONT PAS CHANGE

Sans entrer dans trop de détails, on peut distinguer plusieurs catégories. De l'avis de certains la jeunesse actuelle est tout à fait semblable à celle d'hier, d'avant-hier et de toujours et l'écrasante[1] majorité des jeunes d'aujourd'hui n'éprouvent pas de difficulté à vivre, les contestataires ne sont qu'une poignée[2], ils ne sont en rien représentatifs et ça ne vaut pas la peine qu'on leur prête attention.

LES JEUNES SONT MECONTENTS

On trouve d'abord chez un certain nombre de personnes, une condamnation collective et sans appel. Les jeunes d'aujourd'hui sont sales, tristes, paresseux—tous ou presque tous. Ils répugnent à l'effort, au travail, à la générosité. Ils veulent, ils exigent tout et, en même temps, ils critiquent tout. Et, parfois, ils cassent tout: des vandales. Ah! de mon temps . . . S'ils ne sont pas contents, qu'ils aillent donc voir ailleurs, à l'Est par exemple, ou bien en Chine. Mais non: ils préfèrent démolir pour le plaisir, et puis gémir[3] et se plaindre. Il faudrait un peu d'autorité—d'ailleurs, ils en ont besoin, ils le souhaitent sans oser le dire—au lieu de cette abdication générale des parents, des maîtres, des responsables. On préfère les flatter, leur dire qu'ils ont raison, c'est plus facile évidemment. Tout cela finira mal: heureusement je ne serai plus là pour le voir.

On connaît la chanson et son refrain. On a souvent entendu aussi, sur l'autre face du disque[4], la complainte des mal-aimés, le miserere[5] des pauvres parents. Ils ne sont pas méchants, ces jeunes, mais ils ne sont pas heureux, et c'est notre faute. Nous leur offrons un monde absurde, une société pourrie, un présent bien sombre et un avenir plus noir encore. Les guerres, la violence, la misère, la faim pour des centaines de millions d'hommes, et puis, comme perspectives d'avenir, la bombe et la pollution. Et on voudrait que ceux qui entrent dans la vie aujourd'hui se montrent satisfaits, détendus, enthousiastes et optimistes? Comment s'étonner qu'ils soient fatigués, découragés, angoissés: n'ont-ils pas toutes les raisons d'être tristes? Et si

---

[1] overwhelming   [2] handful   [3] to whine   [4] side of the record   [5] complaint

Que leur offre-t-on comme perspectives d'avenir? la bombe et la pollution.

quelques-uns se révoltent, c'est normal; ce qui étonne, c'est au contraire qu'ils ne soient pas plus nombreux, plus violents, plus désespérés. Et voici quelques témoignages personnels.

TEMOIGNAGE D'UN INSTITUTEUR[6]

Tout d'abord l'avis d'un vieil instituteur: «Je suis né dans une famille ouvrière. Nous étions quatre enfants. Mon père, artisan, gagnait en moyenne trois ou quatre francs par jour (ce qui peut représenter, par mois, environ six cents francs d'aujourd'hui), sans allocations,[7] ni sécurité d'aucune sorte. Je pense qu'à ceux qui critiquent systématiquement notre époque on peut faire deux reproches principaux: d'abord, le plus souvent ils présentent de ce qu'ils attaquent non un portrait, mais une caricature; ce n'est pas la société d'aujourd'hui qu'ils décrivent, mais celle de 1850. Et puis, conséquence de cette manière de faire, ils nient contre toute évidence les énormes progrès accomplis, dans le domaine social notamment, depuis cinquante ans.

Notre vieil instituteur, très représentatif de ce que beaucoup de Français pensent, ajoute: «Je comprends sans difficulté que des jeunes contestent notre société;

---

[6] school teacher   [7] allowance (from the government)

ils n'ont pas connu les dures conditions de vie d'autrefois et, à un âge où l'on confond aisément l'idéal et le possible, il suffit que tout n'aille pas pour le mieux pour qu'on croie que tout va mal.»

TEMOIGNAGE D'UN MEDECIN

«Il y a quarante ans, on était satisfait de la bouteille pleine au quart. Aujourd'hui, elle est pleine aux trois quarts, mais personne ne le voit: on ne voit que le quart manquant, et ce manque est devenu intolérable. Son explication? Elle est médicale: «L'aliénation intérieure et l'aliénation extérieure sont en raison inverse; c'est là une formule qu'apprennent tous les étudiants en psychiatrie, dès le début de leur spécialisation. Un exemple: l'équilibre psychique était remarquable aux pires moments de la dernière guerre, malgré les drames, les souffrances et des difficultés inouïes[8]. La vérité, conclut notre médecin, c'est que l'homme n'a de choix qu'entre l'effort et l'ennui[9].

TEMOIGNAGE D'UN DIPLOMATE

Je suis diplomate de haut rang, soixante ans, père d'une famille nombreuse. Je me compte parmi ceux qui, après 1945, se sont dit : plus de ça ! Plus de guerres idiotes parce qu'au moment fatal on n'était pas prêt ! Plus de victoires comportant l'écrasement[10] du vaincu ! Moins de bêtises, un peu plus de lucidité ! Ainsi la décolonisation a pu se faire sans catastrophe. Et maintenant tout tourne[11] à nouveau, mais de façon différente. Je n'arrive pas à me désespérer bien que j'éprouve toujours une profonde angoisse devant la fragilité de nos édifices collectifs. Quant au désespoir moderne, il me paraît souvent un prétexte pour pouvoir se révolter, car autrement la vie serait trop monotone.

Trois voix, trois réactions, trois réponses. La vie toute simple, le progrès social pour le vieil instituteur. La psychologie, la vertu de l'effort, selon notre médecin. Et, pour le diplomate, un monde dangereux, mais où il reste permis d'espérer.

D'après Pierre Viansson-Ponté
LE MONDE

VARIATIONS LEXICALES
1. Trouvez dans le texte un synonyme des mots en italique.

MODELE   Ils veulent tout, ils *demandent* tout *avec insistance.*
          Ils veulent tout, ils **exigent tout.**

1. Ces deux vases sont *presque les mêmes.*
2. Il a été élu à une *très grande* majorité.
3. Il n'y a qu'*un petit nombre* de contestataires.
4. Elle *n'a plus aucun espoir.*
5. *Dans le passé* il venait fréquemment nous voir.
6. Ils se sont heurtés à des difficultés *incroyables.*
7. As-tu écouté l'autre *côté* du disque ?
8. *Ils n'ont pas de courage* (ils sont _____).

2. Relevez tous les adjectifs du texte. Rangez-les en trois colonnes : les adjectifs qui ont un sens négatif, ceux qui ont un sens positif et ceux qui ont un sens neutre.

MODELES   la jeunesse *actuelle* (sens neutre)
           la société **pourrie** (*sens négatif*)

[8] incredible   [9] boredom   [10] crushing   [11] works

3. Complétez les phrases suivantes en utilisant le verbe approprié.

prêtre—casser—gémir—nier—gagner—répugner—démolir—flatter—
contester—compter

1. On me dit qu'ils vont _____ cette vieille maison.
2. Cet homme continue à _____ avoir commis ce crime.
3. Certains jeunes croient qu'ils doivent tout _____.
4. Il ne faut pas _____ attention à ce qu'il dit.
5. Si on estime quelqu'un, on ne le _____ pas.
6. Un certain nombre de jeunes _____ à faire des efforts.
7. Jadis les ouvriers ne _____ pas beaucoup.

4. Donnez les mots clés employés: (a) dans la première partie du texte
(jusqu'aux témoignages); (b) dans le témoignage de l'instituteur; (c) dans le témoignage du médecin. Puis employez-les dans votre résumé de chaque partie.

5. Chassez l'intrus de chaque série, et utilisez-le dans une phrase.

MODELE   casser—démolir—abdiquer—briser—écraser—violenter
*Le roi n'a pas encore **abdiqué** malgré la pression du peuple.*

1. guerre—raison—violence—misère—mort—faim
2. papier—drame—souffrance—catastrophe—intolérable
3. peu nombreux—quelques-uns—jamais—une poignée
4. rapide—heureux—content—satisfait—optimiste
5. absurde—pourri—sombre—noir—pessimiste—long
6. fatigué—tôt—découragé—épuisé—angoissé—désespéré
7. énorme—heureux—considérable—inouï
8. le passé—l'avenir—le présent—le jeu—le futur

6. Complétez les phrases suivantes au moyen de *folle* (*fol*), *vieille* (*vieil*),
nouvelle (*nouvel*).

1. On a remplacé le _____ appareil.
2. J'avais une envie _____ de lui faire des reproches.
3. Qu'est-ce que la _____ institutrice a dit?
4. Tu as le _____ horaire des trains?
5. Voilà une _____ amie d'enfance.
6. A gauche il y a un _____ hôpital et à droite tu verras le _____ hôtel chinois.

7. Relevez dans le texte tous les subjonctifs et justifiez-les.
MODELE   Ça ne vaut pas la peine qu'on leur prête attention.
         prête**: subjonctif après le verbe **valoir

Composition écrite

8. Faites une composition de vingt à vingt-cinq lignes sur le sujet suivant:

«Il y a un fossé entre les jeunes d'aujourd'hui et leurs parents».

- comment cela se manifeste-t-il (aspect physique, cheveux longs, mode; attitude en public; idées politiques, sur la société)?
- comment les jeunes réagissent-ils? se plient-ils aux exigences des parents? quittent-ils la famille? momentanément ou définitivement?
- quelle serait votre solution «personnelle», si vous étiez en désaccord avec votre famille?

Vous emploierez dans votre composition au moins *six* des expressions ou mots suivants ou leurs dérivés:

qu'(il)aille voir ailleurs!, une poignée, ça finit mal/bien, une société pourrie, s'étonner que (+ subjonctif), un témoignage, être angoissé, ça tourne bien/mal, moins de/plus de, le domaine social, d'abord . . . ensuite.

Débat

9. Répondez aux questions suivantes et donnez des exemples:

1. Que pensez-vous des différentes opinions exprimées dans le texte?
2. Pourquoi beaucoup de jeunes Américain(e)s croient-ils (elles) devoir se séparer de leur famille pour développer leur personnalité? Cette séparation n'est-elle pas plus une mode qu'une nécessité? Quels sont les avantages et les inconvénients de cette séparation?
3. Si vous étiez parmi les aînés et aviez des enfants, comment agiriez-vous?

LES ETATS-UNIS
EN QUELQUES COUPS DE PINCEAUX[1]

UN TOURISTE AU PAYS DU BUSINESS

Mais bien sûr! Pourquoi n'y a-t-on pas pensé plus tôt? C'est par hasard que je suis tombé sur[2] un gros bouquin[3] (786 pages) intitulé *Guide pratique des Etats-Unis pour les relations d'affaires et les voyages*, portant en couverture le drapeau rouge, blanc et bleu, déguisé en gratte-ciel[4].

Je l'abordai[5], je le confesse, avec une certaine méfiance[6] (malgré tout, l'Européen aime bien l'idée que l'Amérique du Nord se compose d'elle-même: une part de cow-boy réactionnaire, une part de Sammy Davis Jr. et une part de Don Coreone). Quelle ne fut pas ma surprise en constatant, dés la toute première phrase, que les auteurs avaient foncé, les pieds joints[7], si j'ose dire, sur l'âme du pays: «Les Etats-Unis représentent le marché le plus important, le plus dynamique et le plus exigeant du monde.»

[1] brush strokes [2] came across [3] (colloquial) book [4] skyscraper [5] began [6] distrust
[7] jumped in with both feet

LES DOGGIES AU TRAVAIL

Direct. L'Amérique est le pays du business, messieurs, et autant y aller carrément. C'est par le business que vous comprendrez les Etats-Unis. La vie quotidienne est imprégnée[8] d'images rattachées aux affaires ou, plus exactement, au sens originel du mot «business»: l'état d'être *busy*, de passer son temps (*time is money*) utilement, car le puritain a horreur du désœuvrement[9].

Quand la conjoncture[10] s'annonce bien pour un Américain, c'est un *good deal* (une bonne affaire). Pour expliquer sa méfiance devant un avenir incertain, l'Américain met en garde[11] son ami: *Don't take any wooden nickels* (N'acceptez pas de monnaie en bois). Quand un acteur invente un nouveau geste ou une série de mouvements, c'est *a piece of business*. Votre petit chien fait consciencieusement son devoir sur les trottoirs[12] de Paris, mais à Kansas City ou à New York les doggies font leur *business*. Les exemples peuvent être multipliés presque à l'infini.

Le *Guide pratique*, comme son nom l'indique, déborde de[13] renseignements utiles pour les voyageurs et ce[14], dans les cinquante Etats (les meilleurs hôtels et restaurants des plus grandes villes, la façon de conduire un mastodonte Belchfire à transmission automatique dans les montagnes Rocheuses[15], les lois sur la consommation, etc.).

Dans cette masse d'informations, j'ai relevé trois conseils qui m'ont frappé comme étant tout particulièrement indispensables à la survie corporelle, deux qui sont des chefs-d'œuvre d'euphémisme et trois qui démontrent le charme ineffable[16] du monde des affaires.

---

[8] imbued with   [9] idleness   [10] outlook   [11] warns   [12] sidewalks   [13] gives plenty of
[14] **et ce = et cela**: idiomatic expression in spoken French   [15] Rocky Mountains
[16] inexpressible

"HELP, TAXI!"

Utiles: Obtenir un taxi aux Etats-Unis demande parfois un réel effort physique et un grand esprit d'initiative. Il n'y a pas de queue. Dans la plupart des grandes villes, les stations de taxis sont fort rares et les taxis sont hélés en pleine voie[17]; il arrive souvent que cinq ou six personnes courent après un taxi, et c'est celui qui ouvrira le premier la porte et s'y accrochera solidement qui obtiendra le droit de se faire piloter.

Les consommations alcoolisées sont en général d'une taille généreuse, et assez fortes. Un martini est une boisson composée de trois quarts de gin pour un quart de vermouth, c'est vous dire que le résultat en est assez explosif.

Les Américains ne vont jamais «aux toilettes», ils vont «à la salle de bains» ou demandent le «*men's, women's, ladies, gents, the John, the Powder-Room* ou *Lounge*» (divers termes discrets pour désigner cet endroit). Une fois qu'on vous aura montré le chemin, cherchez les panneaux indiquant *Rest-Room, Comfort-Station* ou des symboles obscurs allant du chapeau avec une canne à un chien et un chat.

Les sandwiches seront souvent très bons, mais vous risquez de trouver le café assez léger. Le champagne de New-York a un goût bien particulier, qui ne saurait toutefois être comparé au champagne français.

Charme: Mis à part le style, les Américains aiment lire autant d'informations substantielles que possible et trouvent mal à propos[18] l'utilisation d'expressions verbeuses ou littéraires qui n'apprennent rien qui soit vraiment utile au lecteur.

LE «TUDOR» EXPRESS

Les pubs Ayala peuvent être livrés et installés en huit semaines et semblent ensuite avoir existé depuis des siècles. Il y a trois gammes[19] principales—Tudor, Victorien et Edwardien—mais toute autre période ou style demandé peut être fourni. Un modèle Tudor, *The Golden Hind*, fut construit à Union Square, à San-Francisco, en octobre 1971, pendant une semaine de promotion des produits anglais. Les trois premiers jours, ce pub servit quatre-vingt-seize barils de bière, eut un chiffre d'affaires moyen de 6 000 dollars par jour, et les clients formaient constamment une file d'attente[20] de quatre-vingts mètres de long sur trois rangs d'épaisseur.

Enfin, c'est dans ce livre que l'on trouve l'appréciation la plus juste, le croquis[21] le plus exact du caractère américain. Ses auteurs ne parlent jamais des hommes mais ne se lassent pas[22] de faire le portrait des villes dans lesquelles ils reconnaissent l'âme de leurs compatriotes. Ainsi: «Chicago est la ville la plus dynamique et la plus vivante des Etats-Unis, c'est aussi une ville rude[23], et qui se suffit à elle-même, mais ses admirateurs (qui sont légion) défendront avec vigueur son charme particulier contre l'attrait des villes plus raffinées. C'est un endroit où il semble que n'importe quoi peut arriver et qu'un homme peut devenir ce qu'il veut s'il en a seulement le courage et l'habileté; ses habitants—extravertis et énergiques—renforcent cette impression. Chicago a toujours rejeté sa position de «deuxième ville» des Etats-Unis,

---

[17] hailed in the middle of the street   [18] inappropriate   [19] types   [20] waiting line   [21] sketch
[22] do not grow tired   [23] rough

c'est peut-être la raison pour laquelle elle prétend qu'elle possède les choses les plus grandes et les plus belles dans pratiquement tous les domaines.

D'après Rudolph Chelminski
LE MONDE

VARIATIONS LEXICALES

1 Complétez les phrases suivantes en utilisant le mot approprié.

(la) conjoncture—(le) désœuvrement—(la) voie—(la) survie—(la) canne—
(la) masse—(la) file—(une) âme—(le) gratte-ciel

1. Il a juré en son _____ et conscience.
2. La _____ économique est plutôt mauvaise.
3. Il y avait une _____ de personnes devant le cinéma le jour de la première.
4. Je peux vous donner une _____ d'informations à ce sujet.
5. Toutes les _____ sont bloquées à la circulation.
6. Depuis l'accident il marche avec une _____.
7. Paris commence à avoir ses _____ comme New York.

2. Répondez par *vrai* ou par *faux* et rectifiez les fausses affirmations.

MODELE   *Méfiance* est synonyme de *confiance*.
        Faux: **méfiance** *et* **confiance** *sont des antonymes.*

1. Un gratte-ciel est un genre d'animal préhistorique.
2. Un *bouquin* signifie *livre* dans la langue familière.
3. La partie centrale d'une route s'appelle la voie carossable.
4. Un chef-d'œuvre est une chose artistique de grande beauté.
5. *En quelques coups de pinceaux* veut dire *dans les moindres détails*.
6. Un discours verbeux est un discours très court.
7. *Ineffable* veut dire *inexprimable*.

3. Complétez les phrases suivantes en utilisant le verbe approprié.

aborder—constater—foncer—annoncer—déborder—relever—fournir—
livrer—(se) lasser—frapper

1. J'ai été _____ par le bon sens et la sagesse du vieux paysan.
2. La police a été _____ par l'assaut furieux des étudiants.
3. Quand il m'a _____, j'ai pensé que c'était un rustre.
4. Nous pouvons vous _____ ce produit dans les 48 heures.
5. Tous les enfants écoutaient l'histoire, mais ils s'en sont bientôt _____.
6. Quand vous me _____ des preuves, je vous croirai.
7. J'ai _____ un passage intéressant dans ce bouquin.
8. La voiture a _____ sur nous à au moins 80 km à l'heure.

4. Faites des phrases en vous aidant du modèle.

MODELE   n'importe quel(le):
*Tu peux boire **n'importe quelle** boisson à condition qu'il y ait au moins un tiers de gin et un tiers de rhum!*

1. n'importe qui   2. n'importe quand   3. n'importe comment   4. n'importe où
5. n'importe quoi   6. n'importe le(s)quel(s)

5. Complétez les phrases suivantes en utilisant l'adverbe approprié.

carrément—mal à propos—quotidiennement—par hasard—rudement—
utilement—consciencieusement—constamment

1. C'est tout à fait _____ que je suis tombé sur ce livre.
2. On trouve _____ d'aller chez quelqu'un sans avertir préalablement.
3. N'aie pas peur, dis _____ ce que tu penses!
4. Elle est déjà presque bossue et il faut _____ lui rappeler qu'elle doit se tenir droite.
5. Il étudie _____ mais il n'est pas malin.
6. La police l'a battu un peu trop _____ et on a dû le soigner à l'hôpital.

6. Deux mots sont synonymes; le troisième ne l'est pas. Trouvez-le et employez-le dans une phrase.

MODELE   s'accrocher—se suspendre—s'imprégner:
*Après avoir passé cinq ans dans ce pays, il **s'était imprégné** de sa culture.*

1. héler—lasser—appeler
2. les informations—les renseignements—les épaisseurs
3. le bouquin—le geste—le livre
4. carrément—quotidiennement—journellement
5. se lasser—se fatiguer—se composer
6. ineffablement—carrément—directement

7. Complétez les phrases suivantes à l'aide de *il, c'* ou *ça.*

MODELE   *C'est une boisson alcoolisée!*
Il suffit que vous en parliez.
Ça ne sert pas à grand-chose!

1. _____ est tout à fait par hasard que je suis tombé sur ce livre.
2. _____ a fait beaucoup de bruit dans le pays.
3. _____ est une surprise de vous rencontrer ici.
4. _____ est le pays du business.
5. _____ arrive souvent que quatre ou cinq personnes courent après le même taxi.
6. _____ est midi et demi.
7. _____ est Américain de nationalité.
8. _____ est vous dire l'importance de cet événement.

8. Relevez les mots clés du texte et employez-les dans votre résumé oral ou écrit (15 lignes environ).

9. Relisez le texte, puis répondez aux questions suivantes.

1. Pourquoi l'auteur aborde-t-il le guide avec méfiance?
2. Quelle est, selon les auteurs, la caractéristique essentielle des Etats-Unis?
3. Comment cela se reflète-t-il dans la langue?
4. Quels autres renseignements le guide fournit-il?
5. Quels conseils utiles y sont donnés?
6. Quels exemples d'euphémismes y trouve-t-on?
7. Qu'est-ce qui prouve l'efficacité des entreprises américaines?
8. Comment expliquez-vous le titre?

Composition écrite

10. Un organisme vous a fourni le nom et l'adresse d'un(e) correspondant(e). Vous lui écrivez une lettre, d'une trentaine de lignes, pour demander toutes sortes de renseignements sur un séjour que vous voulez faire en France.

- vous demandez des renseignements pratiques (climat, comment trouver une chambre, un appartement meublé, éventuellement comment trouver un petit travail d'étudiant, où manger pour pas trop cher, etc.).
- mais aussi des informations sur le caractère des Français, leurs façons de vivre, de se comporter, leurs passe-temps.

Vous emploierez dans votre lettre au moins *six* expressions ou mots choisis parmi les suivants ou leurs dérivés:

passer son temps, prendre un risque, faire la file, faire le portrait, mettre en garde, s'informer, s'imprégner, avoir horreur de, consciencieusement, en vain, exigeant, carrément, même, certains, aborder, la méfiance, pourriez-vous (me) dire, la vie quotidienne.

Débat

1. Créez des groupes de trois ou quatre personnes. Mettez-vous d'accord sur un certain nombre de conseils, de renseignements à donner à des amis étrangers qui vous rendront visite.
2. Avez-vous séjourné dans un pays étranger? Qu'est-ce que vous y avez constaté en bien et en moins bien?
3. Imaginez qu'un(e) étudiant(e) vienne de l'étranger et qu'il (elle) pose toutes sortes de questions. Les autres lui répondent et expliquent pourquoi il en est ainsi.
4. Mettez-vous d'accord sur un plan de visites (de la région, d'amis, de parents) pour un(e) ami(e) qui séjournera quinze jours chez vous.

LISONS LE JOURNAL

La déclaration universelle des droits de l'animal

C'est une date dans l'histoire des rapports de l'homme et de l'animal: la Déclaration universelle des droits de l'animal a été proclamée dimanche 15 octobre à la maison de l'Unesco à Paris.

Ce document rédigé en plusieurs langues a été préparé par la ligue internationale des droits de l'animal, qui a des représentants dans la plupart des pays du monde. La déclaration insiste sur les points suivants:

—Tout animal a droit à l'attention, aux soins et à la protection de l'homme;

—Nul animal ne sera soumis à de mauvais traitements ou à des actes cruels;

—Si la mise à mort[1] d'un animal est nécessaire, elle doit être instantanée, indolore[2], non génératrice d'angoisse;

—Tout animal a le droit de vivre dans son propre environnement et toute privation de liberté est contraire à ce droit;

—Tout animal ouvrier[3] a droit à une alimentation réparatrice[4] et au repos;

—Nul animal ne doit être exploité pour le divertissement de l'homme. Le professeur Kastler, prix Nobel de physique, a montré comment l'élevage industriel des animaux de boucherie[5]—qui rappelle le travail des enfants au fond des mines au siècle dernier—aboutit à priver le tiers-monde de précieuses céréales.

Quant à Me Caroline d'Aigueperse, présidente de l'institut juridique international pour la protection animale, elle a souhaité que les animaux bénéficient désormais d'un droit de protection juridique renforcée[6]. Le professeur Georges Heuse, président de la ligue internationale des droits de l'animal, a souligné que le racisme est intimement lié au mépris à l'égard des autres espèces[7] et que le respect de l'animal doit donc être enseigné à l'école.

Afin d'encourager les actions en faveur de la protection animale, un Ordre de la nature a été créé.

D'après Jean-Jacques Barloy, *Le Monde*

Tous ces «e» qui nous manquent

Les dirigeants du mouvement des femmes reçoivent, à Oslo, le Prix populaire de la paix. Ces «dirigeants» sont deux femmes. Pourquoi pas les «dirigeantes»?

«Député(e?) constamment réélu(e?), très active au comité central, Teng Ying-Chao est devenue une personnalité . . .»

Deux exemples, pris au hasard ces dernières semaines, qui montrent comment le féminin s'efface[8] devant le masculin dès qu'il s'agit de pouvoir et de prestige. Ce n'est pas nouveau. Mais aussi, comment dire d'une femme qu'elle est «découvreur» (euse?), et d'une autre qu'elle est «bon vivant[9]» (bon vivante?) et «amateur» (trice?) de bonne chère[10]? Comment traiter sa fille de «chenapan»[11] (e?), de «brigand» (e?) ou de «bandit» (e?)? On a beau savoir[12] que ces mots n'ont pas de féminin, on se sent un peu gêné (e?) aux entournures[13].

Qu'attend l'Académie, gardienne du langage, pour nous donner des «e»? Députés, découvreurs, amateurs, bons vivants, chenapans, bandits et brigands, les femmes sont tout cela. Il faudra bien qu'un jour la langue s'y plie[14].

D'après Katie Breen, *Le Monde*

---

[1] the killing   [2] painless   [3] used for work
[4] enough food of good quality
[5] raising of animals for slaughter on an industrial scale   [6] strengthened legal protection

[7] related to the scorn toward other species
[8] disappears   [9] person who enjoys good living
[10] person fond of good food   [11] rascal
[12] in spite of knowing   [13] ill at ease   [14] adapt itself

Musique en jeans

On ne vous mettra sans doute pas à la porte[15] si vous avez une cravate, mais, au café d'Edgar[16], la musique cette année sera «en jeans». Rémi G. a pour objectif de «démystifier» l'image du musicien afin de le rapprocher du public . . .: six jours de suite[17], les mêmes artistes donneront les mêmes œuvres[18], dont le choix paraît heureux: Danzi, Ligeti, Stockhausen, par le Quintette Nielsen; Duparc, Fauré, Debussy, Ravel, par Bernard Mallet; Schoenberg, Debussy . . . par Suzanne et Carmen Fournier, et ainsi de suite[19], au moins jusqu'au deux janvier, avec deux semaines de création confiées aux élèves[20] du Conservatoire.

Le Monde

Poulet à l'estragon[21]

Pour quatre ou cinq personnes, un gros poulet, préalablement[22] coupé en morceaux, un bouquet d'estragon, du vin blanc, quatre ou cinq oignons, assez gros, du sel, du poivre et de la crème fraiche[23].

Faites revenir[24] les morceaux de poulet dans une cocotte[25] avec du beurre, puis la moitié du bouquet d'estragon et les oignons émincés[26]. Laissez dorer encore quelques minutes. Mouillez[27] avec les deux verres de vin blanc. Mettez le couvercle. Ne pas mettre trop de vin à la fois[28]. Surveillez la cuisson qui doit se faire à feu doux[29] et rajoutez un peu de vin si nécessaire. Lorsque le poulet est cuit, liez[30], avant de servir, avec un pot de crème fraiche de 150 grammes et le reste de l'estragon coupé fin.

F. Magazine

---

[15] kick out [16] **café d'Edgar = café théâtre**: place where you can drink and watch a performance [17] in a row [18] pieces [19] and so on [20] the conservatory students have been asked to provide the program for two weeks

[21] tarragon [22] beforehand [23] thick cream [24] brown [25] pan with thick bottom [26] sliced onions [27] moisten [28] at once [29] on low heat [30] thicken the gravy

VOCABULAIRE FRANÇAIS—ANGLAIS

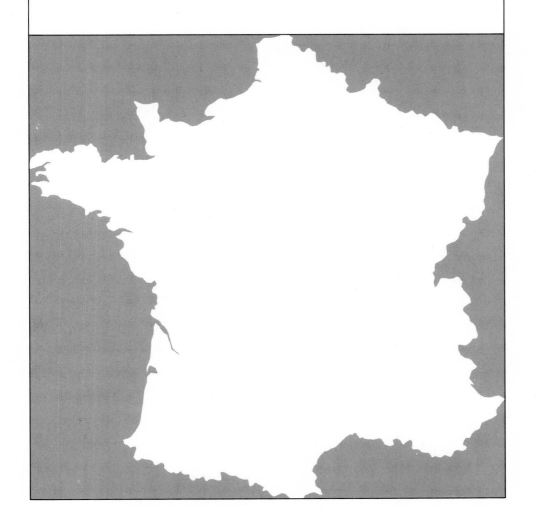

The number that follows the English translation refers to the chapter in which the word is first introduced.

A

abandonner to give up 6
abat-jour (*m.*) lamp shade 3
abondamment a lot 5
abordable reasonable 1
aborder to begin 10
accabler to blame 5
accélérer to speed up 2
accoucheur/cheuse (*m./f.*) midwife 9
accrocher to hang 9
accroître (s'—) to increase 6
acheminer (s'—) to be on one's way 1
aciérie (*f.*) steelworks 2
acquis learned 3
action (*f.*) action; strike 4
actuellement now, at the present time 2, 9
adhérent (*m.*) member 4
adjuger (s'—) to appropriate 7
adversaire (*m.*) opponent 4
affaisser (s'—) collapse 2
affamé starving 7
affolant frightening 4
affolement (*m.*) (**avec—**) with panic 7
agacer to bother 5
agencer to arrange in the shape of 5
agglomération (*f.*) urban area 5
aide-soignant (*m.*) nurse 5
aient subj. of **avoir** 6
ail (*m.*) garlic 7
aile (*f.*) (**—de moulin**) blade of a windmill 2
aille subj. of **aller** 6
ait subj. of **avoir** 3

aiguille (*f.*) needle 8, 9
ainsi de suite and so on 7, 10
aisance (*f.*) (**avec—**) with a certain ease 3
aisé well-to-do 9
alimentation réparatrice (*f.*) enough food 10
aller (s'en—) to go, to leave 8;
—de pair to go along with, to go together with 5;
—de soi to go without saying 6
allure (*f.*) speed; appearance 9
allocation (*f.*) allowance (from the government) 10
allons donc ! not really 7
alors que whereas 1
amarré fastened 2
amateur (*m.*) (**de bonne chère**) person fond of good food 10
âme (*m.*) (**corps et—**) body and soul 3
amende (*f.*) fine 6
amener à s'interroger to make you wonder 3
ameublement (*m.*) furniture 6
ancré rooted 2, 6
animal ouvrier (*m.*) animal used for work 10
anodin harmless 6
antichambre (*f.*) waiting room 8
antillais from the West Indies 7
appareil (*m.*) set 1
appointment (*m.*) salary 9
appréhender to fear 7
arbrisseau (*m.*) shrub 7

300

arbuste (*m.*)   shrub   7
archibondé de   bulging with   7
argenterie (*f.*)   silverware   6, 7
aridité (*f.*)   dryness   4
arraché   interrupted   8
arrêter (quelque chose)   to decide upon   6
arrondissement (*m.*)   district   2
arrosage (*m.*) **(tuyau d'—)**   hose   5
arroser   to drink to, to celebrate   5;
  —de vin   to pour wine over   3
assidu   regular   6
assigner   to give   9
assistante (*f.*) **(—sociale)**   social worker   9
assoiffé (*m.*)   somebody who is thirsty for   3
assortiment (*m.*)   variety   1
astreignant   tying down   7
atelier (*m.*)   workshop   3
attarder (s'—)   to linger   1
atteinte (*f.*)   attack   4
attendre   to wait for   2; **s'—à ce que
  (s'—)**   to expect   1, 4, 7
atteler   to hitch   5
atténuer   to temper   4
atterrissage (*m.*)   landing   1
attrait (*m.*) **(sans—)**   unattractive   4
attrape-nigaud (*m.*) **attrape-nigauds** (*pl.*)
  booby trap, trick   3
attraper (faire—les meneurs)   to have the
  leaders caught   3
aucun . . . ne   no   10
au-delà (*m.*)   beyond the grave   3
autant que   as much as   9
avaler de travers   to swallow the wrong
  way   9
avancer (des faits)   to put forward   8
avantages (*m. pl.*) **(—sociaux)**   social
  benefits   9
avarié   spoiled   6
avenu (nul et non—)   null and void   3
avérer (s'—)   to turn out   9
averse (*f.*) **(—fraîche)**   splash of cold water   4
avertir   to call   9
avilissement (*m.*)   degradation   4
avoir (en—assez)   to be tired of   8;
  —beau savoir   in spite of knowing   10;
  —de la peine   to be distressed   6;
  —des ennuis   to have problems, trouble   4;
  —des yeux pour quelqu'un   to have eyes
  for only one person   1, 2;
  —du mal   to have trouble   5;
  —envie   to feel like   9;
  —la gueule de bois   to have a hangover   4;
  —l'air de   to seem   2;

  —le culot de   (*fam.*)   to have a nerve   9;
  —mal aux cheveux   to have a
  hangover   4;
  en—marre (*fam.*)   to be fed up   8
aviron (*m.*)   oar   2
avis (*m.*)   opinion   1
ayez   subj. of **avoir**   3

B
babouin (*m.*)   baboon   3
baccalauréat; le bac   exam at the end of
  secondary school   2
bagarre (*f.*)   fight   1
bagnole (*f. fam.*)   car   5
baguette (*f.*) **(—de sourcier)**   divining rod   9
baignade (*f.*)   bath   5
baigné de larmes   bathed in tears   1
bail (*m.*)   lease   3, 6
bâiller   to yawn   1, 4
balade (*f. fam.*)   stroll   5
balai (*m.*)   broom   5
balayer   to sweep   2
banlieue (*f.*)   suburb   2
barrissement (*m.*)   bellowing   4
basket (*f.*)   sneakers   5
bataille (*f.*) **(cheval de—)**   favorite topic   6
battre   to beat   2;
  —des paupières   to blink   2
battu   beaten   2
bavard   talkative   10
beau (avoir—savoir)   in spite of knowing   10
bégayer   to stammer   3, 9
bénévole   voluntary   3
berce (le cœur qui se—)   indulging in
  dreams   10
berceau (*m.*)   cradle   3
berge (*f.*)   bank   2
berger (*m.*) **(—allemand)**   German
  shepherd   2, 10
bétail (*m.*)   cattle   5
bêtise (*f.*) **(faire la—)**   to get pregnant   4
bichonner   to groom   5
bidonville (*m.*)   slum   3
bien (mener à—)   to carry out   9
bien de   much, many, a lot of   4
bienfaits (*m.*)   comforts   6
bien que   in spite of   1
bijou (*m.*) **bijoux** (*pl.*)   jewel   3
blague (*f. fam.*)   joke   3
blaguer (*fam.*)   to joke   8
blé (*m.*) **(farine de—)**   wheat flour   1
blessure (*f.*)   wound   1
bohème   nonconventional   5

boîte (*f. fam.*) club 4
bondir to bounce 3
bonhomme (*m.*) **bonshommes** (*pl.*) man, guy 3
bon morceau (*m.*) delicious meal 3
bon sang! blast it 3
bon vivant (*m.*) person who enjoys good living 10
bonne (*f.*) maid 5, 6
bonnement simply 9
borgne (*m.*) one-eyed person 1
bossu hunchbacked 10
boucherie (*f.*) **(rayon—)** meat section 1
bouillant boiling 9
boulot (*m.*) *fam.*) job 4
bouquin (*m. fam.*) book 10
Bourse (la) stock exchange 4
bout de champ (à tout—) all the time 3
bout (mener quelqu'un par le—du nez) to lead someone by the nose 9
bredouiller to mumble 5
brevet (*m.*) patent 1
bricolage (*m.*) puttering around 5
bricoleur (*m.*) amateur 6
brin (*m.*) **(—de poésie)** bit of folly 9
brio (*m.*) **(avec—)** with ardor 1
broncher (sans—) without reaction 3
brouillard (*m.*) fog 9
but (gardien de—) goalkeeper
butte à (en—) exposed to 3

C

cacher to hide 7
cachet (*m.*) fee 4
cadence (*f.*) rhythm 9
cadre (*m.*) executive; 6—**supérieur** executive 2
café (*m.*) **(—crème)** coffee with milk 2
cafetier (*m.*) owner of a café 2
caillou (*m.*) **cailloux** (*pl.*) stone 3
calin cuddly 7
cambrioler quelqu'un to break into someone's house 3
camp (*m.*) **(feu de—)** campfire 5
candide ingenuous 1
ça n'empêche pas all the same 7
canot (*m.*) boat 2
capacité (*f.*) ability 3
caprice (*m*). **(essuyer un—)** (*francais écrit*) to suffer one's whim 1
carcéral (univers—) world of the prison 9
carême (à la mi—) during Lent 1

caresser un rêve to indulge in the dream of 1
carreau (*m.*) tile 9
carrefour (*m.*) intersection 5
cas (*m.*) **(dans le—grave)** in case of emergency 7
case (*f.*) box 6
caser (*fam.*) to place 5
casser la gueule (*pop.*) to punch someone's head 6
catcheur (*m.*) wrestler 1
cauchemar (*m.*) nightmare 7
céder la place to give way 9
célibataire (*m./f.*) unmarried person 5
censé (être— + *inf.*) to be supposed to 5
centre (*m.*) **(—de tri)** sorting office 4
cerise (*f.*) cherry 3;
tarte aux cerises cherry pie 6
cerveau (*m.*) brain 3, 8
C.F.D.T. (*f.*) Confédération Française Démocratique du Travail, French union 4
C.G.T. (*f.*) Confédération Générale du Travail, French union 4
chacun(e) everyone 10
chaise longue (*f.*) deck chair 5
chaleur (*f.*) warmth 4
chambre (*f.*) **(robe de—)** dressing gown, bathrobe 9
champ (*m.*) **(à tout bout de—)** all the time 3
chaque every 10
charge (*f.*) **(prendre en—)** assuming responsibility 8
chargée (la langue—) coated tongue 4
charger (s'en—) to make it one's own business 7
chasser to kick out 5
chauffe-eau (*m.*) water heater 3
chaumière (*f.*) thatched cottage 10
chef (*m.*) **(de leur propre—)** on their own 3
chef-d'oeuvre (*m.*) **chefs-d'oeuvre** (*pl.*) masterpiece 3
chef-lieu (*m.*) **chefs-lieux** (*pl.*) (similar to) county seat 3
chemin (*m.*) **(en—)** on the way 1
cheminement (*m.*) progress 2
chemise (*f.*) **(en manches de—)** in shirt sleeves 2
chenapan (*m.*) rascal 10
chèque postal (*m.*) post office banking system and savings account 4
chère (*f.*) **(bonne—)** good food 10
cheval (*m.*) **(—de bataille)** favorite topic 6

chevet (*m.*)   bedside   6
chien (*m.*) **(nom d'un—)**   good heavens   3;
  (temps de—)   miserable weather   3
chiffonné   wrinkled   4
chimérique   fanciful   3
chômeur (*m.*)   unemployed   7
chou (*m.*) **choux** (*pl.*)   cabbage   3, 10
chuchoter   to whisper   8
circulation (*f.*) **(—intense)**   heavy traffic   5
ciseaux (*m.*) *pl.*   scissors   9
citadin (*m.*)   city dweller   1
claque (*f.*)   slap   1
classiques (ouvertures—)   classic opening
  moves   4
clignotant (*m.*)   turn signal   1
clignoter   to blink   1
cloche (*f.*)   dumbbell   4
clôture (*f.*)   fence   9
cloué sur un lit   stuck in bed   5
cobaye (*m.*)   guinea pig   3, 9
cocher   to check   4
cocotte (*f.*)   pan with thick bottom   10
code (*m.*) **(—de la route)**   rules of the road   5
cœur (*m*). **(homme de—)**   man with
  feeling   9; **—serré**   with a heavy heart   10
coffre (*m.*)   trunk   6
coffre-fort (*m.*)   safe   3
cohue (*f.*)   crowd   5
"col blanc" (*m.*)   white-collar worker   8
collant   tight   6
colonie (*f.*)   summer camp   9
colonne (*f.*) **(—vertébrale)**   spinal cord   5
commerce (*m.*) **(représentant de—)**   traveling
  salesman   10
commissariat (*m.*)   police station   3
communication (*f.*)   paper   8
comporter   to involve, to include   2;
  se—   to behave   9
compréhensif/sive   understanding   9
compte (*m.*) **(à mon—)**   for myself   6
compteur (*m.*)   speedometer   5
comte/comtesse (*m./f.*)   count/countess   3
concerné   involved   4
concierge (*m./f.*)   doorkeeper   5
concurrencer   to compete with   2
concurrent (*m.*)   competitor   9
conduire (se—)   to act, to behave   2
conduite (*f.*)   pipe   9
confié   entrusted   3
confier la surveillance   to entrust the
  supervision   3
conjoncture (*f.*)   outlook   10
connaissance (*f.*) **(sans—)**   unconscious   1

conseiller (*m.*) **(—municipal)**   city council
  member   3
contact (verre de—)   contact lens   1
contraint   obliged   7
contre-maître (*m.*)   overseer   3
contretemps (*m.*) **(à—)**   inopportunely   2
convenable   satisfactory   6
convenir   to fit   2
convenu   agreed   4
coquelicot (*m.*)   poppy   3
coquin (*m.*)   rascal   8
corollaire (*m.*)   consequence   9
corps (*m.*) **(garde du—)**   bodyguard   8;
  (—et âme)   body and soul   3
Corse (la)   Corsica   10
cortège (*m.*)   retinue   1
côte (*f.*)   rib   1; hill   5
coteau (*m.*)   hill   2
coter   to have a value   4
côtoyer   to come up against   4
couche (*f.*)   layer   8
couchette (*f.*) **(—superposée)**   bunk bed   5
coudoiements (*m. pl.*) **(—suspects)**   shady
  contacts   2
coudre   to sew   8
coup (*m.*) **(sur le—)**   instantly   5;
  du même—   at the same time   3;
  d'un seul—   at once   6;
  —de pied   kick   1;
  —de pinceau   brush stroke   10;
  —de poing   blow   1;
  —pareil   kind of trick   6
coups d'aviron (à—)   with strokes of the
  oar   2
coupable   guilty   4, 8
cour (*f.*)   courtyard   9
courrier (*m.*)   mail   6
course (*f.*)   run, charge   4; shopping 5
coûter les yeux de la tête (*fam.*)   to be very
  expensive   9
couturier (*m.*)   couturier   3
couturière (*f.*)   seamstress   3
crack (*m. fam.*)   expert   8
craindre le ridicule (sans—)   without fear of
  being ridiculed   3
crâne (*m.*)   skull   3
crapule (*f.*)   scoundrel   6
crèche (*f.*)   day-care center   1, 5
crème (*f.*) **(—fraîche)**   thick cream   10
creuser   to dig   1
crier   to shout, to scream   1,5;
  —au secours   to scream for help   1
crise (*f.*) **(—cardiaque)**   heart attack   5

critique (*f.*) criticism; (*m.*) critic 3
croiser to meet 5
croquis (*m.*) sketch 10
croupir to wallow 6
cuisinier (*m.*) chef, cook 3
cuisinière (*f.*) (**—à gaz**) gas stove 5
culot (*m.*) (**avoir le—de**) (*fam.*) to have a nerve 9
cumuler to hold different jobs 3
C.V. abbreviation for "cheval vapeur" (horsepower); 2
une deux chevaux a small French car 5

D

débarquer (*fam.*) to arrive unexpectedly 5
débiteur (*m.*) debtor 8
déborder de to spill over with 10
déceler to find (out) 3
déchaîné furious, wild, mad 2
déchaîner (se—) to rage 1
déchéance (*f.*) degradation 6
décidé settled, arranged, fixed 4
décidément definitely, firmly 4
décision (*f.*) (**pouvoir de—**) decision-making power 3
déclencher to start 3
décliner son identité to state one's identity 9
décollage (*m.*) liftoff 1
décontenancer to throw off 4
découvert (à—) without a lid 8
dédain (*m.*) scorn 1
dédoubler to split into two parts 2
défiler to march 4, 8
déguenillé in rags 4
demander la main de quelqu'un to propose marriage 9
démarrer to start 2
demeure (*f.*) residence 2
démonté puzzled 3
démonter to dismantle 2
dépassé outdated 3
dépêche (*f.*) dispatch 7
dépens (*m.*) (**à ses—**) at his expense 8
dépenser to spend 7
dépliant (*m.*) folder 3
déprimé depressed 7
déranger to disturb 2, 9
dés (*m. pl.*) (**les— sont jetés**) the die is cast 3
désabusé disenchanted 4
descendance (*f.*) lineage, descendants 3

déshabiller (se—) to take off one's clothes 3
désœuvrement (*m.*) idleness 10
désormais from now on 1
dès que as soon as 5
détailler to cut 3
détendre (se—) to relax 1
détenu (*m.*) male prisoner 9
détenue (*f.*) female prisoner 9
devenus (qu'est-ce qu'ils sont—?) what happened to them? 10
déverser to discharge 2; drop 3; 7
deviner to guess 10
devises (*f.*) foreign currency 4
devoir quelque chose à quelqu'un to owe someone something 8
disponible available 4
disque (*m.*) record 10
distraire (se—) to have fun 2
dodo (*m.*) (*fam.*) sleep 4
doigt (*m.*) (**se mette le—dans l'œil**) (*fam.*) to kid oneself 9
dont whose, of whom 8
dorénavant from now on 2
doubler (une voiture) to pass 5
douche (*f.*) shower 9
doyen (*m.*) dean 2
drôle strange, funny 4
dû past part. of **devoir** 1

E

ébats (*m. pl.*) frolicking, fun and games 4
ébauche (*f.*) beginning 8
ébranlé shaken 3
écarter to get rid of 2
échanger des propos (*m.*) to chat, talk 2
échantillon (*m.*) sample 2
échappatoire (*f.*) escape 4
échapper to avoid, to escape 6
échéance (*f.*) deadline 3
échecs (*m. pl.*) (**jouer aux—**) to play chess 4
échouer to fail; (**—en, dans**) to end up 1; 6
éclaboussure (*f.*) splash 2
éclater to explode 6; to break out 7
écouler (s'—) to go by 10
écran (*m.*) screen 1
écrasant overwhelming 10
écrasement (*m.*) crushing 10
écraser (—par une voiture) to run over by a car 5
écriteau (*m.*) board 7
effacer (s'—) to disappear 10

effaré astonished 10
efficace efficient 6
effondrer dans les sanglots (s'—) collapse in tears 5
égard (*m.*) **(à l'—de)** toward 2
électrocufiante (barbarie—) which has to do with electrocution 7
élevage (*m.*) production 3
élever (—des enfants) to bring up(children) 5; **s'—contre** to protest against 6
Elysée residence of the president of France in Paris 6
embarcation (*f.*) little boat 2
embêter (*fam.*) to bother 9
embourbé dans la vase stuck in the mud 2
émerveillé amazed, wonderstruck 10
émincé sliced 10
émission (*f.*) program 1
emmener to take, to take away 1, 6
émouvoir (s'—) to feel unhappy, to be bothered 2
empêche (ça n'—pas) it doesn't mean anything 7
empêcher to prevent from, to refuse 3; **—de** to stop 4
emplir to fill up 6
emporter to prevail 1
enchanté delighted 9
encombrer to block 5
endimanché in one's Sunday best 2
enfuir (s'—) to escape 1
engloutir to gulp down 2
engouement (*m.*) craze 9
engueuler (*pop.*) to give someone a piece of one's mind 2
enlever to kidnap 1
ennui (*m.*) boredom 10; (*pl.*) problems, trouble 4
enregistrement (*m.*) recording, checking 3
enregistrer to count 3
ensemble (*m.*) **(dans l'—)** on the whole 2
entasser (s'—) to cram 5
entendre to want 7; to intend 6
entonner to start singing 2
entouré surrounded 6
entournures (*f. pl.*) **(être gêné aux—)** to be ill at ease 10
entretenir to take care of 7;**—quelqu'un de quelque chose** to talk to someone about something 9
envie (*f. fam.*) **(avoir—)** to feel like 9
épanchement (*m.*) flow 1
épanouir (s'—) to fulfill oneself 4

épargner to save money 1
épater (*fam.*) to impress 5
épaules (*f. pl.*) **(hausser les—)** to shrug 3, 6
éperdument (aimer—) to be madly in love 1, 2
épinards (*m. pl.*) spinach 1
éplucher to peel 8
éponger (s'—) to mop 3
éprouver to feel 5
épuisement (*m.*) **(jusqu'à—)** until everything is used up 8
épineux tricky 5
équilibre (*m.*) balance 1
équipe (*f.*) team 6
errer to stroll, to wander 2
érudit (*m.*) scholar 8
escroc(*m.*) crook 6
escroquerie (*f.*) theft, racket 2
espèce (*f.*) species 10
esprit (*m.*) **(faire de l'—)** to be witty 3
essence (*f.*) gasoline 7
estragon (*m.*) tarragon 1, 10
étaler to display 7; to spread 8; **—les actions** spread the actions 4
étang (*m.*) pond 5
Etat Civil (*m.*) Bureau of Vital Statistics 3
état civil (*m.*) family status 3
étiqueter to label 4
étiquette (*f.*) tag 7
étoffe (*f.*) material 9
étourdi aghast 2
étourdissant staggering 7
être à même de to be able to 7; **—censé + inf.** to be supposed to 7; **—dans le vent** to be "with it" 9; **—fixé** to know for sure 6; **—gêné aux entournures** to be ill at ease 10
eût subj. imp. of être 3
exécuter (s'—) to comply with 4
exiger to demand 7
exiguité (*f.*) small size 9
expérience (*f.*) experiment 2
expulser to kick out, to evict 1
évader (s'—) to escape 9
évanoui unconscious 1
évanouir (s'—) to faint 1
évier (*m.*) sink 5

F
face (*f.*) **(faire—à)** to meet 7; **(—du disque)** side of the record 10
façon (*f.*) **(sans—)** informally 8

facture (*f.*) bill 7
failli (il a—se noyer) he nearly drowned 2
faillite (*f.*) bankruptcy 2
faim (*f.*) **(grève de la—)** hunger strike 7;
  (manger à sa—) to eat enough 9
faire (qu'est-ce que j'ai pu en—?) what did
  I do with it? 4; **se—à quelque chose** to
  get used to something 4;
    —attraper les meneurs to have the leaders
    caught 3;
    —de la peine to hurt 9;
    —de l'esprit to be witty 3;
    —d'une pierre deux coups to kill two birds
    with one stone 3;
    —du chemin to make progress 7;
    —du tapage to make noise 2;
    —face à to meet 7;
    —le malin to play the fool 5;
    —miroiter to give to understand 9;
    —preuve de to manifest 6;
    —revenir to brown 10;
    —un malheur (*fam.*) to have a commercial
    success 3;
    en venir au fait to get to the point 9
fané faded, shabby 1
fardeau (*m.*) load 6
farine (*f.*) **(—de blé)** wheat flour 1
fassiez subj. of **faire** 3
fastueux magnificent and ostentatious 7
faudrait (il en—) it would be necessary 3
fauteuil roulant (*m.*) wheelchair 5
fauve (*m.*) wild beast 4
faux/fausse out of tune 2
femme (*f.*) **(—de ménage)** cleaning woman 1
feu (*m.*) burner 5
  (—de camp) campfire 5; **(à— doux)** on
  low heat 10
ficher (se—de quelqu'un) to make fun of
  someone 3, 9
file (*f.*) waiting line 10
filer to skim 2
fils (*m. pl.*) **(ruses cousues de gros—)** obvious
  tricks 1
financement (*m.*) **(—d'une maison)**
  mortgage 1
fisc (*m.*) IRS 7
fixé (être—) know for sure 6
flagrant obvious 6
flambeau (*m.*) torch 8
flanquer à la porte (*fam.*) to kick out 9;
  —une gifle (*fam.*) to slap a face 8
flatté claimed 2
fléau (*m.*) plague 4

flèche (*f.*) arrow 1
flic (*m. fam.*) cop 4
flot (*m.*) stream 9
F.O. (*f.*) Force Ouvrière, French union 4
fois (*f.*) **(à la—)** at once 10
foncer sur to rush at, to speed up 4;
  —à pieds joints to jump in with both
  feet 10
fond (*m.*) **(au—de)** in the back of, **(de—)**
  background 1
fondant melting 1
forage (*m.*) boring (drill) 1
forcément necessarily 1
formes (*f. pl.*) **(dans les—)** in due form 7
fouiller to fumble 7
fourré (*m.*) thicket 5
foyer (*m.*) home, family 9;
  —d'accueil refuge, shelter 8
frais (*m. pl.*) expenses **(à mes—)** at my
  expense 7
franchir to cross 9
franc (*m.*) **(—lourd)** 100 centimes 4
freiner to slow down 1
frémir to quiver 10
friandise (*f.*) sweets 4
friche (*f.*) **(en—)** lying fallow 3
front (*m.*) **(—syndical)** trade union front 4
fugue (*f.*) escape 3
fuite (*f.*) **(mettre en—)** to chase 1

G

gai comme un pinson as happy as a lark 5
gaillard (*m.*) guy 3
galvauder to lower, to degrade 4
gamme (*f.*) type 10
garçon (*m.*) waiter 5
garde (*m.*) **(—du corps)** bodyguard 8
gardien (*m.*) **(—de but)** goalkeeper 1
gaspiller to waste 7
gâter to spoil 7
gavé stuffed 6; force-fed 7
gémir to whine 10
gendarme (*m.*) state police 5
gêné (être—aux entournures) to be ill at
  ease 10
gêner to disturb 4
genou (*m.*) **genoux** (*pl.*) knee 3
gestion (*f.*) managing 3
glisser to glide 2
gosier (*m.*) throat 4
gourer (se—) (*argot*) to be mistaken 7
grabataire bedridden 6
gras (*m.*) fat 1

gratte-ciel (*m.*)   skyscraper   10
gratter du papier (*fam.*)   to write, to scribble   7
grève (*f.*) (**—de la faim**)   hunger strike   7; **—tournante**   strike that goes from one department to another   4
griffé   scratched   8
grondant   rumbling   2
gronder   to growl   8
grossesse   pregnancy   1
guérir   to cure, to recover   1
gueule (*f.*) (*pop.*)   face, head   6; (**avoir la—de bois**)   to have a hangover   4
gueuler (*pop.*)   to shout   2
guillotineuse (barbarie—)   which has to do with a guillotine   7
guindé   stiff   4
guise (*f.*) (**à sa—**)   as he pleases   5

H

habitué (*m.*)   regular customer   8
hache (*f.*)   axe   3
hameau (*m.*)   hamlet   2, 5
harassant   exhausting   7
harnacher   to harness   5
hausse (*f.*)   increase   4
hausser les épaules   to shrug   3, 6
hautement   openly, candidly   1
hauteur (*f.*)   superiority   1
haut placé   in a high position   2
hebdomadaire   weekly   6
hébergement (*m.*)   lodging   7
hécatombe (*f.*)   slaughter   5
héler   to hail   10
heurter   to run into   1; **—les verres**   to tap the glasses   2
hocher la tête   to shake one's head   1
homme (*m.*) (**—de cœur**)   man with feeling   9
honteux   ashamed   4
horaire (*m.*)   schedule, timetable   6, 10; **—prévu**   scheduled time   5
hors de   outside of   9
hospice (*m.*)   (*péjoratif*) home for the aged   4
houille (*f.*)   coal   1
houle (*f.*)   swell   5
humeur (*f.*) (**de bonne—**)   in a good mood   7

I

identité (*f.*) (**décliner son—**)   to state one's identity   9
immondices (*f. pl.*)   dirt, rubbish   7

impasse (*f.*)   dead end   3
impassible   impassive   10
impérieux   urgent   2
impitoyable   ruthless   7
impliquer   to imply   2
importer   to be important, to matter   10
imprégné de   imbued with   10
imprévu (*m.*)   something unexpected   9
inattendu   unexpected   3
incommoder   to bother   1
inconvenant   annoying   7
incrédulité (*f.*)   disbelief   3
indemne (sortir—)   to come out unhurt   5
indigner (s'—)   to get angry   3
indolore   painless   10
ineffable   inexpressible   10
infirmier/ière (*m./f.*)   nurse   9
informe   shapeless   8
infraction (*f.*)   offense   9
ingénier (s'—)   to use one's wits   7
ingurgiter   to swallow   3
injonction (*f.*)   order   3
inondé   flooded with   9
inouï   incredible   10
inquiétude (*f.*)   anxiety   2
insalubre   unhealthy   6
instaurer (s'—)   to be established   3
instituteur/trice (*m./f.*)   schoolteacher   10
insurger (s'—)   to rebel   3, 4
intense   heavy   5
interné   held captive   3
intervention (*f.*)   intervention   8
inverse (sens—)   opposite direction   5

J

jadis   long ago   10
jaillir   to burst   2
jamais   ever   1; **ne—**   never   1
jardinière (*f.*)   mixed vegetables   6
j'm'en foutisme (*m.*)   the attitude of not caring about anything   3
jeté   thrown out   2
jeter l'argent par les fenêtres   to throw money around   7
jetés (les dés sont—)   the die is cast   3
jouer aux échecs   to play chess   4
jouet (*m.*)   victim   3
journal (*m.*) (**—parlé**)   news   4
juif/juive (*m./f.*)   Jew, Jewish   3
jument   mare   5
juré   promised   4
jus (*m.*)   gravy   3; (*fam.*)   black coffee   8
jusqu'à ce que   until   7

juste   just, fair, right   4; **au—**   exactly   9
justement   exactly, as a matter of fact   4

L

lâcher le chien sur   to set the dog on   2
laisser faire (se—)   to relax   7
laisser-aller (*m.*)   lack of restraint, slovenliness   4
lame (*f.*) **(—d'écaille)**   serrated blade   6; **—de rasoir**   razor blade   1
lamentablement   sadly, deplorably   4
lancer   to launch   9; **se—dans**   to start   7
lange (*m.*)   diaper   3
laquais (*m.*)   (*archaïque*) servant   8
larmes (*f. pl.*) **(baigné de—)**   bathed in tears   1
larron (*m. fam.*)   member   5
las/lasse   tired   2
lasser (se—)   to grow tired, to be tired of   9, 10
laverie (*f.*)   laundry   5
lentille (*f.*)   lens   1
lentilles (*f. pl.*)   lentils   6
lésé   endangered   6
lessive (*f.*)   wash   3
lèvre (*f.*)   lip   8
libation (*f.*)   drinking   4
licencier   to lay off   2
lié   linked   2
lier avec   to thicken the gravy with   10
livraison (*f.*)   shipment   7
livre (*f.*)   pound   3
livre (*m.*)   book   3
local (*m.*)   room   9
locataire (*m./f.*)   tenant   5
louche   suspicious   9
loyer (*m.*)   rent   1
lueur (*f.*)   glimmer   2

M

mage (*m.*)   wise man   1
magistral   masterful   8
maigre   lean   1
maillon (*m.*)   link   1
maillot de bain (*m.*)   bathing suit   5
maison (*f.*) **(—de retraite)**   retirement home   6
mal à propos   inappropriate   10
malentendu (*m.*)   misunderstanding   6
malgré   in spite of   5
malheur (*m.*) **(faire un—)** (*fam.*)   to have a commercial success   3
malice (*f.*)   trick   2

malin (*m.*) **(faire le—)**   to play the fool   5
malodorant   strong-smelling   6
manches (*f. pl.*) **(en—de chemise)**   in shirtsleeves   2
manger à sa faim   to eat enough   9
manier   to handle   1
manifester   to demonstrate   4
mannequin (*m.*)   model   8
manque (il me—)   I miss   1
manteau (*m.*) **(—de vison)**   mink coat   5
maquillage (*m.*)   makeup   4
marque (*f.*)   brand   1
marraine (*f.*)   godmother   3
marre (*f.*) **(en avoir—de)** (*fam.*)   to have had it   4
martyriser   to torment   1
matière (*f.*) **(—première)**   raw material   7
mauvais garçons (*m. pl.*)   bad guys   1
Me = Maître   lawyer title   7
mécano (*m. fam.*)   mechanic   5
méfiance (*f.*)   mistrust; distrust   1; 10
même (au village—)   in the village itself   10; **(le—village)**   the same village   10; **(du—coup)**   at the same time   3
mémoire (*f.*)   memory   3;
mémoire (*m.*)   thesis   3
ménage (*m.*)   housecleaning   5
ménager quelqu'un   to spare   5
mener à bien   to carry out   9; **—quelqu'un par le bout du nez**   to lead someone by the nose   9
meneur (*m.*)   leader   3
menu   small   6
menuisier (*m.*)   carpenter   9
mépris (*m.*)   scorn   5, 10
mesquin   small-minded   2, 3
mètre (*m.*) **(—carré)**   square meter   7
mettre à la porte   to fire   6; **—en fuite**   to chase   1; **—en garde**   to warn   10; **—en train**   to whet one's appetite   1; **se—le doigt dans l'œil** (*fam.*)   to kid oneself   9; **—sur pied**   to launch, to get started   8
meuble (*m.*) **(— de rangement)**   cupboard   5
meurtrier (*m.*)   murderer   1, 3
meurtrier   lethal   7
mi-carême (à la—)   during Lent   1
miette (*f.*)   crumb   7
mieux vaut tard que jamais   better late than never   3
mijoter   to stew slowly   3
mise (*f.*) **(—à mort)**   killing   10

miserere (*m.*) complaint 10
mode (*m.*) way, means 3
mode (*f.*) fashion 3
moelle (*f.*) (**—épinière**) spinal cord 3
mœurs (*f. pl.*) way of living 9; manners, morals 4
moindre the slightest 8
moins que (à—) unless 7
moletonné lined with soft, thick material 6
moment (*m.*) (**à tout—**) anywhere and at any time 7
mondanité (*f.*) social events 7
mon œil! my foot! 3
montagnes (*f. pl.*) (**—rocheuses**) Rocky Mountains 10
moque (je m'en—pas mal) I couldn't care less 9
morceau (*m.*) (**un bon—**) delicious meal 3
mordre to bite 2, 8
mort (*f.*) death 3; (**mise à—**) killing 10;
mort dead
  (**—de sommeil**) dead tired 4
moule (*f.*) mussel 3
moule (*m.*) mold 3
moulin (*m.*) mill 5
moulinette (*f.*) food grinder 8
mouiller avec moisten with 10

N

Nancy city east of Paris 10
nappe (*f.*) tablecloth 7
naturel (enfant—) illegitimate child 3
navarin (*m.*) (**—de mouton**) lamb stew with turnips 6
néant (*m.*) emptiness 10
négligeable unimportant 2
ne . . . que only 1
net neat, precise 2
neveu (*m.*) nephew 1
névrose (*f.*) (**—de puissance**) a power complex 5
nier to negate, to deny 6, 7, 10
n'importe quel any 1
Noël (à la—) at Christmas 1
noisette brown 2
nom (*m.*) (**—d'un chien!**) good heavens! 3; (**—d'une pipe!**) damn! 3
notoire well-known 2
nouer to tie 4
nouvelle (*f.*) short story 2
noyer (se —) to drown 2
nuire à la valeur to lose value 2
nul et non avenu null and void 3

O

obligeant kind 4
occasion (d'—) second hand 2
œuvre (*f.*) piece 10
ogre (*m.*) ogre 3
on I, we, you, people, they, everybody, somebody 10
ondes (*f. pl.*) (**sur les—**) on the radio 4
onéreux costly 2
or however 1
ordinateur (*m.*) computer 4
ordre (*m.*) (**de l'—de**) between 4
os (*m.*) bone 3
ôter to take away 8
ouragan (*m.*) hurricane 1
ouvertement openly 8
ouvrage (*m.*) project 1

P

paille (*f.*) straw 2
pallier to remedy 5
palmier (*m.*) palm tree 1
pâlot a bit pale 2
pancarte (*f.*) sign, poster 9
panne (*f.*) (**en—**) out of order 4
paon (*m.*) peacock 5
papier (gratter du—) to write, to scribble 8
parcourir un journal to skim 1
parcours (*m.*) route 9
pardessus (*m.*) overcoat 9
parole (*f.*) (**porter la bonne—**) to bear the good tidings 3
parrain (*m.*) godfather 3
parti (*m.*) match 1; (**prendre—**) to take a stand 8
partisan (*m.*) supporter 6
parvenir to manage 7, 9
pas (*m.*) (**à deux—de**) not far 1
pas grand-chose (*m.*) someone who doesn't count 3
pas mal de (*fam.*) much, many 4
passant (*m.*) passer-by 2
passer pour to taste like 8
passionnant exciting 7
patauger to paddle 5
pâtes (*f. pl.*) pasta 1
pâtisserie (*f.*) pastry 1
paupières (*f. pl.*) (**battre des—**) to blink 1
pavé (*m.*) cobblestone 5
P.C.F. (*m.*) Parti Communiste Français, French Communist party 3
pédiatre (*m./f.*) pediatrician 9
peindre to paint 1

peine (*f.*) **(avoir de la—)** to be distressed 6
pelage (*m.*) pelt, hair 3
pencher to lean 3; **se—** to lean over 3
pendre (se—) to hang oneself 7
pensionnaire (*f.*) resident 3
percer to dig 1
percevoir to feel 10
perdre (—la nuit) to lose a night of sleep 4
périmé expired 6
permanence (*f.*) on-duty hours 7
permis (*m.*) **(—de conduire)** driver's license 5
peut (il se—) it is possible 6
phare (*m.*) car light 5
pièce (*f.*) chessman 4
pied (*m.*) **(à pieds joints)** with both feet 10
piège (*m.*) trap 1
pierre (*f.*) **(faire d'une—deux coups)** to kill two birds with one stone 3; **(jeter la—à quelqu'un)** to blame somebody 2
piéton (*m.*) pedestrian 5
pilule (*f.*) pill 1
pinceau (*m.*) paintbrush 5; **coup de—** brush stroke 10
pinson (*m.*) **(gai comme un—)** as happy as a lark 5
pipe (*f.*) **(nom d'une—!)** damn! 3
piquer to give an injection 3
piqûre (*f.*) injection 7
pis-aller (*m.*) last resort 4
piste (*f.*) **(—de jeux)** race track 5
plage (*f.*) beach, seaside resort 3
plaie (*f.*) wound 1
plaignant present part. of **plaindre** 1
plaindre to pity 1; **se—** to complain 4
plainte (*f.*) **(porter—)** to lodge a complaint 9
plaisanter to joke 6
plaît-il? I beg your pardon? 3
plan (*m.*) **(—de financement)** financing 1
plat (*m.*) dish 10
plâtre (*m.*) **(dans le—)** in a cast 5
plein (de— fouet) head on 5
pleine (en— voie) in the middle of the street 10
pliant (*m.*) folding chair 8
plier (se—) to adjust oneself 10; to follow, to adapt 10
plombier (*m.*) plumber 9
plonger to dive 1
plus . . . plus the more . . . the more 4
pneu (*m.*) tire 5
poêle (*m.*) stove 3

poêle (*f.*) frying pan 3
poignée (*f.*) handful 10; **—de main** handshake 8; **—de porte** door handle 5
poignet (*m.*) wrist 3
poilu hairy 4
point! (*archaïque*) no! 4, 8
points noirs (*m. pl.*) dangerous spots on the roads 5
pompier (*m.*) fireman 6
pompon (pour semer le doute, à toi le—) (*fam.*) to make people doubt, you take the cake 7
porte (*f.*) **(mettre à la—)** to fire 6, 10
porte-feuille (*m.*) billfold 3
porte-monnaie (*m.*) purse 3
porter la bonne nouvelle to spread the good word 3; **porter plainte** to lodge a complaint 9
porte-parole (*m./f.*) spokesman 8
poste (*f.*) post office 3
poste (*m.*) position 3
P.T.T. Poste, téléphone et télécommunications 4
pou (*m.*) **poux** (*pl.*) louse 3
poubelle (*f.*) garbage can 2
pouce (*m.*) thumb 8
poulailler (*m.*) hen house 3
poupée (*f.*) doll 3
pourboire (*m.*) tip 3
pourrir to rot 6
poursuivre to have 2
pourtour (*m.*) periphery 9
pourvoir to provide 7
pourvu de provided with 6
pouvoir (*m.*) **(—de décision)** decision-making power 3
préalablement beforehand 10
précipité impetuous, head first 4
préfet/préfète (*m./f.*) prefect/woman prefect (or) prefect's wife 3
préjugé (*m.*) prejudice 2
première (*f.*) **(en—)** in first class 7
premier venu (*m.*) the first one who comes along 4
prend (qu'est-ce qui leur—?) what's the matter with them? 9 **(ça ne—pas)** its not convincing 6
prendre (—en charge) to assume responsibility 5; **—parti** to take a stand 8
présentateur/trice (*m./f.*) announcer 4
prêt (*m.*) loan 1

prétendre to claim 7, 9

prêter à (se—) to lend itself to 2

prêter à une mauvaise blague (se—) to join a stupid joke 3

preuve (*f.*) **(faire—de)** to manifest 6

prévenir to warn 9

prévu expected 9

priorité (*f.*) right of way 5

pris au piège trapped 5

prise (*f.*) **(—en charge)** assuming responsibility 8

prix (*m.*) **(à tout—)** absolutely 1

procurer to provide 1

prononcer (se—) to give one's opinion 2

propager to spread 2

propos (*m.*) words 3

proprement (à— parler) strictly speaking 3

propriétaire (*m./f.*) owner 2

puer (—l'alcool) to stink of alcohol 4

puisse subj. of **pouvoir** 1, 6

Q

quadrumane four-footed 3

quarantaine (*f.*) about forty years old 4

quelle que soit l'heure whatever the time 4

quête (*f.*) **(en—de)** in search of 3

queue (*f.*) line 6

qu'importe nevertheless, that doesn't matter 10

quinquagénaire (*m./f.*) fifty-year-old man/woman 5

quinte (*f.*) **(—de toux)** fit of coughing 9

quiproquo (*m.*) misunderstanding 9

quitter (se—) to leave each other, to break up 5

quoique although 1

quoi que in spite of 6

R

radical (*m.*) stem 5

radieux/radieuse radiant 2

raidir (se—) to stiffen 7

ralentir to slow down 1

ramasser to pick up 2

rangé well-behaved 4

rangement (*m.*) **(meuble de—)** cupboard 5

rapporter to yield 6

rasoir (*m.*) **(lame de—)** razor blade 1

rassasié satisfied 7

rassurer (se—) to feel happy 9

rattrapage (*m.*) **(stage de—)** refresher course 3

ravager to devastate 1

ravi delighted 8

ravin (*m.*) ravine 10

ravisseur (*m.*) kidnaper 1

rayon (*m.*) shelf 1

rayon (*m.*) **(—boucherie)** meat section 1

réactionnaire; réac reactionary 4

réaménagement (*f.*) readjustment 9

recette (*f.*) recipe 3

réclame (*f.*) **(en—)** on sale 1

réclamer to ask for 2

reconnaissant grateful 8

recueillir to gather 7

récuser to challenge 8

refait redecorated 7

refoulé inhibited 4

refoulement (*m.*) inhibition 4

refouler to flow back 5

règles (*f. pl.*) menstruation 8

rein (*m.*) kidney 7

rejoindre to come to meet 10

relance (*f.*) restoring 7

relancer to take again 1

relation (*f.*) contact 2

relever to mention 7

relié entre eux interconnected 3

remonter to go back 8

renaître to come back, to revive 1

rendre (se—à) to go to 8

renforcé strengthened 10

renoncer à to give up 1

renvoyer to lay off 2

répartir (—en) to divide into, to split up into 9; **(se—)** to spread out 3

replié curled up 8

reposant sur based on 2, 5

représaille (*f.*) punishment 8

représentant (*m.*) **(—de commerce)** traveling salesman 4, 10

réseau (*m.*) network 8

résoudre to solve 3

restreint restricted, limited 4

retardataire (*m./f.*) late-comer 9

retombée (*f.*) consequences 5

retraite (*f.*) **(maison de—)** retirement home 6

rétrécir (se—) to get narrower 9

réussir to manage 9

revanche (*f.*) **(en—)** on the other hand 1

revendiquer to claim 9

riant pleasant 5

ricaner to sneer 4

rideau (*m.*) curtain 3

ridicule (*m.*) **(sans craindre le—)** without fear of being ridiculed   3
rigueur (*f.*) **(—naissante de l'automne)** beginning of a severe fall   8
rime (*f.*) **(ça ne—à rien)** there is no sense in that   4
riposter to reply   4
rixe (*f.*) brawl   2
robe (*f.*) **(—de chambre)** dressing gown, bathrobe   9
rodage (en—) being broken in   5
roder (—une voiture) to break into   5
rondelle (*f.*) thin slice   8
rouler (—en voiture) to drive   5
roulotte (*f.*) horse–drawn caravan   5
rubrique (*f.*) column   4
rude rough   10
rugueux/gueuse rough   5
rusé clever, shrewd   1
ruses (*f. pl.*) **(—cousues de gros fils)** obvious tricks   1

S

sabre (*m.*) sword   1
sage (*m.*) wise man   1
sage-femme (*f.*) midwife   9
salé (*m.*) **(—aux lentilles)** pickled pork with lentils   6
saletés (*f. pl.*) dirty things   7
sang (*m.*) **(bon—!)** drat!   3
sanglant bloody   1
saule (*m.*) willow   7
savant (*m.*) scholar   8
scène (*f.*) stage   3
scie (*f.*) saw   9
secours (*m.*) **(au—!)** help!   4
séduire to seduce   10
sein (*m.*) **(au—de)** in the bosom of, inside   7
seizième arrondissement (*m.*) one of the most exclusive districts of Paris   2
septième art (*m.*) cinema   6
sérier to put in order   4
serré (le cœur—) with a heavy heart   10
serrer autour du cou to strangle   1
service (*m.*) ward   6;
    —ambulant traveling post office   4;
    —de verres set of glasses   6
seuil (*m.*) doorstep   10
seul alone   4; **d'un—coup** at once   6
seulement only, simply   4
siècle (*m.*) century   1
siège (*m.*) seat   8
sieste (*f.*) nap   9
sigle (*m.*) abbreviation   4

S.N.C.F. Société Nationale des Chemins de Fer Français   1
soient subj. of **être**   6
soigné (mal—) badly taken care of   9
soirée (*f.*) party   9
soit subj. of **être**   1; that is to say   6
somme (*m.*) nap   3,7
somme (*f.*) amount   3
sondage (*m.*) survey   2
songer to think, to dream   8
Sorbonne (la) University of Paris   2
sorcière (*f.*) witch   3
sort (*m.*) status   6
sortie (*f.*) outing   3
sortir/indemne to come out unhurt   5
sot/sotte stupid   2
sou (*m.*) penny   3
souche (*f.*) stock   2
souffrir un caprice to suffer one's whim   1
soulagement (*m.*) relief   3
soulager to save   8
soulèvement (*m.*) uprising   3
souligner to emphasize   8
sourcier (*m.*) **(baguette de—)** divining rod   9
sourd muffled   2; deaf   10
sourd-muet deaf-mute   2, 3
sournois undercover   6
soutenir to support   9;
    se—les uns les autres to support each other   3
stage (*m.*) training period   2;
    — de rattrapage refresher course   3
suite (*f.*) **(de—)** in a row   10
supplanter to replace   9
supplier to beg   1, 5
supporter to stand, to tolerate   5, 7
surcharge (*f.*) overload   6
surcroît (*m.*) **(de—)** on top of that   4
surmenage (*m.*) overwork   6
surprise-partie (*f.*) party where young people dance and drink   4
sursaut (*m.*) **(en—)** with a start   7
survenu which has begun to form unexpectedly   1
survêtement (*m.*) track suit   5
suspect suspect   2
sympathique pleasant, agreeable   3, 8
syndicat (*m.*) trade union   4
syndiqué (*m.*) a union member   3

T

taille (*f.*) **(de— moyenne)** average size   3
tailleur (*m.*) tailor   9
taire (se—) to be silent   1

talon (*m.*)   heel   6

tambour (*m.*)   drum   8; **sans—ni trompettes**   unobtrusively   8

tant bien que mal   somehow or other   7

tantôt . . . tantôt   one time . . . another time   1

tapage (*m.*)   noise   2

taper   to hit   1; **—les touches**   to bang the keys   2

targuer (se—)   to boast   4

tarif (*m.*) **(—postal)**   postage   7

tarte (*f.*) **(—aux cerises)**   cherry pie   6

tartine (*f.*)   slice of bread and butter   8

tas (*m.*) **(il y en a des—)**   there are lots of them   5

teint (*m.*) **(—vermeil)**   rosy complexion   8

témoin (*m.*)   witness   3

temps (*m.*) **(—de chien)**   miserable weather   3

tendu   tense   1

tenir (s'y—)   to stick to it   1
(—à)   to be anxious   9;

terre (*f.*) **(—à terre)**   prosaic   8

théière (*f.*)   teapot   3

tire-bouchon (*m.*) **tire-bouchons** (*pl.*)   corkscrew   3

tirer (se—) (*fam.*)   to leave   5

tissage (*m.*)   weaving   5

tisserand (*m.*)   weaver   9

titi (*m.*)   clever street urchin   8

tomber amoureux   to fall in love   1

tomber (—sans connaissance)   to faint   1;
—sur   to come across   10

tonnerre (*m.*)   thunder   5

tordre (se—)   to twist   1

touche (*f.*)   key   2

toucher (—à la nourriture)   to eat   3;
—de l'argent   to get money   6

tourbière (*f.*)   bog   7

tourbillon (*m.*)   whirlwind   7

tournant (*m.*)   turning point   6

tourner   to work   10

tout au plus   at the most   7

toutefois   however   2

toux (*f.*) **(quinte de—)**   fit of coughing   9

tract (*m.*)   pamphlet   5

train (*m.*) **(—de vie)**   kind of life   9

traite (*f.*)   trade   3

trancher   to settle, to decide   8

travers (de—)   the wrong way   9

trembler (—de fatigue)   to tremble with tiredness   5;
—de froid   to shiver   5

tri (*m.*) **(centre de—)**   office where mail is sorted   4

tricoter   to knit   8

trier   to sort out   3

trivial   common, vulgar   6

tromper   to deceive   3

trompettes (*f. pl.*) **(sans tambour ni—)**   unobtrusively   8

trottiner   to trot along   2

trottoir (*m.*)   sidewalk   10

troublant   fascinating and disconcerting   3

trouer   to pierce a hole   9

troupeau (*m.*)   herd   4

trouvaille (*f.*)   discovery, lucky find   3

trouver (— dommage)   to find it a pity   7;
—racine   to be rooted   4;
—regrettable   to find it regrettable   7

truc (*m.*)   thing, gimmick   3, 4

turbin (*m.*)   (*fam.*)   work   7

tuyau (*m.*) **(—d'arrosage)**   hose   5

U

univers (*m.*) **(—carcéral)**   world of the prison   9

V

vacarme (*m.*)   racket   2

va-et-vient (*m.*)   hurrying to and fro   3

vague (*f.*)   wave   3

vague (*m.*)   vagueness   3

vainqueur (*m.*)   winner   3

vaisselle (*f.*)   dishes   5

valeur (*f.*)   value   2

vallon (*m.*)   valley   10

vanter   to boast   2

vase (*f.*)   mud   2

vase (*m.*)   vase   2

vedette (*f.*)   star   3, 7

veille (*f.*)   day before   6

vélo (*m.*)   (*fam.*)   bicycle   4

venir (—de se marier)   to have just gotten married   1; **en—au fait**   to get down to the point   9

vent (*m.*) **(être dans le—)**   to be with it   9

verdâtre   greenish   4

verdure (*f.*)   vegetation   2

vermeil (le teint—)   rosy complexion   8

vernis (*m.*)   veneer   3

verre (*m.*)   glass   2;
—de contact   contact lens   1

verser une somme   to pay   4

veston (*m.*)   coat   4

veuf/veuve (*m./f.*)   widower/widow   3

veuillez   subj. of **vouloir**, would you please   3

vie (*f.*) **(train de—)**   kind of life   9

vieillot   old-fashioned   2, 4
vierge   virgin   4
vieux jeu   old-fashioned   4
virage (*m.*)   sharp curve   5
vison (*m.*) **(manteau de—)**   mink coat   5
vitre (*f.*)   glass   7
vociférer   to yell   2
voie (*f.*)   way   1
voile (*m.*)   veil   3
voile (*f.*)   sail   3
voire   even   2, 5

vol (*m.*)   theft   1, 6
volaille (*f.*)   poultry   3
voter rouge   to vote for the communist party   4
voudriez-vous?   would you please   3
voué à   involved with   6
vouloir (en—à)   to hold it against, to be mad at   4, 8

Z

zinc (*m. fam.*)   [zɛ̃g]   counter   8

81 82 83 7 6 5 4 3 2 1